国家级特色专业

西北政法大学哲学　　省级重点学科　　　资助成果

省级特色学科

现当代西方哲学原典导读

张周志　编著

中央编译出版社

图书在版编目（CIP）数据

现当代西方哲学原典导读／张周志编著.
—北京：中央编译出版社，2015.10

ISBN　978 - 7 - 5117 - 2777 - 0

Ⅰ. ①现…　Ⅱ. ①张…　Ⅲ. ①西方哲学 – 现代哲学 –
著作 – 介绍　Ⅳ. ①B5

中国版本图书馆 CIP 数据核字（2015）第 217163 号

现当代西方哲学原典导读

出 版 人：刘明清
出版统筹：董　巍
责任编辑：冯　章
责任印制：尹　珺
出版发行：中央编译出版社
地　　址：北京西城区车公庄大街乙 5 号鸿儒大厦 B 座（100044）
电　　话：(010) 52612345（总编室）　　　(010) 52612351（编辑室）
　　　　　(010) 52612316（发行部）　　　(010) 52612317（网络销售）
　　　　　(010) 52612346（馆配部）　　　(010) 55626985（读者服务部）
传　　真：(010) 66515838
经　　销：全国新华书店
印　　刷：北京建宏印刷有限公司
开　　本：787 毫米 × 1092 毫米　1/16
字　　数：313 千字
印　　张：21.25
版　　次：2016 年 9 月第 1 版第 2 次印刷
定　　价：75.00 元

网　　址：www.cctphome.com　　　邮　　箱：cctp@cctphome.com
新浪微博：@中央编译出版社　　　微　　信：中央编译出版社（ID：cctphome）
淘宝店铺：中央编译出版社直销店(http://shop108367160.taobao.com)　(010)52612349

目 录

《哲学基本原典导读丛书》序言：
深入原典文本　诠释思想本意

　　长期以来，哲学的大众化和普及化，固然呈现出一定的积极意义，超越了其阳春白雪的庙堂文化的贵族性，使哲学回归每个个体生命此在的生活世界，呈现出生机和活力。但几乎与此同时，哲学原本的形上精神和崇高使命也逐步被消解。特别是哲学的意识形态化、政治化的极端应用，使得人们更加远离了哲学的精神家园。尤其是现代人类趾高气扬地对待前人的思想文化，一味庸俗化地应用哲学的批判理性精神，简单化批评历史上的哲学家及其思想理论，教条化地给一切哲学家划派别、扣帽子（甚至打棍子）。惟其如此，博大而精深的哲学思想史，就被整体划一地变成了硬邦邦的"两大阵营、两个派别对立斗争的历史"。这样以来，不仅活生生的哲学思想的历史被消解了，而且哲学理论的逻辑也被遮蔽了。留下的仅仅是一些孤零零的命题，而且，多半是被当成批判和嘲笑的对象。

　　这种虚无主义的态度和方法，加上急功近利的实用主义价值理念，人为造成了思想不能承载之轻——时下所谓学会什么立场、观点和方法，并用之能包医百病，似乎是比较高级的学习哲学的境界。可笑的是，这种思维的懒惰在面对现实的困惑时，竟然反过头来还抱怨"哲学的贫困"。

　　只要我们超越急功近利的浮躁心态，冷静理性地深入历史上划时代的哲学家的原典文本，深入解读其思想真谛，寻觅其思维的逻辑，将会恍然大悟，原来贫困的不是哲学本身，而是我们理解和应用哲学的方式和态度。惟其如此，哲学基本原典的文本解读和意义诠释，对于当下的时代而言，具有弥足珍贵的意义。

一、祛媚超俗以彰显哲学思维的形上价值

马克思主义经典作家曾经说，任何真正的哲学，都是自己时代精神的精华，是文明的活的灵魂。哲学之所以能够成为时代精神的精华，成为文明的活的灵魂，并不在于其趋炎附势、一味地谄媚现实，恰恰在于其以智慧的方式批判现实，从而呈现其超越性的思想价值。由此决定了越是重视工具理性的时代，哲学思想的价值理性的意义就越重要。当下全球化的时代就是如此。

当今世界，又是一个工具理性高于一切的时代，一切皆被世俗化的商品拜物教和金钱拜物教所蚕食，人的思想智慧、人格尊严和道德精神等，均在强大的消费主义文化理念面前自惭形秽。尤其是科学技术的工具理性，使人的目的性进一步强化。微电子科学和通讯技术加强了人们即时性的密切交往，光的极限速度的交往工具，极大地缩短了人际间的时空距离，全球人类共处一个村庄；宇航技术使人类活动空间和认知的视域无限广袤，从而具有了宇宙性的视野；克隆技术、临境技术和纳米技术使得包括生命在内的一切物质，都可以被制造、复制和再现……现代科技的工具理性价值，使人类几乎无所不能、随心所欲彰显自我的目的，从而趾高气扬地追求和享受现代物质文明的成果。

然而，这种唯工具理性的思维，使人类在物质主义、感性快乐主义的现代世俗消费文化观念引领下，在一味地追求外在感觉的刺激享受的同时，迅速消解着传统思维和文化的形上崇高性。不仅内在心性的道德崇高感成为奢侈而变得虚渺，而且在神、自然和一切他者面前，人类早先尚有的一点谦恭敬畏意识的美德也荡然无存。剩下的只有无知的自大和狂妄，是被曲解和极端化利用了的启蒙理性的所谓主体意识。这种在上帝隐退后的感性唯我论的新话语霸权，目空一切地不断狂妄宣称：不仅"上帝死了"，而且"人死了"、"思想者死了"。因而一切不能回归到感性生活体验的所谓思想文化都被宣布为无意义。所以，要求人有敬畏意识，使人向善的"宗教终结了"；使人以智慧的思想形式不断超越的"哲学终结了"；以探索真理为己任的"科学终结了"；强调思想与利益密切相关的"意识

形态终结了"；使人在崇高中追求愉悦的高雅"艺术终结了"；人类在丰富多样的理性规则下不断进步的"历史也终结了"。在这种所谓现代文化的世俗主义视域中，剩下的惟有肉身的物欲快感。至此，文化的人化方向只剩下物质化、肉体化、感性化的单向度引导。文化的化人作用也仅仅向感性快乐方向的形下堕落。这种突出目的、重视手段的所谓价值论思维，必然造成学术凸显而思想淡出、价值至上而真理隐退、主观目的性膨胀而客观原则性消解、权利意识强化而义务责任解除等文化异化现象。

毋容置疑，虽然这种价值至上论的世俗化的工具理性思维，诉诸于利用和激发人的自然生理需要和感性快乐体验追求的本能，从而促进了现代器用文明的繁荣，但这并不能掩盖其把高雅超越性的道体文化推向堕落的罪过。从一定意义上来说，实用价值至上论的世俗文化思维，造成了文明与文化的离心离德。它使现代文化的外在刺激振聋发聩，而主体的内在体验则麻木不仁。因而使文化和思想失去了反复咀嚼，回味无穷的心理震撼性。在这种世俗化的文化理念引导下，

无论是各种文化文本的创作还是文化受众的消费，都充分表现出不求深刻和久远，只求快乐和一时的所谓现实主义。作者是随便玩玩，受众照样不过是随便看看、听听、笑笑而已，压根无须思虑，更谈不上内省和反思。加之现代传媒诉诸于技术理性的多维冲击，使你连感官的感受也失去了反映的时空和机会，只是跟着机器的机械和电子运动而疯癫，根本没有个性体验和内在超越的诉求。

同时，这种世俗化的物质主义文化，使人这一理性的存在的理论理性的思的主体意识逐步隐退，而实践理性的行的自主性日益彰显；人文道德理性严重缺失，工具理性不断膨胀。这种试图超越客观真理，突出主观目的价值至上论思维，不可避免地造成真理和事实被消解，一切都变得无所谓的文化虚无主义。按照这种思维的逻辑，任何东西都沦为世俗的感性生活的奴婢，都可以被嬉戏调侃。因而，在知识论领域，认识的反映论和真理的符合论分别被主体的目的论交互主体的协商论所代替，所以，如何说都行的相对论必然盛行。既然政治无理性，自然可以被肆无忌惮地调侃；既然社会和伦理规则不是客观的，而是交互主体的商谈和共识，那么攻守

同盟和党见的相互调侃就司空见惯；既然科学追求真理和发现客观规律的使命已寿终正寝，那么专家之间，以及社会大众对于专家的调侃就见怪不怪……这种调侃一切、玩世不恭的文化现象，本质上皆缘于错误地理解并极端地发挥了启蒙运动以来人本主义的思想，使其迅速滑向人类主观目的性膨胀的人类中心主义和价值至上的实用主义。

这种以人为目的本身的主体性思维的出发点，试图超越主客两分的思想方法，从而以主体的主观意向性统摄和驾驭客体世界及其规律，从而使真理屈从于价值，正义委身于强权，知识服务于利益。故此谄媚之风自然盛行，趋炎附势成为社会常态，巧言令色被谓之曰"有修养"或"成熟"。无视客观实在，仅从是否有利的价值原则出发捏造事实，为达到一己之私人为地制造事件，为实现小团体利益而掩盖事实真相从而扰乱视听，或别有用心之徒以讹传讹的煽情鼓动等等，枚不胜举的社会现实，特别是中国社会历史现实的个性传统的诸多成因中，价值至上论的主体思维传统是绝对不能脱离干系的。价值的有用凌驾于真理的事实之上，道德的"应该"遮蔽了实存的"是"，艺术的审美价值掩盖了科学的事实判断等等，都是人的利益需要和满足的价值至上论思维的结果。

在这个人类什么都不缺，惟缺大智慧的仁人君子人格的现时代，回归哲学原典的解读，恢复哲学不断追问意义和追求真理的本真使命，不仅可以祛媚，超越人类与生俱来的功利世故和肤浅，而且可以彰显哲学爱智慧的真正形上价值。

二、还原思想本意以回归哲学的爱智本位

其实，把哲学理解为世界观和方法论，也是现代性的工具理性思维的结果。岂不知哲学的原本旨趣和学科本位并非如此。只有通过原典解读和哲学思想史的融会贯通，才能真正觉悟哲学爱智慧之本性。

希腊智慧的集大成者亚里士多德，在批判继承柏拉图思想的基础上，对于古希腊广义的哲学——智慧之学，对于狭义哲学——形而上学，进行了系统、全面反思与总结。其广义的哲学为西方科学文化奠定了基础，其狭义的哲学奠定了西方思想的思维方式及其基本原则，从而明确了哲学的

任务、性质和意义。他指出："因为我们正在寻求这门知识，我们必须研究'智慧'〈索非亚〉是那一类原因与原理的知识。如果注意到我们对于'哲人'的诠释，这便可有较明白的答案。我们先假定：哲人知道一切可知的事物，虽于每一事物的细节未必全知道；谁能懂得众人所难知的事物我们也称他有智慧（感觉既人人所同有而易得，这就不算智慧）；又，谁能更擅于并更真切地教授各门知识之原因，谁也就该是更富于智慧；为这门学术本身而探求的知识总是较之为其应用而探求的知识更近于智慧，高级学术也较之次级学术更近于智慧；哲人应该施为，不应被施为，他不应听从他人，智慧较少的人应该听从他。

这些就是我们关于智慧与哲人的诠释。这样，博学的特征必须属之具备最高级普遍知识的人；因为如有一物不明，就不能说是普遍。而最普遍的就是人类所最难知的；因为它们离感觉最远。最精确的学术是那些特重基本原理的学术；而所包涵原理愈少的学术又比那些包涵更多辅加原理的学术为更精确，例如算术与几何〈度量〉。研究原因的学术较之不问原因的学术更为有益；只有那些能识万物原因的人能教诲我们。知识与理解的追索，在最可知事物中，所可获得的也必最多（凡为求知而求知的人，自然选取最真实的也就是最可知的知识）；原理与原因是最可知的；明白了原理与原因，其它一切由此可得明白，若其次级学术，这就不会搞明白的。凡能得知每一事物所必至的终极者，这些学术必然优于那些次级学术；这终极目的，个别而论就是一事物的'本善'，一般而论就是全宇宙的'至善'。上述各项均当归于同一学术；这必是一门研究原理与原因的学术；所谓'善'亦即'终极'，本为诸因之一。"①

亚里士多德首先提出，"求知是人类的本性"。尽管人与高级动物相同之处在于他们都具有感觉与记忆，但二者不同之处，动物仅凭借现象与记忆活着，人则能把感觉与记忆内化为经验并凭借技术与理智而生活。因而人求知的过程是：感觉→记忆→经验→判断→技术→知识。经验较之于技

---

① ［古希腊］亚里士多德：《形而上学卷一·章二》。参考《形而上学》，苗力田译，北京：中国人民大学出版社 2003 年版，第 4 页。

术知识，前者为个别事物的认识，不能教给人；后者则是事物普遍的原因，能教给人，不仅知其然而且知其所以然。所以真正的智慧"就是关于某些原理与原因的知识"，而哲学就是对于这种智慧的追求。

哲学所爱的是大智慧，而非小技巧。出于伊雄语的古希腊"智慧"一词，其原本意义有三：一是一般的聪明与谨慎，二是敏于技艺，三是学问与智慧。惟其如此，人们后来就在学术方面分别了小巧与大智，并以此说明哲学爱大智的旨趣。最初以智人尊称毕达哥拉斯。后来智者学派的人滥用诡辩的机巧小慧，为人所鄙夷，便用"爱智者"——哲学家区别于"智者"——诡辩家，以哲学与诡辩术相区分。

哲学作为探求"普遍原理与原因"的大智慧，要求哲学家必须是博学之人，探求并教授给人们事物的"普遍原理与原因"。由此决定了哲学这门学术优于那些次级的学术，它比其他学术从事物中获得最多的东西，它不仅追求一事物的终极本善，而且追问全宇宙的终极至善。这门学术是为了求知而求知的"唯一的自由学术"，也是一门"神圣"的学术——因为神原被认作万物的原因与世间的第一原理，此学术或是神所独有、或是神能超乎人类所知独多。所以，哲学是于神最适合的一门学术，是一门神圣、纯粹的学术。

人们的哲学探索始于"对于自然万物的惊异"。在惊异与迷惑中，为了摆脱愚蠢无知，人们便开始了解释与探讨的尝试，最初的哲学探讨者就是"爱神话的人"，即"爱智慧的人"。所以，哲学并非追求一时一地的使用价值，而在于追问终极性的形上意义。所以，20 世纪西方哲学大师罗素就说："提出普遍性问题就是哲学和科学的开始"[1]，这需要人们具有对于世界整体性把握的敬意之心，即黑格尔所说"什么地方普遍者被认为无所不包的存在，则哲学便从那里开始。"[2]

---

[1] ［英］罗素：《西方的智慧》（上），崔权醴译，北京：文化艺术出版社 1997 年版，第 14 页。

[2] ［德］黑格尔：《哲学史讲演录》第一卷，贺麟、王太庆译，北京：商务印书馆 1959 年版，第 93 页。

这种智慧的智慧和终极的意义，不是轻易能够被觉悟到的，往往需要具有崇高的境界和持之以恒的精神，甚至付出毕生的心神。古希腊最大的智者——苏格拉底为了实现这一崇高目的，即使临死，毅然义正言辞："只要一息尚存，我就永不停止哲学的实践，要继续教导、劝勉我所遇到的每一个人"，"不管你们是不是释放我，我是绝不会改变我的行径的，虽万死而不变"。正因为苏格拉底爱智慧的精神，他活着的时候堪称希腊人民的伟大导师，死后，也成为人类哲学思想的活水源头。他教导人"首先要关心改善自己的心灵"，"金钱并不能带来美德"，美德却不仅能带来金钱，还能带来其他一切的好事。

苏格拉底以形象的比喻，道出了哲学家的职能。他认为自己是神赐给希腊的一只牛虻，为了使它这匹硕大的、迟缓不灵的马，在自己的叮咬下精神焕发。"牛虻"之喻，应该同柏拉图的"洞穴"之喻一样有名。它形象地道出了哲学及哲学家的功能。哲学家就是社会与时代的牛虻，通常他不是保姆与律师。他承担着重要的社会批判角色，从而促进人类精神的向善与社会整体的进步。它也成为西方哲学的重要传统。对此可以在西方哲学史上，列出一长串哲学家的名字及其哲学著作的名字。而许多哲学家也常不为自己的时代所容，遭受着类似于苏格拉底的命运。

苏格拉底之死给人留下深刻的启示——思想之苦和智慧之艰与爱智者之崇高。惟其如此，西方历史上，人们通常将苏格拉底与耶稣基督相提并论。然而，耶稣是一个宗教传说中的神秘、神圣的人物。他以自己的生命去替人类赎罪。苏格拉底则是一个确实的历史人物，为了完成神赋予自己的哲学使命——教导人向善、关心自己的心灵、爱真理，却被自由的希腊与自己的同胞判处死刑。他以自己的血肉之躯，遵守了一个公民义务应该遵守的法律，更维护了正义、自己的哲学信念、道德价值——这些比生命更可贵的东西，也反证了时代对于自己审判的不公正。他以自己的哲学实践、以自己的生命，证实了哲学的"神圣""崇高"，也证实了批判性哲学家由于超越其时代"吃力不讨好"的悲剧性命运。苏格拉底最后的话："我去死，你们去活，但是无人知道谁的前程更幸福，只有神才知道。"① 其实，并不需要神，历史已证明了苏格拉底这一爱智者的伟大。

三、返求自识以澄明思维意识的确然性

曾几何时，哲学这一关于智慧自身的学问，不仅自不量力，而且越俎代庖地要成为科学之科学，试图凌驾于一切科学之上。但其不知如此以来，不仅因蚕食科学的领地而造成哲学与科学的分道扬镳②，而且这种不务正业同时使得自身本真的任务——"思"被搁置。只有到了近代，这样一位一向被我们简单化批判的伟大哲学家——笛卡尔，才是哲学回归自我意识的精神家园。笛卡尔的"我思故我在"视作哲学的第一原理，提出通过普遍怀疑的方法，追求"我思"的确然性，得出的无可怀疑的加以接受的知识与原理。明确主张，哲学就是面向"思"的事情。对此黑格尔在哲学史讲演录中不止一次的大加赞扬：近代哲学思维的真正认识论转向，直接肇始于笛卡尔的主体自识哲学，他的著名命题："我思故我在"，在主体理性自识的层次上，把古希腊阿波罗神庙上的箴言"认识你自己"、中世纪费其诺（M. Ficino，1433—1499 年）的"认识你自己"、中国古代老子的"识人者智，自识者明"、明代王阳明的"致良知"等的主体自识，升华到理性自觉的层面，并赋予其首要地位的意义，首开西方哲学主—客体分离和对立的认识论思维路径的先河。黑格尔认为，笛卡尔事实上是近代哲学的真正的创始人，因为近代哲学是以思维为原则的。黑格尔在《哲学史讲演录》高度赞赏笛卡尔这个人，对他的时代以及对近代的影响，我们绝不能以为已经得到了充分的发挥。他是一个彻底从头做起、带头重建哲学的基础的英雄人物，哲学在奔波了一千年之后，现在才回到这个基础上面。③

---

① 以上引自苏格拉底《申辩篇》。
② 甚至造成科学与哲学的大分裂，黑格尔哲学就是典型的例证。——本文作者注
③ ［德］黑格尔：《哲学史讲演录》第四卷，贺麟、王太庆译，北京：商务印书馆 1983 年版，第 67 页。

　　笛卡尔明确了哲学的任务就是澄明"我思"的确然性。"这条真理是这样确实，这样可靠，连怀疑派的任何一种最狂妄的假定都不能使它发生动摇"。他从普遍的抽象原则出发，将"我"作为一个纯粹的精神实体，是不依赖于物质性身体的具有自由意志的不死的心灵。然后他进一步由心灵实体推论，怀疑的我是不完满的，但是我心中分明有一个无限完满的观念，它必然是存在的。这就是上帝。不完满的我显然不可能有一个完满的观念——上帝，因此只能是这一完满的存在将此观念放入我的心中。上帝具有我所能想到的一切完满性。凡在心灵中呈现的东西都是真的。既然一切天赋的观念都是上帝赋予的，而完满的上帝是不会欺骗我们的，那么现在我心中清楚明白的拥有"物质"的观念，因此它也是真实的存在。这样，笛卡尔经过一番演绎便确立了从理性原则出发的三个实体观念：心灵、上帝、物质。上帝是绝对的观念实体，而心灵与物质只是完满上帝赋予的相对实体观念。心灵实体，其根本属性是思想，是能动的、不占空间的、没有广延的；物质实体的根本属性是广延，它占有空间的、被动的、不能思想的。即是说，哲学就是形而上学——精神辩证法。

　　那么，究竟如何达到形而上学的可靠道路呢？近代主体性思维之路的集大成者——康德提出：哲学需要"模仿"数学和经验的自然科学的理路。其最基本的原则就是：不是"知识与对象一致，而是对象与知识一致"——必须充分发挥人在认识与知识中的逻辑在先的先天"立法"功能。"如果直观必须遵照对象的性状，那么，我就看不出人们怎样才能先天地对对象有所知晓；但如果对象（作为感官的客体）必须遵照我们的直观能力的性状，那么，我就可以清楚地想像这种可能性。但由于如果这些直观应当成为知识，我就不能停留在它们这里，而是必须把它们作为表象与某种作为对象的东西发生关系，并通过那些表象来规定这个对象，所以我要么可以假定，我用来做出这种规定的那些概念也遵照该对象，这样一来我就由于我能够先天地对它有所知晓的方式而重新陷入了同样的困境；要么我假定，对象或者——这是一回事——对象惟一在其中（作为被给予的对象）被认识的经验遵照这些概念，这样我就马上看到一条更为简易的出路，因为经验自身就是知性所要求的一种认识方式，知性的规则我必须早在对象被给予我之前、从而是先天地就在我里面作为前提，它在先天概念中得到表述，因而经验的所有对象都必然地遵照这些概念，而且必须与它们一致。"这一思维原则的转变，就是"哥白尼式的革命"。

这些哲学自身精神家园的深刻道理，只有深入解读重大哲学家的重要原典作品，才能真正领悟和体认。

四、贯通思想历史以发掘哲学思维的逻辑

对待哲学原典的文本回归和意义诠释，我们明确主张，论从史出，言之有据。但是也绝不限于就事论事，局限于原典本身，而应着力发现其历史逻辑联系。即用"超以象外，得其环中，持其匪强，来之无穷"①的态度和方法，发掘原典的历史逻辑、思想逻辑和认识逻辑，从而在思想的不断建构和解构中，追问哲学思维的形而上学意义。

事实上，尽管不同时代的哲学家们往往都以各自不同的方式在言说和叙事，但人类文明进步的历史逻辑则把他们看似色彩迥异贯穿起来，从而呈现出一定的思维逻辑。从一定意义上来说，哲学的形上意义就在于发现这一思维逻辑。

作为哲学门的学子，经过严谨的原典文本解读，发现思维逻辑的理论脉络，以批判理性的反思精神，检讨现实和理论的合理性，方能彰显其崇高的学科使命。

就西方哲学思想的历史逻辑而言，在外在他律性和内在自律性因素的共同作用下，不同时代的哲学原典，体现了其哲学思维方式的历史逻辑沿革的主要经历了下述阶段：古代形而上学的本体论（Ontology）思维、中世纪上帝一元论的神本思维、近代哲学的认识论（Epistemology）思维转向、现代西方哲学思维的语言学和生存论转向以及当代哲学的价值论思维诸阶段。

---

① 盛唐诗人司空图语。

一是古代本体论向近代认识论思维的转化

古希腊前苏格拉底时期的哲学家，基本上都是自然哲学家，他们一开始就把思维的兴奋点集中在人以外的对象世界，并用宇宙构成论的分析思维方法，究根穷理的形而上学（Metaphysics）终极玄思的发问方式，探究宇宙万物的"始基"是什么，由此形成了自然理性的传统，奠定了古代形而上学的本体论（Ontology）思维的基础。

中世纪上帝一元论的神本思维。是欧洲中世纪的长夜，宗教哲学君临思想、科学和艺术的一切领域，由此形成了上帝一元论的神本思维。奥古斯丁坚定基督教哲学的立场主张，异教会不会有比追求和热爱智慧的基督教提供更好的一种哲学呢？他坚定地认为，研究哲学就是为了获得幸福，而上帝向人指向幸福之路，因而，只有遵循基督救世主所指引和给出的道路，人才能获得幸福。奥古斯丁认为至福——Beatitude 是一切哲学活动的目标，基督教的信仰和实践中我们可以发现一条达到至福的惟一的、最好的道路。基督教的普爱（Universal love）精神甚至主爱仇敌。基督教哲学认为信仰先于理性，原因在于如果没有信仰，理性就无力达到自己的目标——幸福。中世纪上帝一元论的神本思维，崇尚亚里士多德的演绎逻辑的三段式（Syllogism）。

近代西方哲学思维，实现了的认识论（Epistemology）转向。

自十六、十七世纪以降，欧洲人文主义、自然科学两场运动，轰轰烈烈地拉开了西方近代思维文化史的序幕。由此决定了西方近代生活世界的世界观和自然科学的世界观的分化。

伽利略成为近代哲学的科学理性精神的始作俑者，他用数学化、理想化的科学方法研究自然，主张"在这个世界中的对象不是单个地、不完全地、仿佛偶然地被我们获知的，而是通过一种理性的、连贯地统一的方法被我们认识的，随着对这种方法的不断运用，我们最终能彻底认识这里的一切对象的自在的本身。"① 从而成为近代伟大发现家之巅的人物。胡塞尔

---

① ［德］胡塞尔：《欧洲科学的危机与超验现象学》，张庆熊译，上海：上海译文出版社1987年版，第26页。

称伽利略"既是发现的（entdeckend）天才"，也是"掩盖的（Verdeckend）天才"；"他发现了数学的自然、方法的理念，他是无数物理学的发现和发现者的先驱。伽利略发现一直被称之为因果规律的东西，即'真正的'（被理想化和数学化了的）世界的'先天的形式'，'精确的规律性的规律'，按照这种形式和规律，在'自然'（被理想化了的自然）中所发现的一切事件都必定服从于精确的规律。所有这一切都既是发现又是掩盖，以致我们现在把它们当作不言自喻的真理。"①

　　近代西方知识论的思维模式，在哲学上是以经验论的兴起为标志的。经验论哲学又以对自然界的观察证明为基础。哥白尼、开普勒对天体现象的观察说明，伽利略、牛顿对宏观物体运动过程的观察和说明，都为经验论哲学的诞生和发展奠定了扎实的基础。当对于自然现象的观察结果进行说明，古代亚里士多德三段论的方法（工具）显得苍白无力时，弗兰西斯·培根第一个明确提出了必须有一套新工具的思想。经过研究思考，培根于 1620 年出版了《新工具论》，试图在获得自然知识的方法上以此取代亚里士多德的"工具论"。他的所谓"新工具"，只是对于归纳方法的重新重视。他主张在获得自然知识的过程中，要重视观察、分类等方法。这是经验论哲学兴起的一个重要开端。并且，培根还提出了人们在获得自然知识，运用观察、分类的归纳方法时应该力戒四种最容易犯的错误。他说，人们有屈从于"幽灵"的四种类型的心理弱点和倾向。第一种是"种族的幽灵"，因为我们是人，所以在认识过程中，难免想入非非或痴心妄想，特别是期望在自然现象中有比实际更好的秩序。第二种是"洞穴的幽灵"，这是每个人的个别怪癖，是无其数的。第三种是"市场幽灵"，起因于心灵为言词所眩惑的倾向，是一种在哲学里尤为猖獗的错误。第四种是"剧院的幽灵"，是由各种思想体系与学派所产生的错误。

　　对西方经验主义思维传统影响最大的是托马斯·霍布斯。他一方面属于经验主义的传统弟子，十分欣赏数学方法，从而使他与伽利略、笛卡尔

---

　　① ［德］胡塞尔：《欧洲科学的危机与超验现象学》，转引自倪梁康《自识与反思》，北京：商务印书馆 2002 年版，第 10 页。

发生联系。另一方面，通过与笛卡尔等的接触，使他重新认识了演绎方法在科学认识中的作用，从而对科学方法有了更正确的认识，这是培根所不能企及的。虽然霍布斯的最重要著作是政治性的《利维坦》，但是，这本著作中，霍布斯为经验主义哲学打下了扎实的基础。他用严格的机械术语，对人和人的心理叙述，以及对语言和认识论问题都作了经验论的阐述，他像伽利略和笛卡尔一样，认为我们所经验的任何东西，都起因于外部物体的机械运动，而视觉、声音和气味等等都不在客体之内而是我们所私有的。由此决定了霍布斯在求知的方法论问题上主张经验与理性相联系的合理方案。

近代哲学思维的真正认识论转向，直接肇始于笛卡尔。

在知识论问题上，笛卡尔进一步思考求知方法问题，于 1637 年出版了《方法论》，作为他研究的自然哲学三卷著作的前言。1641 年出版了《沉思录》，1644 年又出版了《哲学原理》，全面阐述了他关于求知方法的思想。他提出了求知过程必须遵守而且他自己已经如此做了的四条原则：

首先，在认识过程的前奏阶段，除了清晰而独立的理念，再不接受其他任何先验的东西。其次，必须把思维中要解决的问题按需要分解成不同部分。第三，思维进程必须遵循由简单到复杂的程序，哪里没有顺序，我们就必须假设一个。最后，为了保证思维的全面性，而不忽略任何东西，我们必须随时经常地详细核查。由此可见，笛卡尔哲学强调思维方法是毋庸置疑的。他从经验主义出发，走向理性主义，在归纳和演绎之间寻觅合适的关系。从而在总体上影响着唯理论和经验论两大阵营的欧洲哲学的发展。至于其本体论上的二元论则是与认识论的怀疑论分不开的。正如没有思想就没有痛苦一样，笛卡尔的怀疑论正是在他对认识方法深入思考的痛苦中产生的，由此引导了欧洲认识论求知探索的思路走向深入。

倪梁康先生曾经对笛卡尔的"我思故我在"（ego cogito ego sum）命题进行了形式解构，他认为，"由于拉丁语中的"cogito（思）和"sum"（在）既是动词原形，也在无需列出主语的情况下表达着第一人称单数的形态，因而"ego"（我）的前设可以被有意无意地巧妙隐去。但严格说来，这里的完整内容应当是，"我思"（ego cogito）和"我在"（ego sum）。如果已经设定思维的主体是我，那么再从思维活动得出思维主体便是同语反复"①因而"我思故我在"标识近代思维强调"我思"的确然性，因而"思想是存在之家"。据此，笛卡尔就实现了近代思维的认识论（Epistemology）转向，从而超越了古代哲学的本体论（Ontology）思维，开创近代以来主客两分的认识论（Epistemology）思维模式和理性主义（Rationalism）的方法论（Methodology）传统。文德尔班评价说，意识的存在确然性是笛卡尔通过分析方法所获得的统一的和基本的真理。

继笛卡尔之后的斯宾诺莎、莱布尼兹、维柯，直到大不列颠的经验主义的产生和发展，都是笛卡尔哲学对理性主义的复活和对经验的引导的结果。

二是康德哲学批判理性思维的精神丰碑

沿着笛卡尔"我思"的主体思维理路，康德进一步以批判理性的旗帜，把西方近代哲学认识论思维发展到极致。乃至于从近代启蒙运动到整个20世纪，在哲学的每个角落，都能听到康德思想的足音。

以往在康德思想的理论渊源上，人们往往只重视了休谟和卢梭思想对他的影响，这自然是正确的，如休谟怀疑论的方法，特别是休谟关于归纳逻辑的非难，对于康德批判理性的方法检讨主体能力，在问题意识的启发上，是至关重要的。休谟的人性论思想方法，直接影响了康德的道德哲学和政治哲学的认识论倾向，它不仅使康德超越了独断论的认识论，而且直接启迪了康德关于意识理性、道德理性和审美理性的价值多元思想方法（这得益于休谟关于事实与价值两分法的思想）。罗尔斯认为，"康德非同

---

① 倪梁康：《自识与反思》，北京：商务印书馆 2002 年版，第 48 页。

[德] 胡塞尔：《欧洲科学的危机与超验现象学》，张庆熊译，上海：上海译文出版社 1987 年版，第 26 页。

[德] 胡塞尔：《欧洲科学的危机与超验现象学》，转引自倪梁康《自识与反思》，北京：商务印书馆 2002 年版，第 10 页。

寻常地表现出了对休谟的深深敬重和喜爱"。康德思想中积极的、民主或是共和的思想的确是受到卢梭思想的的直接影响。卢梭的《爱弥儿》几乎使他热情的近乎疯狂，他高度赞卢梭的伟大，他认为，如果说牛顿了解释自然界的最高真理一位天才，那么，卢梭则是揭示社会真理的另一位伟人。

事实上，就康德哲学的思想方法的传统而言，他与近代西方哲学之父笛卡尔更有密切的学理姻缘，他把笛卡尔的"我思"的主体哲学思维，推向主体批判的"纯我哲学"，从而使西方哲学思维真正"从形而上学的铁掌里解放出来"。

康德把西方哲学的理性精神发展到一个新阶段——批判理性阶段。逻各斯的提出——赫拉克利特和巴门尼德奠定了西方理性精神的基础；柏拉图和亚里士多德的观念论体系使理性成为一个不断上升的系统；笛卡尔的怀疑精神使理性达到自我意识阶段；康德的批判使理性成为能动的自我超越的主体。一方面通过对于理论理性的批判确保科学的合法性，另一方面通过对于实践理性的批判确保自由的合法性。从而协调理性与自由的矛盾。其独特的手段，从而成其为方法论的里程碑是批判理性的精神。在康德那里，批判不仅是理性的能力和特质，而且以理性自身为对象。为此黑格尔曾概括："康德的哲学是启蒙运动的理论总结。"

康德的批判理性哲学对于启蒙运动的理论总结的主要功劳，首先表现在他首次实现了价值领域多元化的转向：纯粹理性批判——科学领域、实践理性批判——道德和宗教领域、判断力批判——艺术审美领域三大价值领域的多元价值转向。从而解决了主体哲学在认识、价值（实践和宗教）、审美领域的三个基本问题：

我能够知道什么？

我应该做什么？

我可以希望什么？

康德的第一批判——《纯粹理性批判》，首先主体批判的矛头指向理论理性本身，解决认识的主体前提资格问题，理清人类先天认识能力功能、条件、范围和界限，从而确定人类知识的可能范围，依此为真正的、作为科学的形而上学提供坚实可靠的基础。

康德所说的"有两样事物，我对它的思考越多，内心的敬畏意识就有增无减。"这实际是对于他前后批判时期对于自然及科学的崇尚和对于道德的归宿的全部学术生涯的自觉概括。"头上的灿烂星空"来自以他的第一部著作《天体的一般理论》为代表的前批判时期科学研究的主体自觉；"心中的道德法则"是对于自理论理性批判始，到实践理性批判落脚处的主体性思维的觉悟。

道德律令在康德那里是至高无上的，成为其理性批判的归宿。因此，在其理论体系中，不可避免地要处理理性、自由与道德的关系。一方面，在康德哲学中，自由确实是一个作为主旋律的范畴，但是，康德的自由范畴严格区别于其他哲学的自由的含义和特点，他认为，自由是自律和自我批判的前提。即是说，理性只有是自由的，它才能够进行自律，才能进行自我批判。如果理性仅仅是自由的，而不进行自我批判和自律，那么它就会被绝对化。

另一方面，康德以道德至上论的立场，主张道德高于自由之上。尽管他一开始就意识到了自由与因果性的矛盾，但他不仅不回避和掩盖这一矛盾，而是诚实地承认它，并且在理性的自我批判中揭示这一矛盾的根源。然而无论如何，理性和自由都不能凌驾于道德之上，相反，道德律令是高于理性和自由的。

康德哲学及其方法的影响是永恒的，当代英美中，康德哲学的幽灵就十分明显的：一方面分析哲学的基本精神是从康德那里接受了把哲学视为严格的精神科学的观念。其二是接受了康德给思想领域划界的思想。（维特根斯坦的可说与不可说划界等）

福柯在康德写了《什么是启蒙》整整200年后写同名书，试图消解康德将启蒙理解为出路的思想，他认为不能消解这一问题，后现代就无从谈起。马克斯 韦伯关于现代性的经典规定，主要思想渊源是康德哲学。哈贝马斯说，我们是在康德黑格尔的精神氛围中成长的。

从某种意义上说，现代西方哲学的所有问题，都是康德哲学的延续，要么接着说，要么反着说，拟或对着说。

三是现代西方哲学思维对于意义的追问

现代西方哲学语言学和生存论的转向，使哲学思维的使命实现了由发现真理向追问意义的转化。

首先，尼采等人的意志哲学，作为第一个登上现代西方哲学舞台的流派，首先对笛卡尔以来的对理性主义传统进行了尖锐的批判和否定。"整个现代哲学在逐渐沉沦，如果这种哲学的残余没有引起嘲笑和怜悯，那么，也引起了怀疑和不快。哲学被降格为'知识论'，实际上它不过是一种胆怯的随大流和禁欲的教条：它还未跨门槛就痛苦地否决了自己进门的权利——这就是奄奄一息的哲学，它是终结，是痛苦，是让人怜悯之物。"①

尼采首先把矛头指向神本论的理性主义。他公然宣称："我是第一位非道德论者，因此，我是地道的破坏者。"②他大胆宣告"上帝死了"，因而理性也终结了，因此我们要"重估一切价值，这是一场大战"③

尼采试图以非理性超越理性，全面消解传统哲学的"理性"、"知识"、"真理"、"主体"、"道德"、"人"等元话语。通过"感性"、"生命"、"价值与评价"、"永恒轮回"等，彰显"超人"的"权力意志"。尼采的"超人（der Übermensch）"的"权力意志（der Wille zur Macht）"对于人的尊严实现的帮助。

尼采认为，康德的"作为目的自身"的人的最高尊严的实现，仅仅诉诸于理性和良知是不够的，"超人（der Übermensch）"的"权力意志（der Wille zur Macht）"（正视人是在不断创造中实现自由超越的特殊生命体。确信自己"同这太阳、同这地球、同这雄鹰、同这条蛇一样"，"永恒地回归到同一个自身的生命"的高尚情操）力量可籍借鉴。

---

① ［德］尼采：《超越善恶》第 204 节，W. 考夫曼英译，纽约兰登书屋 1989 年版，第 123 页。

② ［德］尼采：《权力意志》，张念东，凌素心译，北京：商务印书馆 1991 年版，第 100 页。

③ ［德］尼采：《权力意志》，张念东，凌素心译，北京：商务印书馆 1991 年版，第 86 页。

其次，实用主义要求以生活和实践取代传统理性主义哲学对物质和精神本质的探索。

美国的实用主义哲学大师—皮尔士，首先批判了作为笛卡尔哲学的出发点的普遍怀疑思想，"我们不能从完全的怀疑开始"，"不能佯装对我们在内心并不怀疑的东西在哲学上加以怀疑"，普遍怀疑"完全是一种自我欺骗"①。在人的认识和行动中必须有一定的信念。

皮尔士认为，笛卡尔的理性主义哲学，忽视了主体际性和人的社会存在。

笛卡尔哲学以"我思"的自明性作为第一原理，把知识和观念的确定性及绝对性诉诸于个体意识，忽视了主体际性和人的社会存在。皮尔士明确反对笛卡尔认识论的直观性和绝对性。特别是反对笛卡尔认为的"凡我清楚地确信的任何东西就是真的"②的自我确认说，主张"共同体"的不断商讨。皮尔士继承了康德"实用的信念"及其与行动的后果的关系的思想，他把一切知识都归结为"实用的"信念，知识的问题被归结为确定信念，使之成为行动的工具。

再次，现当代现象学运动（特别是存在主义），要求哲学研究的视域和方法，转向非反思的生活世界或人的生存。

胡塞尔现象学自觉继承了笛卡尔哲学的理性传统，其基本问题仍然是主体性问题，他面对的"事情"仍是"意识之主体性"③。

不同的是胡塞尔开出了一条与近代哲学主流大相径庭的新途径，胡塞尔在"意向性"（intenationality）概念的基础上，最精辟地澄清了近代哲学在主体问题上的一系列含混，开出了一条与近代哲学主流大相径庭的新途径；同时，解决了被老笛卡尔主义忽视了的"历史性"和"生存性"问题，因此，胡塞尔现象学可以称为新笛卡尔主义，它是近代西方哲学的出路之一。

---

① 参见《皮尔士文集》，Idiana University Press. 第 6 卷第 265 段。

② 参见《皮尔士文集》，Idiana University Press. 第 5 卷第 265 段。

③ 这是海德格尔在《哲学的终结与思的任务》中的表述方式。

　　现象学面临的主要论题："一切奇迹中的奇迹"是什么？海德格尔曾经将之概括为"意识之主体性"问题。因此，现象学首先要分析的是意识及其与世界的关系，这不同于主客关系。胡塞尔通过对"我思"即意识及其本性就是意象性的分析，正面了结了自"我思故我在"命题提出以来围绕着主体问题的一系列迷雾。现象学的主体概念区别于近代哲学主体概念的关键在于它克服了后者与客体的隔绝（如绝对精神意义上的主体）或外在关联（如灵魂实体意义上的主体）。

　　还有，罗素、弗雷格、维特根斯坦等分析哲学家，要求把哲学研究转化为对于语言的用法和意义分析的学问。

　　分析哲学是一场哲学方法论变革的运动，它与自然科学有着密切的关系，它拒斥形而上学。大多数分析哲学家都同时是某一科学领域的专家。他们通过对哲学命题进行语言逻辑分析，消解传统哲学的意义和方法。

　　与此同时，现代西方哲学思维的另一个重要特点就是重视新的哲学方法的探索。早在 19 世纪之末，胡塞尔（Edmud Husserl）、摩尔（G. E. Moore）、皮尔士（C. S. Peirce）这三大现代西方哲学的开创者，就创立了三种新的哲学思维方法。胡塞尔的现象学方法是针对康德的，他要求解决知识的本质和形式问题，即知识如何建构，经验与理性到底有何作用；摩尔的语言分析方法则是针对黑格尔的，他要研究主观与客观有无差别，以及如何把握两者在本质上的差异问题；皮尔士的实用主义方法是针对笛卡尔的，他要解决经验主义与理性主义的对立问题。皮尔士反对笛卡尔关于"知识的起点是怀疑"的观点，他认为，知识不可能有一个绝对基础，知识的起点应是大家都能信任的经验和思考方式，常识与知识理性存在着本质上的一致性。

　　20 世纪上半叶，在上述三大哲学方法之后，又发展起三大新的哲学方法。罗素（Bertrand Russell）、维特根斯坦（Lubwig Wittgenstein）、奥斯汀（T. L. Austin）等发展了摩尔的语言分析方法，形成逻辑分析方法、逻辑语言的分析和语用分析的方法、语言行为条件的分析方法等；詹姆士（William James）、杜威（John Dewey）等发展了皮尔士的实用主义方法，形成重视主体经验的实证方法以及伦理学、教育哲学和逻辑方法的重建的方法；弗雷格（G. Frege）、梅洛·庞蒂（Merleau Ponty）、海德格尔（M. Heidegger）等发展了胡塞尔的现象学方法，形成"纯谓建构"、"身体知觉"、"存有体悟"等方法。

20 世纪后半叶，作为现代西方哲学重要代表人物的逻辑和分析哲学家奎因（W. V. Quine），提出了逻辑建构方法；德里达（J. Derrid）作为后期结构主义的代表人物则批评了逻辑建构方法，提出了解构的方法；作为法兰克福学派的新康德主义和新马克思主义思想家的哈贝马斯（J. Habermas），提出了批判理论与沟通理论的方法。斯特劳斯（F. Strawson）用自然语言的逻辑分析方法来描述世界存在的结构等等，都是现代西方哲学重视方法论的集中表现。

马克思主义哲学、中国哲学原典等，自然也有各自内在的逻辑进路，这些都需要我们在认真解读文本的基础上去寻觅和探索。

张周志

2015 年于西安

第一章　导论：现当代西方哲学的兴起及其
追问意义的思维模式

现当代西方哲学确实存在着与近代哲学的巨大区别，尤其表现在致思趋向、思维方法诸方面与近代哲学大相径庭，特别是在思维目标上实现了由获得知识、追求真理的认识论思维模式向追问意义的生存论和语言学思维模式的转向。但无论如何，现当代西方哲学也不是无厘头的空穴来风，事实上，现当代西方哲学在问题意识、理论旨趣多方面，都与近代哲学有千丝万缕的关联。

一、西方近代哲学的基本精神

人们一般所说的近代西方哲学，作为一个时期的哲学，是指 15 世纪中叶到 19 世纪 40 年代的西方哲学的统称。其兴起于 15—16 世纪的"文艺复兴"时期，在 17—18 世纪末这一时期，诉诸于资本主义不断强大和实证科学的繁荣，以主体与客体关系为中心的认识论思维达到鼎盛阶段。18 世纪末以降，特别是康德批判理性哲学，既是起近代主体哲学的极致，同时也意味着近代哲学走向衰落，并逐步过渡为现代哲学。

（一）高扬理性的旗帜

近代西方哲学萌芽和兴起，直接肇始于 15—16 世纪"文艺复兴"运动。这是一个彼岸性的神性信仰式微，此岸性的理性觉醒的时代。一夜之间，上帝隐退了，人们的精神世界由人类自己的思想和自然理性规律来规范，这种新的精神主宰，源于人文主义和自然科学两场轰轰烈烈的运动。

前者主张复兴古代希腊的人本精神，强调"人是万物的尺度，是存在着存在的尺度，是不存在者不存在的尺度。"① 要求人类超越神性的羁绊，正视自己、认识自己，以人为中心，一切为了人的利益。中世纪后期意大利哲学家 M. 费奇诺（1433—1499）就大声疾呼："认识你自己吧"，犹如古老的阿波罗神庙的箴言"认识你自己"，以人为中心，而不是以神为中心。由此掀起了以人道主义为核心的反封建、反神学的资产阶级启蒙运动。这正是近代西方哲学人本精神的根基。

在漫长的中世纪的教皇统治下，崇尚上帝一元论的神本思维方式，使得人们迷恋于从无所不在、全知全能的上帝这一不证自明的大前提出发，按照演绎逻辑三段式推论一切。认为上帝已经规范好了宇宙间的一切事物。但是，中世纪末的自然哲学家们则不以为然，如库萨的尼古拉、B. 特莱西奥和 G. 布鲁诺，则用经验观察的科学方法反对经院哲学的推演方法，用辩证法的思想反对经院哲学的形而上学，用唯物主义反对经院哲学的唯心主义。依此宣告上帝的隐退，自然理性的凸显。西方近代哲学，特别是欧洲哲学的理性中心主义的主旨，从思想源流上来说，秉承了古希腊第一期哲学家的自然理性的传统。包括把这种对于自然理性的理想化、观念化的追求，都与古希腊哲学传统有关。事实上，前苏格拉底时期的哲学家，已经开始运用抽象思维，柏拉图也开始主张对于实在作理念的分析，亚里士多德对第一哲学与第二哲学的划分和对形式逻辑的创立等，都有探求自然之理性的精神。

17—18 世纪，近代自然科学日益脱离神学而繁荣昌盛。1600 年前后的 100 年左右，出现了 N. 哥白尼、J. 开普勒、G. 伽利略等许多科学上的伟人，17 世纪是近代自然科学取得辉煌成就的世纪。恩格斯曾高度评价说，这是一个需要巨人而产生巨人的时代。科学实验和观察事实不断地与宗教神学分庭抗礼，要求独立存在的地位。宣告一种以经验归纳法和数学的演绎法为核心的科学理性原则。

---

① 古希腊哲学家普罗太格拉语。

在面对中世纪占据传统的经院哲学，特别是后期主要以亚里士多德的演绎逻辑三段式一统天下的历史事实，英国哲学家培根率先一反常态地提出了人类的知识起源于归纳，他作为近代哲学的开创者之一而永载史册。他认为物质世界是客观的，它的存在不依赖于抽象的概念，也不依赖于人的意志。自然世界是按照一定的规律进行活动，万物都是有最小的微粒而构成的。而对于任何一个物体而言都是由着这些微粒而构成，并且事物的本质决定于构成它的各个部分的性质，总体是由各部分共同决定的。构成了的事物所具备的"形式"也就可以成为"规律"，我们渴望了解事物的本质规律，就必须从它的最基本性质来了解。培根认为我们对于事物性质的感觉构成了我们的经验，通过视觉、触觉等等，将这些感觉认识归纳起来，从而形成比较理性、深刻的认识。培根开创的经验方法论，为随后的英国哲学家所继承，并将它进一步拓展的是著名哲学家约翰·洛克。

作为世界最优秀的政治学家约翰·洛克，他的哲学观点同样影响深远，在洛克看来，人的知识最初如同一块白板一样。是经验将它逐渐积累，从而形成一系列丰富的观念，共同构成了对于世界的认识。洛克强烈反对笛卡尔的天赋学说，他反对人具备天赋的理性观念，他说，纵然在开始运用理性的同时就能发现一系列公理，也不能证明它是天赋的；并且即使我们知道那样公理，并开始运用理性的时候，同样不能证明它就是天赋的。因为任何的观念都是不会由生来就具备的理性推导而出的，不然就不会有人们有个各种各样的观念了。他认为人的知识起源于感觉和反省，作为最基本的"简单观念"，而感觉是由于对于外界刺激的反应所得到的结果，对于反省是由于人心在反省自己内面的活动时所得到的。前者如同味觉，视觉等等，后者如同对于事物的忧惧，欢喜等等。而由两个或者两个以上"简单观念"复合起来，并且加以综合或者抽象便构成了"复杂观念"。洛克例举了"复杂观念"包括三类，分别是：情状、实体和关系。而我们常见的很多观念都是"复杂观念"，例如，美、感激、军队、宇宙等等。

紧随洛克之后的另外一位经验主义哲学家是贝克莱，作为英国国教的大教长，他的哲学同神学联系非常紧密。在贝克莱看来，世界上的物质凡是能被感觉辨认出来的我们才能定义它存在，否则就不能肯定它是存在的。而我们对于事物的存在也仅仅是一个观念而已，任何概念只要不是我们的感觉或具体的认识而得到的，都是虚构。因此，他提出物也仅仅是观念的复合，并举例说，我们通过触觉了解到软、硬、熟、热等概念，从而判断事物的存在，并加以分辨而得到命名。由此，一切物体的存在都离不开能感知它们存在的心灵或者说就是存在于心灵之中。他便得出结论，"存在就是被感知的"，这样一个经典的语句。然而他还说，即是当我们不在感知物体时候，因为有无限精神实体的上帝存在，所以它仍然是存在着的。

经验主义的最后一位代表者是著名的政治学家和哲学家大卫·休谟，他生前以著名的历史学家而闻名西欧。他同贝克莱一样，只承认感觉经验的存在，并且把感觉经验统称为"知觉"，然后把知觉又分为印象与观念。对于印象而言，又可以分为两种一种是感觉印象，一种是反省印象。这是与洛克的哲学很有相同之处，最初的印象一种来自于感觉刺激，随后在印象刺激我们知觉之后，留下了一个复本，复本称为观念。当观念恢复到心中，产生的欲望、厌恶等情感，又可以成为反省。他反对先验的实体概念，他认为实体印象确实存在着的，但是必然从反省印象中产生出来的。并且全部的观念都是由印象复现而来的，这是他一贯坚持的原则。更为重要的是，休谟反对因果的结论，在他看来，原因和结果链接的只是两个现象，而这两个现象之间的因果是无法肯定确实存在着的，仅仅是由于"恒常会合"的人的经验而已。他的这个怀疑论，引发了后世的严重争论，讨论归纳法的确定性问题，最终一直引申到卡尔·波普的否证主义，可惜西方的哲学家至今都没有完全恰当地解决。

从而使神灵统治的世界，让位给因果必然性的客观规律。这是科学理性精神的胜利。

虽然上帝隐退了，但世界突然地被看作是另一个观念的存在，"在这个世界中的对象不是单个地、不完全地、仿佛偶然地被我们获知的，而是通过一种理性的、连贯地统一的方法被我们认识的，随着对这种方法的不断运用，我们最终能彻底认识这里的一切对象的自在的本身"①。这就是今天称之为因果必然性的客观规律，科学对于之观念的把握就是科学理性。

在这里，无论我们将近代以来历史发展的这些特征理解为长处还是短处，我们都必须开始转向近现代哲学的另一个特征，它是我们这里所做之研究的主要目的所在。

（二）主体意识的觉悟

首先，西方近代哲学主体意识的觉悟，最早应归功于法国哲学家笛卡尔。

事实上，近代以来，西方哲学思维的主体性思维，毋容置疑发端于笛卡尔，他真正引导人们从经院哲学的桎梏中摆脱出来。笛卡尔是一名出色的数学家和物理学家，所以他非常相信科学推理的能力。他的哲学也是建构在演绎和推理的方法之上的，他首先是普遍的怀疑观念，我们可以对世界的万物和概念进行怀疑。然而，有一点是肯定的，就是我们是无法怀疑自我的存在。因为，一旦我们连"自我"都怀疑了，那么这样的命题都没有意义了，怀疑是由自我而发出的。只要我在怀疑，就表明我的思想活动是存在着的，那么我也是存在的。这就是他所说的"我思故我在"原理，也是他所说的研究哲学的第一原理，他接着由第一原理出发，推论出上帝的存在。我们在怀疑，表明我们不是完满的，也就不是万能的；既然不是完美的，那么完美的观念必然不是由自我建构起来的，而完满、全知的概念就只能是上帝的属性。所以，上帝的存在是由此证明的，而上帝的存在便可以推导出万物的存在了。所以，我们看到笛卡尔得到了三个概念：自我、上帝和万物，由此可以知道自我也就是心灵，就是精神；而万物作为具体的物体而存在，从而共同构成了上帝的两个属性。他把物体和心灵分为两个不同的实体，彼此无关，物体代表者广延，对于时空的占据，而心

---

① E. Husserl, Die Krisis der europaischen Wissenschaften und die transzendentale Phanomenologie. Eine Einfuhrung in die phanomenologische Philosophie, hrsg . von W. Biemel, 1954. 中文本：［德］埃德蒙德·胡塞尔，《欧洲科学的危机和超验现象学》（第一、二部分），张庆熊译，上海：上海译文出版社 1987 年版，第 26 页。

灵代表思维，代表着意识。

笛卡尔著名的"我思故我在"的命题，引导了近现代哲学以思维为原则的主体性思维路径。因此，黑格尔认为："笛卡尔事实上是近代哲学的真正的创始人，因为近代哲学是以思维为原则的。"① 笛卡尔的革命性贡献在于实现哲学由本体论向认识论的转变，他首开主—客体分离和对立的先河。彰显思想是存在之家。而且哲学应该以思维为原则。这一主体意识的自觉，是导致近现代西方自然哲学和科学思想产生的理论前提。为此，黑格尔的《哲学史讲演录》中热情洋溢地赞扬笛卡尔"这个人对他的时代以及对近代的影响，我们绝不能以为已经得到了充分的发挥。他是一个彻底从头做起、带头重建哲学的基础的英雄人物，哲学在奔波了一千年之后，现在才回到这个基础上面。"② 这个从头做起的头，就是主体自我意识的精神家园——"我思"。"自笛卡尔起，我们踏进了一种独立的哲学。这种哲学明白：它自己是独立地从理性而来的，自身意识是真理的主要环节。在这里，我们可以说是到了自己的家，可以像一个在惊涛骇浪中长期漂泊之后的船夫一样，高呼'陆地'。"③ 这个陆地也是思维自身。人类的认识、知识的一切前提，首先在于对于主体意识的澄明，这一真理是笛卡尔通过分析方法、怀疑反思的途径发现的。他把苏格拉底的"我知道，我一无所知"，发展为"我知道，我知道什么"。

正像笛卡尔当年不用法文表达"我思故我在"（Je pense，donc je suis）命题一样，我们今天也万万不可用严格重视时间顺序性的英文理解"我思故我在"（I thinking therefore I am）。笛卡尔用心良苦地把这一命题表达为："我思故我在（Ego cogito，ego sum），这使我确信我说的是真理，因为我

① ［德］黑格尔：《哲学史讲演录》，第四卷，贺麟、王玖兴译，四卷本，北京：商务印书馆，1981 年，卷四，第 332 页。

② ［德］黑格尔：《哲学史讲演录》，贺麟、王玖兴译，四卷本，北京：商务印书馆，1981 年，卷四，卷四，第 63 页。

③ ［德］黑格尔：《哲学史讲演录》，贺麟、王玖兴译，四卷本，北京：商务印书馆，1981 年，卷四，第 59 页。

清楚地看到，为了思，需要在。"①他既重点强调了思的第一性和重要性，又在声明人的此在不同于任何其他对象存在，它是一个思的主体存在物。因此，绝对不能从本体论的意义上诠释之。正是从这个意义上说，笛卡尔的"我思故我在"，超越传统哲学的本体论（Ontology）思维，开创了近代以来主客两分的认识论（Epistemology）思维的新模式，从而形成理性主义（Rationalism）的方法论（Methodology）传统。

笛卡尔从怀疑成见和权威出发，经历澄清形而上学的纯思。他声明："我曾经多次把很多虚假的意见当成真的……我要认真地摆脱到目前为止我所相信并接受了的所有观点，重新从基础做起……"②他的沉思的目的在于从我思中驱赶走那"骗人的恶魔"，从而澄清我思，回归不证自明的良知前提，避免由于辨不清方向而形成的"有多少大脑，就有多少意见"的分歧。悬隔感觉成见，走向直觉理性，这是笛卡尔的方法选择。在所有理性那里完全一样的人类精神本性这一被蒙蔽的理性之光，"只有通过直观才被认识，相反它们被搁在远处的结论只能通过演绎推论。"③由此可见，笛卡尔的理性主义方法论崇尚的不是推理，而是直觉。但这种直觉是悬隔了原始感觉，赶走了"骗人的恶魔"，与盲从决裂后的创造能力，诉诸于它，人们才会发现新的观念。笛卡尔的理性直觉在面对自然时，借助于强有力的想象力，悟出真理的过程似乎有点玄虚，但这正是笛卡尔崇尚直觉的深刻之处。他所制定的"凡是我们领会得非常清楚、非常分明的东西都是真的"的真理标准，怀疑、悬隔、想象、直觉、纯思等方法和途径，都是以主体自觉为基点的。这为后继的主体哲学的反思、批判和意识还原理论奠定了思想理路的基础。

其次，18世纪末的德国哲学家康德，成为近代主体意识的集大成者。

沿着笛卡尔"我思"的主体思维理路，康德进一步以批判理性的旗帜，把主体思维发展到极致。从而成为西方近代哲学的集大成者，也是现

---

① ［法］笛卡尔：《谈谈方法》，巴黎：哲学图书出版社，1976年，第13页。
② ［法］笛卡尔：《形而上学的沉思》，巴黎：弗拉马里翁出版社，1992年，第57页。
③ ［法］笛卡尔：《指导精神的规则》，巴黎：哲学图书出版社，1970年，第17页。

代西方哲学思维的逻辑起点。可以说，从启蒙运动到整个 20 世纪，在哲学思维的每个角落，都能听到康德思想的足音。

以往在康德思想的理论渊源上，人们往往只重视了休谟和卢梭思想对他的影响，这自然是正确的，如休谟怀疑论的方法，特别是休谟关于归纳逻辑的非难，对于康德批判理性的方法检讨主体能力，在问题意识的启发上，是至关重要的。休谟的人性论思想方法，直接影响了康德的道德哲学和政治哲学的认识论倾向，它不仅使康德超越了独断论的认识论，而且直接启迪了康德关于意识理性、道德理性和审美理性的价值多元思想方法（这得益于休谟关于事实与价值两分法的思想）。罗尔斯认为，"康德非同寻常地表现出了对休谟的深深敬重和喜爱"。康德思想中积极的、民主或是共和的思想的确是受到卢梭思想的的直接影响。卢梭的《爱弥儿》几乎使他热情的近乎疯狂，他高度赞卢梭的伟大，他认为，如果说牛顿了解释自然界的最高真理一位天才，那么，卢梭则是揭示社会真理的另一位伟人。

但是，就康德哲学的思想方法的传统而言，与近代西方哲学之父笛卡尔更有密切的学理姻缘，他把笛卡尔的"我思"的主体哲学思维，推向主体批判的"纯我哲学"，从而使西方哲学思维真正"从形而上学的铁掌里解放出来"。

康德把西方哲学的理性精神发展到一个新阶段——批判理性阶段。（西方理性精神的四阶段：逻各斯的提出——赫拉克利特和巴门尼德奠定了西方理性精神的基础；柏拉图和亚里士多德的观念论体系使理性成为一个不断上升的系统；笛卡尔的怀疑精神使理性达到自我意识阶段；康德的批判使理性成为能动的自我超越的主体。）自康德以来，批判精神已成为人类精神生活的基本素质。

康德哲学的基本使命是解决启蒙运动发展过程中暴露出来的自由与理性的对立问题，其《什么是启蒙》特别是伏尔泰与卢梭的尖锐对恃。当时的情况是休谟的怀疑论动摇了科学的形而上学基础，使一切只剩下或然性。另一方面，机械决定论的主流意识使社会和人都沦为机器，人的自由、尊严和个性价值完全屈从于自然因果性。康德哲学的历史使命是一方面通过对于理论理性的批判确保科学的合法性，另一方面通过对于实践理性的批判确保自由的合法性。从而协调理性与自由的矛盾。其独特的手段，从而成其为方法论的里程碑是批判理性的精神。在康德那里，批判不仅是理性的能力和特质，而且以理性自身为对象。为此黑格尔曾概括："康德的哲学是启蒙运动的理论总结。"尽管在康德以前，对于启蒙运动，从政治、经济、文化上的弘扬已很充分，但从哲学上对于启蒙运动的反思总结还很不深刻，上帝一元统治的神学价值观直到 17 世纪仍无改观；法国大革命时期有神论与无神论的斗争演变为理性与非理性或反理性的对立。

康德的批判理性哲学对于启蒙运动的理论总结的主要功劳，首先表现在他首次实现了价值领域多元化的转向：纯粹理性批判——科学领域、实践理性批判——道德和宗教领域、判断力批判——艺术审美领域三大价值领域的多元价值转向。从而解决了主体哲学在认识、价值（实践和宗教）、审美领域的三个基本问题：

我能够知道什么？

我应该做什么？

我可以希望什么？

康德的第一批判——《纯粹理性批判》，首先主体批判的矛头指向理论理性本身，解决认识的主体前提资格问题，理清人类先天认识能力功能、条件、范围和界限，从而确定人类知识的可能范围，依此为真正的、作为科学的形而上学提供坚实可靠的基础。

康德所说的"有两样事物，我对它的思考越多，内心的敬畏意识就有增无减。"这实际是对于他前后批判时期对于自然及科学的崇尚和对于道德的归宿的全部学术生涯的自觉概括。"头上的灿烂星空"来自以他的第一部著作《天体的一般理论》为代表的前批判时期科学研究的主体自觉；"心中的道德法则"是对于自理论理性批判始，到实践理性批判落脚处的主体性思维的觉悟。

道德律令在康德那里是至高无上的，成为其理性批判的归宿。因此，在其理论体系中，不可避免地要处理理性、自由与道德的关系。一方面，在康德哲学中，自由确实是一个作为主旋律的范畴，但是，康德的自由范畴严格区别于其他哲学的自由的含义和特点，他认为，自由是自律和自我批判的前提。即是说，理性只有是自由的，它才能够进行自律，才能进行自我批判。如果理性仅仅是自由的，而不进行自我批判和自律，那么它就会被绝对化。

另一方面，康德以道德至上论的立场，主张道德高于自由之上。尽管他一开始就意识到了自由与因果性的矛盾，但他不仅不回避和掩盖这一矛盾，而是诚实地承认它，并且在理性的自我批判中揭示这一矛盾的根源。然而无论如何，理性和自由都不能凌驾于道德之上，相反，道德律令是高于理性和自由的。

康德哲学及其方法的影响是永恒的，当代英美中，康德哲学的幽灵就十分明显的：一方面分析哲学的基本精神是从康德那里接受了把哲学视为严格的精神科学的观念。其二是接受了康德给思想领域划界的思想。（维特根斯坦的可说与不可说划界等）

福柯在康德写了《什么是启蒙》整整 200 年后写同名书，试图消解康德将启蒙理解为出路的思想，他认为不能消解这一问题，后现代就无从谈起。马克斯·韦伯关于现代性的经典规定，主要思想渊源是康德哲学。哈贝马斯说，我们是在康德黑格尔的精神氛围中成长的。

从某种意义上说，现代西方哲学的所有问题，都是康德哲学的延续，要么接着说，要么反着说，拟或对着说。

二、近代哲学向现代哲学的转型

（一）康德哲学是联系近现代哲学的桥梁

现当代西方哲学的历史继承性着重来源于康德哲学，特别是继承和坚持了思想方向。这就是康德对于有关实在的知识的说明和他对于理性形而上学的批判，形成的认识论和形而上学历史上的"哥白尼革命"的转向。正是从这个意义上说，现代哲学许多都是康德思想的积极继承。即使对康德思想遗产采取论战态度的哲学家，也采用了康德哲学的话语方式，并且沿着康德的思想理路往前走。

康德哲学思维的论域和思路是，面对怀疑论对于近代以来哲学认识论的非难，特别是应对休谟关于全称命题的形成和证明的非难，相信他能够证明，一切经验知识都是以关于实在的先天知识为基础的。关于实在的先天知识就是先天为真的综合判断，即这样一种判断，尽管我们一方面不能从逻辑上证明它们，另一方面也不需要用观察到的事实支持它们，我们都能够领会它们的真理。康德的难题就是这样一个问题：怎样才能够解释先天为真的综合判断这种不可思议的现象？这种判断的有效性以什么为根据？康德对这个问题的解答就是先验唯心主义道路。他把这一验证的重要意义比喻为"哥白尼式的革命"。这就是说对实在的认识并不在于将超越意识的世界特性反映在我们的意识之中，相反，这个所谓"真实的世界"——即我们所唯一熟悉的、能够有意义地谈论的、经验上实在世界——就其根本性质来说，是我们自己的（空间—时间的）直观能力和悟性的构成物。康德认为，只有当宇宙不再是超越意识的存在，而是先验主体的产物时，我们能够作出有关这个宇宙准确而又不依赖于经验的陈述，这一点才成为可以理解的。

（二）现代哲学的流派分化根源于对待康德哲学的三类不同态度

现代西方哲学的诸多流派和人物，都在沿着康德的这一思路往前走，他们都肯定康德哲学的这一立场。在这种情况下，人们或者像新康德主义所做的那样，企图接受康德的全部出发点，并清除他体系中的"形而上学的"、"前批判时期的"残余，或者虽然是从与康德完全不同的考虑出发，但最后仍然是将先验主体概念置于中心地位，对于这一先验主体来说，一切存在者都是相对的，和它相比，一切真实的东西必须被看作内在的。这种情况的代表是后期胡塞尔的现象学，他的现象学还原法本身完全不同于康德的看法，然而却导致了作为全部实在的主观一极的"被先验地净化了的意识"，这种意识是作为思想上消灭世界之后没有能够消除的剩余物残留下来的，而其余的世界则表现为这种意识的意向作用的结果。这种思路和看法是当代人文主义思潮的主要基础。

即使与康德哲学论战，其哲学思维的兴奋点也往往继续聚焦康德哲学的视域。事实上，对于康德哲学的一些基本理论问题及对象，后来的一些哲学家则试图寻找另外一种新的解答，即对于同一问题找出另一种新的解答，布伦塔诺的自明哲学就是这一类型，在他的自明性学说中，对先天综合判断就提出了一种与康德不同的解释。同样，N·哈特曼曾企图在他的本体论范围内，通过这样一个假设来客观主义地说明认识，即思想的基本法则（认识的范畴）和世界的原理（存在的范畴）至少有一部分是相符合的。而海贝林则想要通过一种一元论的存在形而上学使关于世界的先验组存在为可以理解的东西。

现代经验论（逻辑经验主义）和分析哲学，表面上以彻底的批判态度对待康德哲学的先验唯心主义方法。他们企图通过否定康德哲学中心命题——先天综合判断的存在，来否定与康德哲学争论的意义，从而达到建构一种全新的认识模式和方法论图式，石里克、卡尔纳普和维也纳学派的其他成员以及几乎所有分析学派的代表人物都坚决反驳先天综合判断的存在。他们有时是否定存在着先天的综合陈述，但更经常地是采取尖锐得多的否定形式，他们提出这样一个命题：甚至于连给康德制定的关于实在的先天综合知识这一概念下一个精确的定义也是不可能的。这就表明，绝不能夸大先天综合判断问题的重要性。就是说，如果上述这种否定的观点是正确的，那就绝不含有关于实在的特殊的哲学陈述。在这种情况下，所有综合陈述都是经验判断，它们必须由经验科学来检验。哲学已不再能与专门科学并列地作出关于实在的有牢固基础的、能加以论证的陈述了。它必须还看到有逻辑学、科学理论和基础研究领域。这就是当代逻辑经验主义和分析哲学的使命。

三、现代西方哲学的流派分化

以上三种对待康德哲学的不同反应态度，决定了三种的新的哲学致思倾向，从总体上来说，前两种是人文主义传统的现代形式，其代表流派有：存在主义、现象学、解释学等，后一种则是意识科学主义的新变革，代表流派则是分析哲学、逻辑经验主义等。但无论如何，他们都与康德哲学思维有割不断的联系。

事实上，康德逝世两百年以来，西方哲学流派演变十分复杂，特别是"二战"以后，新的影响较大的流派相继形成，而且迄今仍然各具实力。例如从现象学中分化出来的存在主义哲学，不仅风靡一时，而且影响力无论在地域上还是在时间上，以及深度和广度上，都非常广泛而强大。20世纪60年代以列维-斯特劳斯为代表的结构主义对于萨特存在主义的抨击，结构主义思潮和方法的兴起，征得了来自多方面的同情和赞誉。英美分析哲学、科学哲学的历史传统再度掀起高潮。实用主义哲学也不断拥有更多的追随者。符号学、解释学异军突起。繁茂芜杂的流派使人应接不暇。但是，我们不仅可以从致思趋向上把其分为科学主义思潮和人文主义思潮两大方面，而且可以从本体论、认识论上把其划分为下述四种类型：

其一是主观唯心主义认识论的哲学：诸如分析哲学、逻辑经验主义、实用主义、语言哲学等。

其二是唯心主义本体论哲学：包括现象学、存在主义学等。

其三是客观唯心主义与认识论上的主观唯心主义相混合的哲学：如新实在论、过程哲学等。

其四是其他综合性的哲学流派，如结构主义，"新哲学"、符号学、解释学、自然主义哲学等。

上述诸多流派中，尽管彼此之间由于传统的或现实的根源，仍然存在很多分歧，但是总的来说，当代发展趋势中，它们彼此间的共性、同一性趋于增加，例如，英美逻辑经验主义与实用主义之间的关系越来越密切；现象学与分析哲学逐步靠拢；科学哲学中的经验主义与历史主义的对立趋于整合。由此可见，哲学审视世界、人生与社会以及人类精神世界的视角在不断地从多维视野中进行聚焦，全息化透视世界的综合成为主流。

同时，尽管各流派都有其阶级基础和偏颇，但是他们都有一个密切关注社会和科学发展的共同积极的现实主义精神，都密切把握社会和科学发展的前沿问题，前瞻性和回眸反思性地审视世界。这一点毋庸置疑是进步的表现，值得我们借鉴。而不能一概斥之为资产阶级的反动哲学。例如，存在主义哲学的三大分支尽管都属于资产阶级哲学，但是其中也不乏对于资本主义社会负面现象的心理深处的反抗情绪。萨特的存在主义哲学反映了法西斯专政下的小资产阶级心理反抗的思想和情绪；雅斯贝尔斯的存在主义哲学则反映了中等资产阶级在对前途感觉茫然彷徨时向往自由主义的情绪；只有海德格尔的存在主义哲学反映了德帝国主义冒险和垂死挣扎的情绪，并且后来与法西斯统治有关。但无论如何，包括海德格尔在内的存在主义哲学的学术影响和社会影响都是很大的。又如美国的新老实用主义哲学，就其产生的时代而言，它代表了创业者、开拓者和商人的意志和思想，迄今仍然反映了美国资产阶级和一般市民的利益、意志和情绪，仍然具有很大的市场和影响。并且当代美国的实用主义哲学正在接受分析哲学、结构主义等的洗礼和改造。另一方面，欧洲的经验论的各种流派，也在不同程度地吸收实用主义哲学的思想。

面对流派众多的现、当代西方哲学，我们既要了解各自的认识论和社会阶级根源、立场的区别，从而在根本问题上搞清楚各自的观点中的优缺点，又要从科学、文化、社会与人的发展的时代共性上注意彼此间的关联，以便从总体上把握共同的历史使命和时代特征。

四、现代西方哲学的基本特点

（一）超越本体论，反对形而上学的共同致思

当代西方哲学思维中，无论是人文主义思潮还是科学主义思潮，都不同程度地把本体论问题视作形而上学问题，并予以拒斥，特别是科学主义思潮中的现代经验论者（逻辑经验主义）更是如此。

这里所谓"形而上学"并非马克思主义哲学所理解的，在解释世界状况怎么样时，与辩证法相对立的那种方法，而是指关于世界本原的各种事实陈述，它既是非逻辑的，又是非数学的陈述；这些陈述可以用种种方法"论证"，但却不属于特殊的实证科学领域。例如哲学本体论中关于世界本原是物质的，还是精神的这一存在事实的陈述就属于广义的形而上学命题。从最狭义的形而上学含义看，那些与非感性的（超验的）对象有关的陈述才属于形而上学命题。时代的变迁与科学的革命，使得现、当代哲学思维崇尚怀疑精神，重视分析实证，而反对一切缺乏经验基础的先验承诺

和思辨演绎，包括本体论的命题在内，都被斥之为"形而上学"问题。这就形成现、当代西方哲学在思维方法上与传统、古典哲学的大相径庭：它强调分析、实证方法，而传统古典哲学则崇尚思辨、演绎方法。并且现、当代西方哲学还进一步对于人们获得事实知识和逻辑关系知识的方法，以及人们获得知识的语言结构、实证意义等问题进行了深入研究。

逻辑经验主义者以及其思想渊源的实证主义和经验批判主义者，对于本体论的形而上学问题都采取了明确的否定态度。以往的怀疑论、不可知论以及康德哲学中，只是怀疑和否认形而上学命题的正确性，而逻辑经验主义者从根本上否定形而上学关于存在陈述的本体论命题的意义。在他们看来，所谓的形而上学命题经受不住关于陈述的严格意义标准的检验。形而上学家总想说那些不可言状的东西，当然这一切努力无异于徒劳。事实上，"对于不能谈的事情就应当沉默。"卡尔·波普尔认为，对于本体论的那些既不能证实，也不能证伪的非科学的形而上学问题，应该彻底从哲学中清除出去。

事实上，自 17 世纪以来，随着科学的兴起，认识论成为哲学研究的中心问题。对于本体论的思考越来越淡漠，而对于科学知识的考察与反省在哲学中占有越来越重要的地位。波普尔说："认识论的问题可以从两方面来研究：（1）当作日常的知识或常识的问题，或（2）当作科学知识的问题。"现、当代的分析哲学和科学哲学正是从不同方面对于认识论问题的研究。

尽管现、当代西方哲学有拒斥形而上学的总趋势，但是，也存在着相当的承认形而上学是哲学的重要组成部分的流派和代表人物。特别是一些人文主义思潮中不乏这些人物。例如，布仑塔诺就认为经验主义与形而上学之间不存在必然的对立，关于实在的先验判断是有意义的；在现象学的集大成者胡塞尔看来，作为先验哲学的本体论关于存在的考察不但有意义，而且可分为两个部分，其一是形式的本体论，以一切存在物所共有的东西为研究对象。其二是实质的本体论，以特定领域能够先验规定的特征为研究课题；在存在主义哲学家海德格尔那里，继承发展了胡塞尔的思想，提出基础本体论的构想。他认为基础本体论的任务是解释存在的概念。他通过关于人的哲学，"什么是人"这个问题的直接地形而上学分析，体现了人本主义的关于存在的本体哲学的当代特征。

关于存在的本体论问题的形而上学思考，无论是逻辑经验主义和科学哲学中的直接拒斥，还是肯定其意义的一些人文主义思潮中，都有一个共同的反对传统思辨的、古典理性的形而上学问题的倾向。

（二）试图超越近代理性哲学的知识论思维模式

尼采作为第一个登上现代西方哲学历史舞台的哲学家，猛烈抨击了近代理性哲学的知识论传统。

尼采说："整个现代哲学在逐渐沉沦，如果这种哲学的残余没有引起嘲笑和怜悯，那么，也引起了怀疑和不快。哲学被降格为'知识论'，实际上它不过是一种胆怯的随大流和禁欲的教条：它还未跨门槛就痛苦地否决了自己进门的权利——这就是奄奄一息的哲学，它是终结，是痛苦，是让人怜悯之物。"① 他认为，这种知识论哲学的话语霸权，一方面使得学院哲学为迎合社会公众的爱好，不遗余力地磨去哲学的棱角和锋芒，从而使哲学成为知识在各种场合被传播；另一方面，必然造成一种真正的、能够在整个文化体系中确立起权威的哲学却严重缺乏，结果使人们离哲学的真精神越来越远。"整个现代（是指近代②）哲学的思考，都是政治性的和警察式的，都被政府、教会、学院、习俗、时尚以及人的怯懦束缚在学术的表面，始终停留在叹息'但愿如何如何'或者认识'从前如何如何'上。"③ 哲学家已成了"智力管家"，"没有人敢于身体力行哲学的法则，没有人怀有一种单纯的男子气的忠诚以哲学方式生活"。这些自命不凡的哲学家们已经开始与时代同流合污。"一个时代，如果它苦于只有所谓普及教育，却没有文化，即没有贯穿其生命的统一风格，那么，它就根本不会懂得拿哲学来做什么正确的事。当哲学被真理的守护神本身在大街和市场

---

① ［德］尼采：《超越善恶》第 204 节，W.考夫曼英译，纽约兰登书屋 1989 年版，第 123 页。

② 本书作者注。

③ ［德］尼采：《希腊悲剧时代的哲学》，周国平译，商务印书馆 1994 年版，第 22 页。

上宣告出来的时候，就是如此。""你们首先必须有一种文化，然后才会体会到哲学能做些什么，并要做些什么。"①

尼采首先否定和批判了当时存在的传统的哲学形式和基督教道德，认为它们已成为哲学和文化进一步发展的障碍。他直言不讳地宣称："我是第一位非道德论者，因此，我是地道的破坏者。"②他大胆宣告"上帝死了"，因而理性也终结了，因此我们要"重估一切价值，这是一场大战"③

尼采通过语源学—语用学方法、历史学—谱系学方法、心理学—透视学方法、医学的诊断—治疗方法，完成了他"重估一切价值"的理想。其哲学思想可以用两句话来概括：全面消解传统哲学的"理性"、"知识"、"真理"、"主体"、"道德"、"人"等元话语；通过"感性"、"生命"、"价值与评价"、"永恒轮回"等，彰显"超人"的"权力意志"，以非理性超越理性。

（三）重视区别于近代主体性哲学的新思维方法的探索

尽管 20 世纪西方哲学流派众多，但从方法论上有人把其归纳为"九家十说"，即实用主义（pragmatism）、现象学派（phenomenology）、现象主义学说（phenomenalism）、逻辑实证论（logical positivism）、一般语言分析（ordinary language analysis）、存在主义学派（existentialism）、过程哲学（process philosophy）、新实在主义学派（new realism）、结构主义（structuralism）、新学院派（ncw scholasticism）等。这些流派的诞生及其相互区别，都在试图揭示一种新的哲学思维方法。胡塞尔（Edmud Husser）、摩尔（G. E. Moore）、皮尔士（C. S. Peirce）这三大现代西方哲学的开创者，在上个世纪之末，就创立了三种新的哲学思维方法。

一是胡塞尔的现象学的直观方法，直接针对康德哲学的批判理性方法，他要求解决知识的本质和形式问题，即知识如何建构，经验与理性到底有何作用。

---

① ［德］尼采：《希腊悲剧时代的哲学》，周国平译，商务印书馆 1994 年版，第 22 页。

② ［德］尼采：《权力意志》，张念东、凌素心译，北京：商务印书馆 1991 年版，第 100 页。

③ ［德］尼采：《权力意志》，张念东、凌素心译，北京：商务印书馆 1991 年版，第 100 页。

现象学运动（特别是存在主义）要求转向非反思的生活世界或人的生存，从而超越近代哲学的精神主体性。

虽然胡塞尔现象学就其基本问题仍然是主体性问题而言仍然有理性主义的传统，他面对的"事情"仍是"意识之主体性"①。但是，胡塞尔在"意向性"概念的基础上，最精辟地澄清了近代哲学在主体问题上的一系列含混，开出了一条与近代哲学主流大相径庭的新途径；同时，解决了被老笛卡尔主义忽视了的"历史性"和"生存性"问题，因此，胡塞尔现象学可以称为新笛卡尔主义，它是近代西方哲学摆脱困境的出路之一。

现象学面临的主要论题："一切奇迹中的奇迹"是什么？海德格尔曾经将之概括为"意识之主体性"。因此，现象学首先要分析的是意识及其与世界的关系，这不同于主客关系。胡塞尔通过对"我思"即意识及其本性就是意象性的分析，正面了结了自"我思故我在"命题提出以来围绕着主体问题的一系列迷雾。现象学的主体概念区别于近代哲学主体概念的关键在于它克服了后者与客体的隔绝（如绝对精神意义上的主体）或外在关联（如灵魂实体意义上的主体）。

胡塞尔的主体是先验主体，即纯粹自我或先验本我。它是现象学还原的剩余。"除了其'关系方式'或'行为方式'以外，自我完全不具有本质成分，不具有可说明的内容，不可能从自在和自为方面加以描述：它是纯粹自我，仅此而已。"②

胡塞尔晚年工作的重点是如何从先验自我出发构造出主观际的生活世界，从而完全克服近代哲学的理性主义路径。

二是摩尔的语言分析方法，则是直接针对黑格尔哲学的反思理性方法，他要研究主观与客观有无差别，以及如何把握两者在本质上的差异问题。

摩尔、罗素、弗雷格、维特根斯坦等分析哲学家，要求把哲学研究转化为对于语言的用法和意义分析的学问。

---

① 海德格尔语，见《哲学的终结与思的任务》。
② ［德］胡塞尔：《大观念》第一卷，德文版第160页。

分析哲学是一场哲学方法论变革的运动，它与自然科有着密切的关系，它拒斥形而上学。大多数分析哲学家都同时是某一科学领域的专家。他们通过对哲学命题进行语言逻辑分析，消解传统崇尚分析理性的方法，体现了康德哲学的主体思维幽灵犹存。

现代西方哲学三大创始人胡塞尔、摩尔和皮尔士，都以不同的方式主张哲学的任务在于分析，对于知识、概念、命题等的构成内涵进行语言和逻辑的解析。即以分析作为哲学研究的出发点。

理性从建构到解构，再到重建的过程，是经过分析实现的。这种分析不仅是对于客观世界的把握，而且更为重要的是对已有的认知建构进行不同内涵的逻辑理性分析，即对于已知的理念、观念作形式的分析，甚至提出大胆怀疑。现当代西方哲学这一致思趋向，与数学与科学的发展密切相关。本世纪初物理学、数学、逻辑学的重大发展，几乎从根本上动摇了人们几个世纪以来的理性观念。爱因斯坦狭义相对论（1905 年）、广义相对论（1915 年）的分别问世，动摇了牛顿力学几个世纪以来的坚实根基。同时性具有相对性，质量不再是恒量等等，都要求人们重新审视、分析经典物理学的知识体系。1930 年量子力学的诞生，微观粒子运动的波粒二象性已被宣告为事实。当年海森堡的"测不准关系"不再是仪器、主体干预的影响所致，而是经典物理学的观念需要分析。黑体辐射现象的发现，元素的放射性蜕变的事实，使得原子具有不可入性的观念不再能站得住脚。哥德尔（Godel）不完全定律的发现，证明了一个由皮亚诺自然数论组成的体系，如果是完全的，那么其中必然至少包含着一个矛盾命题。如果要使其不矛盾，就必须维持该体系的开放性和不完全性。普里高津的粒散结构论、自组织理论等当代科学理论，都在不断揭示着客观世界的矛盾运动。没有一成不变的事物，没有一成不变的观念。理性的任何方面，都不是免于分析批判的。这就决定了当代西方哲学对于理性建构的分析批判，并大胆解构理论观念体系，从而按照理性自身的相应性，对应科学发现客观世界之事实经验，重建理性之大厦。

这种分析精神，从怀特海、罗素、摩尔、胡塞尔、皮尔士到当代英美分析哲学，以及过程哲学，都表现得淋漓尽致。

三是皮尔士的实用主义方法，更是直接反对对笛卡尔哲学的普遍怀疑方法，他要解决经验主义与理性主义的对立问题。要求以生活和实践取代对物质和精神本质的探索。

美国的实用主义哲学大师——皮尔士，首先批判了作为笛卡尔哲学的出发点的普遍怀疑思想。皮尔士认为，"我们不能从完全的怀疑开始"，"不能佯装对我们在内心并不怀疑的东西在哲学上加以怀疑"，因而普遍怀疑"完全是一种自我欺骗"①。事实上，在人的认识和行动中必须有一定的信念是确信无疑的。

其次，皮尔士认为，笛卡尔以"我思"的自明性作为第一原理，把知识和观念的确定性及绝对性诉诸于个体意识，忽视了主体际性和人的社会存在。因此，皮尔士明确反对笛卡尔认识论的直观性和绝对性。皮尔士特别反对笛卡尔认为的"凡我清楚地确信的任何东西就是真的"②的自我确认说，他则明确主张认识过程中"共同体"的不断商讨的作用。

皮尔士继承了康德"实用的信念"及其与行动的后果的关系的思想，他把一切知识都归结为"实用的"信念，知识的问题被归结为确定信念，使之成为行动的工具。皮尔士反对笛卡尔关于"知识的起点是怀疑"的观点，他认为，知识不可能有一个绝对基础，知识的起点应是大家都能信任的经验和思考方式，常识与知识理性存在着本质上的一致性。

在上述三大哲学方法之后，又发展起三大新的哲学方法。罗素（Bertrand Russell）、维特根斯坦（Lubwig Wittgenstein）、奥斯汀（T. L. Austin）等发展了摩尔的语言分析方法，形成逻辑分析方法、逻辑语言的分析和语用分析的方法、语言行为条件的分析方法等；詹姆士（William James）、杜威（John Dewey）等发展了皮尔士的实用主义方法，形成重视主体经验的实证方法以及伦理学、教育哲学和逻辑方法的重建的方法；弗雷格（G. Frege）、庞蒂（Merleau Ponty）、海德格尔（M. Heidegger）等发展了胡塞尔的现象学方法，形成"纯谓建构"、"身体知觉"、"存有体悟"等方法。

---

① ［美］《皮尔士文集》第 6 卷，英文版第 265 段。
② ［美］《皮尔士文集》第 5 卷，英文版，第 265 页。

作为现代西方哲学重要代表人物的逻辑和分析哲学家奎因（W. V. Quine），提出了逻辑建构方法。德里达（J. Derrid）作为后期结构主义的代表人物则批评了逻辑建构方法，提出了解构的方法。作为法兰克福学派的新康德主义和新马克思主义思想家的哈贝马斯（J. Habermas），提出了批判理论与沟通理论的方法。斯特劳斯（F. Strawson）用自然语言的逻辑分析方法来描述世界存在的结构。

由此可见，全部西方哲学的发展历史，特别是 20 世纪西方哲学，都是在探求哲学把握世界的新工具、新方法的过程。

第二章　尼采《悲剧的诞生》与现代西方
非理性哲学的兴起

经叔本华、克尔凯郭尔的奠基，到尼采形成的非理性主义哲学思潮，是在 19 世纪中期德国古典哲学走向终结、整个西方哲学的发展发生了重大的方向性转折的背景下形成的，第一个登上现代西方哲学历史舞台的哲学派别。与近代哲学高扬理性的旗帜不同，现代非理性主义思潮，特别强调人的情感意志、本能冲动等非理性的活动在人的整个精神和物质存在中的决定作用，尖锐批判传统理性主义对人的个性、创造性和生命本能的扼杀和压抑以及造成人的异化。其理论依据集中表现在尼采《悲剧的诞生》及系列论著中发现的希腊酒神精神的超越性和创造力，并希冀依此建构整个现代人本哲学的全新大厦。

非理性主义和唯意志主义，都把人的情感、意志或人的精神活动中的其他非理性因素置于人的理性（理智）之上，并由之出发来解释人的全部认识活动以至全部精神和物质活动，体现了一种在整体上与传统理性主义哲学迥然相异的哲学思维方式。但二者还是有差异的。首先，前者偏重于认识论层次上的意义，后者则突出以情感意志为中心的本体论；其次，由于人的非理性活动除了意志欲望外还有其他形式，因此后者可看作是前者的一种特殊形式。

一、版本目录及内容结构

（一）《悲剧的诞生：源于音乐的灵魂》（*Die Geburt der Trag & ouml：die aus dem Geiste der Musik*），是尼采于 1872 年发表了第一部著作。

（二）中译本目录

《悲剧的诞生》一书，国内中文译本较多。这里选择周国平先生中译本的目录。

目录

译序

悲剧的诞生

瓦格纳在拜洛伊特

出自艺术家和作家的灵魂

曙光（节译）

快乐的科学（节译）

查拉图斯特拉如是说（节译）

自我批判的尝试

瓦格纳事件

偶像的黄昏（节译）

看哪，这人（节译）

作为艺术的强力意志

（三）基本内容结构

全书围绕日神和酒神的激烈斗争而展开，认为古希腊艺术产生于日神冲动和酒神冲突。日神阿波罗是光明之神，在其光辉中，万物显示出美的外观，而酒神则象征情欲的放纵，是一种痛苦与狂欢交织着的癫狂状态。日神产生了造型艺术，如诗歌和雕塑。酒神冲动产生了音乐艺术。人生处于痛苦与悲惨的状态中，日神艺术将这种状态遮蔽，使其呈现出美的外观，使人能活得下去，希腊神话就是这样产生的。酒神冲动则把人生悲惨的现实真实地揭示出来，揭示出日神艺术的根基，使个体在痛苦与消亡中回归世界的本体。尼采认为，悲剧产生于二者的结合。尼采更强调悲剧世界观，认为只有在酒神状态中，人们才能认识到个体生命的毁灭和整体生命的坚不可摧，由此才产生出一种快感，一种形而上的慰藉。在悲剧中所体现出一种非科学的、非功利的人生态度。这是对西方自苏格拉底以降的西方理性主义思想传统的反叛。尼采一再强调，本书的主旨在于为人生创造一种纯粹的审美价值，即"全然非思辩、非道德的艺术家之神"。因而必须"重估一切价值"。因为"我们的宗教、道德和哲学是人的颓废形式"因此必须把"我们今日称作文化、教育、文明的一切，终有一天要带到公正的法官酒神面前。"接受"艺术"的审判。

二、尼采哲学的思想渊源

事实上，西方思想史上，早有非理性主义和唯意志主义的思想。犹如《荷马史诗》在体现理智的同时，也有强烈的生命激情冲动非理性意识。奠定西方哲学理性主义传统的柏拉图的理念论和亚里士多德的理性论，也在理性的前提下大谈特谈非理性。甚至新柏拉图主义则把非理性置于理性之上，如普罗提诺就认为"太一"是一种有意志的存在。更不用说视非理性的信仰高于理性的中世纪哲学。

但是，只有到了19世纪中期德国古典哲学走向终结时，人们开始对近代传统理性主义哲学进行批判反思的基础上，非理性主义哲学思潮才逐步被系统化。

非理性主义哲学思潮以批判和超越传统理性主义并强调人的情感意志、本能冲动等非理性活动在人的整个精神和物质存在中的决定作用为其最一般的特征。由于它对人的情感意志等的作用的强调是以使哲学复归于人、使人摆脱被绝对化的理性和实在所异化的境况，重新发现人的本真存在、充分发挥人的生命力等为旗号，因而往往被列入"人本主义"哲学思潮。就这一哲学思潮的早期发展说，叔本华、克尔凯郭尔和尼采的学说无论在当时及以后的影响都最为突出。

（一）深受叔本华《作为意志和表象的世界》悲观主义意志论的影响

德国哲学家叔本华（Authur Schopenhauer，1788—1860），作为黑格尔去世后最早、最猛烈批判其理性思辨哲学的代表人物，以其1819年的代表作——《作为意志和表象的世界》，从某种意义上说，从根本上改变西方哲学发展方向，从而奠定了非理性主义的理论基础。

　　《作为意志和表象的世界》出版后很长时间几乎无人问津，但是，到了1848年大革命失败后，宣扬悲观主义的叔本华哲学受到极大欢迎，他本人因此声名大震。事实上，这可能正好体现了叔本华哲学对西方哲学传统理性主义的批判，适应了西方哲学由近代理性主义向现代非理性主义转型的潮流。

　　按照康德哲学物自体和现象界两分法的思路，叔本华则把世界划分为意志与表象两大领域。认为"世界是我们的表象"，并不是说世界是由我们创造的，而是说，世界被我们表象，永远是被我们表象的那个样子。人类诉诸于"充足理由律的四重根"，即四种表象能力和方式来把握世界。其一是"生成的充足理由律"的直观经验的表象方式，由此构成物理世界的对象。其二是"认识的充足理由律"的抽象概念的表象方式，由此构成判断。其三是"存在的充足理由律"的时空先天直觉表象方式，由此构成数学的对象。其四是"行动的充足理由律"的动机表象方式，由此构成实践行动的逻辑。

　　由于四大充足理由律表明，现象世界是必然的。而现象界的必然性具有不同的类型。因此，虽然动物也有表象世界，因而动物也有知性，它们也有感觉的先天形式：时间和空间，有知性的范畴，但它们没有理性。从另一方面看，虽然理性是人类独有的，但也这不仅不能说明人类比动物优越，甚至恰恰相反说明人类在某些方面还不如动物。动物固然没有理性，但是大自然给了它们足够的满足自己需要的手段，如狗的嗅觉，虎的牙齿，象的鼻子，鹰的眼睛等，其表象能力都比人强。人在某些自然天赋或本能方面不如动物，但需要却远远比动物复杂，加上大脑随着有机体的发展而发展，理性就此产生了。因此，叔本华认为，理性的首要功能是生物学意义上满足需要的工具，即使其构成概念的抽象能力，也不过是为了更好地处理人与环境等的关系，从而更好地满足自身需要的工具。

　　叔本华明确主张，生命意志高于理性。他认为，理性抽象的问题正好在于抽掉了细致的规定。因此，抑制理性抽象的地位和作用，恢复鲜活的生命意志，正是哲学的任务所在。生命就是宇宙本体的意志，这个意志使我们对表象世界发生兴趣，使我们与表象世界联系在一起。人通过自己的身体，可以清楚地发现意志的存在，是意志在支配我们的行动。"每人自己就是这全世界，就是小宇宙，并看到这世界的两方面都完整无遗地皆备于我。而每人这样认作自己固有的本质的东西，这东西也就囊括了整个世界的，大宇宙的本质。"

叔本华不同于康德，他不但肯定物自体是意志，而且借助于理型能够认识之，来解决这个问题。一方面，"任何时间和空间的个别事物都不是别的什么，而只是被理由律（作为个体的认识形式）化为多数，从而在其纯粹的客体性上被模糊了的理型。"另一方面，"意志乃是理型的自在本身，理型把意志客体化了，但这种客体化是不完美的。"这就是说，我们只能通过意志的客体化认识意志。意志即客体化在个别事物中，又客体化在理型中，但只有在理型中它才是完美的表现，因而，要认识意志只能通过理型，而不能通过个别事物。理型既是意志的完美表现，又是个别事物的原型和永恒形式，所以它能沟通意志和个别事物。

叔本华认为，理型分为不同的等级，各等级的理型不仅相互依赖，而且高级理型以低级理型为前提。例如，人依赖动物；动物又依赖其他动物和植物；植物需要土壤、水、太阳等等。尽管如此，不同理型的现象本质上处于彼此战争状态。例如，我们人为了维持自己的生命要杀戮动物，消耗各种植物；动物也是如此；植物为了维持自己的生存也要消耗大自然的许多东西。有机体之间的这种斗争其实是内在于意志本性的一种更基本的斗争的表现。作为意志的外在表现的大自然，它的内在本质就是不断的追求和挣扎。"欲求和挣扎是人的全部本质"。"人生是痛苦和无聊之间像摆钟一样的来回摆动着；事实上痛苦和无聊也就是人生的两种最后成分。"所谓幸福只不过是消极地暂时从痛苦或缺陷中获得解放，但随之而来的不可避免地产生新的痛苦。"人生在整个根性上便已不可能有真正的幸福，人生本质就是一个形态繁多的痛苦，是一个一贯不幸的状态；……乐观主义是没脑子、没思想的人才会说的空话"。

何以摆脱由生命意志所产生的痛苦？叔本华并没有简单地主张消极自杀式的弃绝生命意志，因为身体只是意志的表象，意志在这里正是以取消自己的现象来肯定自己，所以自杀不能取消意志。而是主张"得救的唯一途径就是意志无阻碍地显现出来，以便它在这显现出来的现象中能够认识它自己的本质。唯有借助于这认识，意志才能取消它自己；同时也能随之而结束和它的现象不可分的痛苦。"

（二）欣赏克尔凯郭尔《人生道路上的各阶段》人的非理性存在思想

索伦·阿拜·克尔凯郭尔（Soren Aabye Kierkegaard，1813—1855，也译作祁克果或齐克果）是 19 世纪上半期丹麦非理性主义哲学家和宗教神学家。他用不同笔名先后写下的《非此即彼》（1842）、《恐惧与颤栗》（1843）、《恐惧的概念》（1844）、《人生道路上的各阶段》（1845）、《〈哲学片段〉一书最后的非科学性附言》（1846）等论著，在极力批判近代理性主义哲学，宣扬人的非理性存在，因而被认为是使欧洲哲学发展发生方向性转折的重要人物之一。

克尔凯郭尔认为，以往许多哲学家的失误在于只注意到人的身体和理智，而忽略了人的情感意志，而恰恰是后者使每一个人具有独特的个性。在他看来，每一个人所面对的世界都是他个人所体验到的世界，不同于其他人所体验的世界。而且个人以外的自然和社会环境是无个性的存在，它们不仅不能显露反而扼杀人的个性。因此只有先撇开世界，从每一个独特的个人出发才能了解这个人本身及其所关联的世界。所以，孤独的个人的非理性精神活动，也就是个人的生存，才是全面哲学的出发点。

克尔凯郭尔的个人不再是认识主体的个人，而是伦理主体的个人，这个个人仅仅属于上帝，他既不受外部条件的的约束，也不受理性和逻辑规律及规则的约束，而仅仅按照自己的愿望作出决定和选择，是绝对自由的，自由即实现于这种做出抉择的冒险之中。由此注定了人生充满恐惧、颤栗、悲观、绝望的情绪，这正是人对于自己生存状态的本真体验，由此使人不得不采取行动，进行非此即彼的选择。

克尔凯郭尔认为，人生道路要经历认识自己存在的三阶段。它们也是人的存在的三个层次、境界，是人的三种不同生活方式。

第一审美生活阶段。在此阶段，人的生活为感觉、冲动和情感所支配，个人沉溺于感性的享乐。这种生活必然会因不能长久满足或满足后的空虚和厌倦而使人痛苦。

第二是伦理生活阶段。这时人的生活为理性所支配，克制自己暂时的情欲，遵守具有普遍意义的道德准则和义务。但道德义务是一般的，个人的行为是特殊的、用一般的方法往往不能解决个人的问题，当二者发生冲突时，伦理的人会因为自己不能满足道德律的要求而感到自己有罪。而有罪感超出了伦理阶段所属的理性范围。为了解决有罪问题，不能依靠伦理，而只有依靠忏悔。

第三是宗教生活阶段。这一阶段生活为信仰所支配。人在此是作为自己而存在，他所面对的只有上帝。不过，克尔凯郭尔并不认为每一个人的生活道路均依次经历这三个阶段。三个阶段只是三种可供选择的可能性，而各人的选择可以不同。它们有时重叠交错，只有少数人才能达到第三阶段。

克尔凯郭尔关于人生道路三阶段的学说体现其存在于孤独的、非理性的个人的主观体验之中的"质的辩证法"思想。这种辩证法，既不能对象化（客观化）和量化计算，也无法用语言表达和作严格的逻辑论证，只是与上帝保持关系的手段。

三、时代命运和戏剧般的生平铸就了天才的个性

在海德格尔写《尼采》书之前，几乎思想界和学术界都把尼采这位天才仅仅视作艺术家，甚至由于其思想的超前性和话语体系的感性生动乃至偏激，习惯于思辨理性语言逻辑的很多哲学家更是对其采取了傲慢蔑视的态度，简单地称其为疯子。（事实上，由于尼采思想不被同时代人所理解，加之身体的原因，他的晚年确实疯了。）然而，正是这位天才疯子哲学家，才真正开启了西方现代哲学。

尼采于1844年10月15日出生于父亲当时做牧师的普鲁士萨克森州勒肯镇附近洛肯村。这是一个十分特殊的日子，即普鲁士国王弗里德里希·威廉四世的生辰。尼采回忆："无论如何，我选在这一天出生，有一个很大的好处，在整个童年时期，我的生日就是举国欢庆的日子。"并且由于父亲是威廉四世的宫廷教师，曾执教过四位公主，而深得国王的信任，特

别恩准以国王的名字为儿子命名。这些机缘巧合可能都是尼采成为天才的原因。

1849 年 7 月，尼采的父亲死于脑软化症。数月后，年仅 2 岁的弟弟又夭折。当时尼采才 5 岁，亲人接连的死亡，使这个天性敏感的孩子过早地领略了人生的阴暗面，铸成了他忧郁内倾的性格。后来他自己回忆说："在我早年的生涯里，我已经见过许多悲痛和苦难，所以全然不像孩子那样天真烂漫、无忧无虑……从童年起，我就寻求孤独，喜欢躲在无人打扰的地方。这往往是在大自然的自由殿堂里，我在那里找到了真实的快乐。"父亲死后第二年，尼采随同母亲和妹妹迁居瑙姆堡，从此便生长在一个完全女性的家庭里。祖母关于其波兰贵族家族史的灌输对尼采贵族情节的形成产生了深远的影响。尼采自幼相信自己有着波兰贵族血统并为此而感到自豪。但是尼采并没有忘记父亲，父亲的身影早已刻入他的记忆当中，他希望以父亲为榜样成为一名牧师，因此他时常给伙伴们朗诵《圣经》里的某些章节，为此，他获得了小牧师的称号。由于父亲过早去世，他被家中信教的女人们（他的母亲、妹妹、祖母和两个姑姑）团团围住，她们把他娇惯得脆弱而敏感，幼年的尼采深切地感受到了死亡的无常，因而变得孤僻，尼采曾经这样讲述形容他的童年："那一切本属于其他孩子童年的阳光并不能照在我身上，我已经过早地学会成熟地思考。"在尼采的成长过程中，虔诚的清教徒母亲的影响是不容忽视的，他后来终生保持着清教徒的本色，犹如石雕一般纯朴。

10 岁时他就读于瑙姆堡文科中学，对文学与音乐极感兴趣。14 岁时，进入普夫达中学，这个学校课程都是古典的，训练很严格，出了很多伟人，如诗人和剧作家诺瓦利斯，语言学家和研究莎士比亚的学者 Schlegel，以及康德的继承者、伟大的先验主义和道德哲学的代表费希特。可是尼采却难以接受这种新生活，他很少玩耍，也不愿意接近陌生人。这时的他除了理智的发展并有着惊人的进步外，音乐和诗歌已经成为他感情生活的寄托。尼采幼年曾受教于普鲁士当时最好的女钢琴家，当他的母亲为他聘请这位老师时，尼采就深感日后的生活离不开这样的精神支持了。1861 年 17 岁尼采患严重疾病，首次出现健康恶化的征兆，被送回家休养。3 月接受基督教的按礼。

1864 年，尼采和他的朋友杜森（Paul Deussen）进入波恩大学攻读神学和古典语言学，但第一学期结束，便不再学习神学了。他常听同学们交谈，有些人毫无信念和激情地重复黑格尔、费希特、谢林的各种公式，那些伟大的体系已经丧失了激发人的力量；还有一批人喜欢实证科学，阅读福格特和比希纳的唯物主义论文。这些都没能吸引尼采，他是一名诗人，需要激情、超常和具有神秘性的东西，他不再满足于科学世界的清晰与冷静。尼采在修养和气质上更是一名贵族，所以他对平民政治不感兴趣，而且他从没想过要过一种安宁舒适的生活，所以他不会对有节制的欢乐和痛苦这样一种可怜的生活理想感兴趣。尼采有自己的喜好，他热爱希腊诗人，崇尚希腊神话中各种具有鲜明特点的人物，并把他们巧妙地同德意志的民族精神结合起来。尼采还在校学习时就深深体会到精通和弘扬本国、本民族文化的重要性，这充分地体现在他对古文字、文学，古典主义艺术的热爱。他热爱巴赫、贝多芬，以及后来尼采在《悲剧的诞生》中热情褒扬的那位歌剧巨人——瓦格纳。

1865 年，他敬爱的古典语言学老师李契尔思（F. W. Ritschls）到莱比锡大学任教，尼采也随之到了那里。当时的尼采虽然年纪不大，但已经开始哲学沉思了。在莱比锡期间，他偶然地在一个旧书摊上购得了叔本华的《作为意志和表象的世界》一书，欣喜若狂，每日凌晨 2 点上床，6 时起床，沉浸在这本书中，心中充满神经质的激动。后来他回忆说，当时他正孤立无助地经历着某些痛苦的体验，几乎濒于绝望，而叔本华的书就像一面巨大的镜子，映现了世界、人生和他的心境。他觉得叔本华好像专门为他写了这本书一样。那时，尼采非常困惑：为何像叔本华那样的天才会被现世所抛弃，其伟大的著作为何只在书架的偏僻角落才找得到？叔本华是这个青年心中的偶像，他在以后也被认为是叔本华唯意志论的继承者。这时的他，此外还从朗格、施皮尔、泰希米勒、杜林、哈特曼那里汲取了传统的抽象概念。同年因拒绝参加复活节圣餐引起了家庭的恐慌。

1867 年秋，尼采在瑙姆堡服为期一年的兵役，这次服役因他骑马负伤而提前结束。在炮声隆隆中，他低呼着，"叔本华保佑！"叔本华竟成了他的上帝。他从马上摔下，胸骨受重伤。

1868 年秋，尼采在莱比锡瓦格纳姐姐的家里结识了他仰慕已久的音乐大师瓦格纳，两人久久地谈论他们共同喜爱的叔本华哲学。随后的几年中瓦格纳和妻子成为尼采在艺术和理智方面的良师益友，一个家的代用品。并且得到他的导师李契尔思向巴塞尔大学的推荐："39 年来，我亲眼目睹了这么多的年轻人成长起来，但我还从未见到有一个年轻人像这位尼采一样如此早熟，而且这样年轻就已经如此成熟……如果上帝保佑他长寿，我可预言他将来会成为第一流的德国语言学家。他今年 24 岁，体格健壮，精力充沛，身体健康，身心都很顽强……他是莱比锡这里整个青年语言学家圈子里的宠儿……您会说，我这是在描述某种奇迹，是的，他也就是个奇迹，同时既可爱又谦虚。"李契尔思是第一个向世间预言尼采是位天才的人。

1869 年 2 月，年仅 25 岁的尼采被聘为瑞士巴塞尔大学古典语言学教授。此后的十年是尼采一生中相对愉快的时期。在巴塞尔，他结识了许多年长和年轻的朋友，例如瑞士著名文化艺术史学家雅可布·布克哈特（Jakob Burckharat）。1869 年 4 月，尼采获得了瑞士国籍，从此成为瑞士人。1869 年 5 月 17 日，尼采初次到瑞士卢塞恩城郊的特利普拜访了瓦格纳。同月 28 日，他在巴塞尔大学发表就职演说，题为《荷马和古典语言学》。当时，巴塞尔城里所有贵族家的大门都对他敞开，他成为巴塞尔学术界的精英和当地上流社会的新宠。

1870 年，尼采被聘为正教授。不久传来了德法开战的消息，尼采主动要求上前线。在途经法兰克福时，他看到一队军容整齐的骑兵雄赳赳气昂昂地穿城而过。突然间尼采的灵感如潮水般涌出："我第一次感到，至强至高的'生命意志'决不表现在悲惨的生存斗争中，而是表现于一种'战斗意志'，一种'强力意志'，一种'超强力意志'！"1870 年 10 月，尼采重返巴塞尔大学讲坛。

1879 年，尼采辞去了巴塞尔大学的教职，开始了十年的漫游生涯，同时也进入了创作的黄金时期。

1882 年 4 月，在梅森葆夫人和另一位朋友雷埃邀请下，尼采到罗马旅行。在那里，两位朋友把一个富有魅力、极其聪慧的俄国少女莎乐美介绍给他，做他的学生。尼采深深坠入情网，莎乐美也被尼采的独特个性所吸引。两人结伴到卢塞恩旅行，沿途，尼采向莎乐美娓娓叙述往事，回忆童年，讲授哲学。但是，羞怯的性格使他不敢向莎乐美吐露衷曲，于是他恳请雷埃替他求婚，殊不知雷埃自己也爱上了莎乐美。莎乐美对这两位追求者的求爱都没有允诺。最后，两人只能保持着友好的接触。然而尼采的妹妹伊丽莎白却对他们的友谊满怀妒恨，恶意散布流言飞语，挑拨离间，使他们终于反目。仅仅 5 个月，尼采生涯中的这段幸福小插曲就终结了。

1883 年，他完成了《查拉图斯特拉如是说》的第一、第二部分，1884 年完成了第三部分，1885 年完成了最后一部分。尼采在这部著作中阐述了著名的"同一性的永恒轮回"的思想。这是他的两个主要思想体系中的一个。而另一个"趋向权力的意志"的构思，由于他的身心崩溃而半途夭折。著名的"超人"理想和"末人"形象就是在这部著作中首次提出的。尼采评价自己这部著作："在我的著作中，《查拉图斯特拉如是说》占有特殊的地位。它是我给予人类的前所未有的最伟大的馈赠。这部著作发出的声音将响彻千年，因此它不仅是书中的至尊，真正散发高山气息的书—人的全部事实都处在它之下，离它无限遥远—而且也是最深刻的书，它来自真理核心财富的深处，是取之不尽用之不竭的泉水，放下去的每个吊桶无不满载金银珠宝而归。这里，没有任何'先知'的预言，没有任何被称之为可怕的疾病与强力意志混合物的所谓教主在布道，从不要无故伤害自身智慧的角度着眼，人们一定会首先聆听出自查拉图斯特拉之口的这种平静的声音的。 '最平静的话语乃是狂飙的先声；悄然而至的思想会左右世界。'"

1886 到 1887 年，尼采把他浪迹天涯时写下的箴言、警句、辞条汇集起来，组成了两个集子：《善恶的彼岸》（1886 年）和《道德的系谱》（1887 年）。在这两个集子中，尼采希望摧毁陈旧的道德，为超人铺平道路，但是他陈述的一些理由却难以成立。此外，这两个集子中所阐述的伦理学的体系还给人留下一种印象—充满刺激性的夸张。在尼采发疯的前夜《瓦格纳事件》、《偶像的黄昏》、《反基督徒》、《看那这人》、《尼采反驳瓦格纳》一气呵成。它们写得标新立异,很有深度。但同时这些书也具有闻所未闻的攻击性和令人瞠目的自我吹嘘。

1889 年,图林的灾难降临了。长期不被人理解的尼采由于无法忍受长时间的孤独,在都灵大街上抱住一匹正在受马夫虐待的马的脖子,最终失去了理智。数日后,他的朋友奥维贝克赶来都灵,把他带回柏林。尼采进入了他的生命的最后十年。他先是住在耶拿大学精神病院。1890 年 5 月,母亲把他接到南堡的家中照料。

1897 年 4 月,因母亲去世,尼采迁居到位于魏玛的妹妹伊丽莎白·福尔斯特 – 尼采的家中居住。在尼采的一生中,他的家庭始终是他的温暖的避风港,作为这个家庭中唯一的男性,家中的五位女性成员始终围着他转,无微不至地关怀他,精心呵护他,尽量满足他的一切愿望。但尼采为了心中的崇高理想,毅然舍弃了这一切,像个苦行僧一样在这个风雨飘摇的世界中飘泊游荡,忍饥挨饿,沉思冥想。

1900 年 8 月 25 日,这位生不逢时的思想大师在魏玛与世长辞,8 月 28 日葬于故乡洛肯镇,享年 55 岁。"银白的,轻捷地,像一条鱼,我的小舟驶向远方。"尼采死后与柏拉图、亚里士多德、斯宾诺莎、康德、叔本华、黑格尔并列为世界哲学史上不朽的思想家。

四、用希腊悲剧艺术唤醒人的创造力和超越精神

《悲剧的诞生:源于音乐的灵魂》(*Die Geburt der Trag & ouml; die aus dem Geiste der Musik*),是尼采于 1872 年发表了第一部著作。该书和《不合时宜的思考》(*Unzeitgemabe Betrachtungen*) 的第一部发表之后,引来了一片狂热的喝彩声,同时也遭到了维拉莫维茨领导的语言学家圈子的排斥。教授的名声也因此受到了极大的损伤。于是尼采于在 1886 年则改以《悲剧的诞生:希腊文化和悲观主义》 (*Die Geburt der Tragodie:Griechentum und Pessimismus*) 为名重新出版。第二版包含了一篇序言—— "自我批判的尝试",其中尼采对他的这本早期作品做了一些评论和检讨。

《悲剧的诞生》(*Die Geburt der Tragodie*) 它表面上看是一部艺术著作,充满浪漫色彩和美妙的想象力;但实质上更是一部似乎有点幼稚,实则充

满天才创造力的的哲学作品，由此奠定了其一生主要哲学思想的基础。尼采哲学的主题是生命的意义问题，而他对这个问题的解答便是：靠艺术来拯救人生，赋予生命以一种审美的意义。尼采并不就此止步，他毅然攻击最受尊敬的典范——大卫·斯特劳斯，以此抨击德国人的粗俗的傲慢和愚笨的自得："司汤达曾发出忠告：我一来到世上，就是战斗。"

用什么拯救德国精神和欧洲文化，《悲剧的诞生》一书，尼采找到了希腊诸神中的狄俄尼索斯，即酒神的力量。尼采将古希腊文明描述为两种独特派系的不断斗争——阿波罗派与狄俄尼索斯派。阿波罗神即太阳神，代表理性精神，带着其优雅、冷静、以及对于外表美观的重视，人得以立刻将其自身与朴实的自然界区隔开来，因而与启蒙理性以降的个人主义原则（principium individuationis）相对应。而狄俄尼索斯则代表了酒醉、非理性、超越、创造、以及无人性，但尼采正看好这种精神，认为要超越苏格拉底之后阿波罗派的理性之神支配西方文明的的境况，必须彰显狄俄尼索斯神的创造性，而以理察·瓦格纳为代表德国浪漫主义艺术，方可肩负这一使命。只有复兴伟大的狄俄尼索斯神，方可挽救欧洲文明。

尼采用酒神狄奥尼索斯和日神阿波罗来分别象征艺术这两种要素，也是人性中两种原始的本能或倾向。酒神代表人性中激情冲动的一面，而日神则象征着人性理智静观的另一面。它们在悲剧中得到了统一。悲剧揭示人真实的生存，让人直面生命本身。

"诗的境界并非像诗人头脑中想像出的空中楼阁那眼存在于世界之外，恰好相反，它想要成为真理的不加掩饰的表现，因而必须抛弃文明人虚假现实的矫饰。"

所以悲剧的主角在最早总是代表原始生命及其苦难的酒神。而希腊悲剧就断送在与埃斯库罗斯和索福克勒斯并称为"三大悲剧诗人"的欧里庇得斯手里。欧离庇得斯用日神来代替酒神作为悲剧的主角，使悲剧失去了最初具有的狂放的生命力。

"埃斯库罗斯和索福克勒斯的悲剧运用最巧妙的艺术手段，在头几场里就把剧情的全部线索，好像是在无意中交到观众手上。这是显示了大手笔的笔触，仿佛遮蔽了必然的形式，而使之作为偶然的东西流露出来。但是，欧里庇得斯仍然相信，他发现在头几场里，观众格外焦虑地要寻求剧情前史的端倪，以致忽略了诗的美和征文的激情，所以，他在安排正文前安排了开场白，并且借一个可以信赖的人物之口说出来。常常是一位神灵出场，他好像必须向观众担保剧中的情节，消除对深化的真实性的种种怀疑。这正像笛卡尔只有诉诸神的诚实无欺，才能证明经验世界的真实性一样。"

《悲剧的诞生》对现代文明的批判。他指出，在资本主义社会里，尽管物质财富日益增多，人们并没有得到真正的自由和幸福。僵死的机械模式压抑人的个性，是人们失去自由思想的激情和创造文化的冲动，现代文化显得如此颓废，这是现代文明的病症，其根源是生命本能的萎缩。尼采指出，要医治现代疾病，必须恢复人的生命本能，并赋予它一个新的灵魂，对人生意义做出新的解释。他从叔本华那里受到启示，也认为世界的本体是生命意志。

尼采猛烈的揭露和批判传统的基督教道德和现代理性。在认识论上，尼采是极端的反理性主义者，他对任何理性哲学都进行了最彻底的批判。他认为，欧洲人两千年的精神生活是以信仰上帝为核心的，人是上帝的创造物，附属物。人生的价值，人的一切都寄托于上帝。虽然自启蒙运动以来，上帝存在的基础已开始瓦解，但是由于没有新的信仰，人们还是信仰上帝，崇拜上帝。尼采的一句名言"一声断喝——上帝死了"——是对上帝的无情无畏的批判。他借狂人之口说，自己是杀死上帝的凶手，指出上帝是该杀的。基督教伦理约束人的心灵，使人的本能受到压抑，要使人获得自由，必须杀死上帝。尼采认为，基督教的衰落有其历史必然性，它从被压迫者的宗教，转化为统治者压迫者的宗教，它的衰落是历史的必然。

杀死了作为神的上帝，又迎来了资本的上帝，资本化身的上帝。尼采忽视了一个基本事实：被资本奴役，不会比被上帝奴役自由得多。但他的"上帝死了"的呼喊，断喝的启蒙价值是不能低估的。

尼采认为，在没有上帝的世界上，人们获得了空前的机会，必须建立新的价值观，以人的意志为中心的价值观。为此，要对传统道德价值进行清算，传统的道德观念是上帝的最后掩体，他深深的渗透于人们的日常生活之中，腐蚀人们的心灵。尼采自称是非道德主义者和反基督徒，他猛烈批判基督教的道德，基督教所崇尚的美德。

尼采对现代理性也持批判态度。他首先拿具有理性的哲学家开刀，他指出哲学家的第一特性是缺乏历史感，几千年来，凡是经哲学家处理的一切都变成了概念木乃伊。理性所起的作用无非是把流动的历史僵固化，用一些永恒的概念去框定活生生的现实。结果是扼杀了事物的生灭变化过程，扼杀了生命。他认为，这个世界是一个充满了偶然性的，动荡不定的，从而无法捉摸的世界。他说，实况是没有的，一切都是流动的，抓不住的，躲闪的。哲学家的第二个特性是"拒绝感官的证据"，颠倒了真正的世界和假象的世界。感性证据是真实的，可信的，只是对它们加工时才塞进了谎言。哲学家的第三个特性是混淆始末，他们否认生长过程，进化过程。哲学家的第四个特性是运用语言中的"理性"强制人们犯错误。"是"与"存在"混为一谈，弄假成真，弄真成假，蒙骗无知的人们。他认为，从苏格拉底到现代人都狂热的诉诸理性，是很荒谬的。人类之所以崇尚理性，是指望它给人带来自由和幸福；然而结果恰恰相反，理性处处与人的本能为敌，造成人的更大痛苦。

批判理性带来的谬误是正确的，但是不能否定理性的存在，理性的历史地位和作用。理性是人类进步的标志，是人类文明进程的硕果。历史上一些杰出的哲学家就是用理性的武器观察世界认识世界的。理性本身没有错，理性是不能否定的。没有理性，人类就不能正确的认识世界，认识真理。没有理性，人类将落入迷茫可怕的境遇。

尼采要建立新的哲学，将生命意志置于理性之上的哲学，非理性的哲学。作为对理性提出了挑战，他提出了强力意志说。用强力意志取代上帝的地位，传统形而上学的地位。强力意志说的核心是肯定生命，肯定人生。强力意志不是世俗的权势，它是一种本能的，自发的，非理性的力量。它决定生命的本质，决定着人生的意义。尼采比较了强力意志和理性的不同特性，理性的特性是：冷静，精确，逻辑，生硬，节欲；强力意志的特性是：激情，欲望，狂放，活跃，争斗。尼采认为，强力意志源于生命，归于生命，它就是现实的人生。人生虽然短暂，只要具有强力意志，创造意志，成为精神上的强者，就能实现自己的价值。强力意志作为最高的价值尺度，一方面肯定了人生的价值，另一方面也为人世间的不平等作了辩护。在尼采看来，人类与自然的生命一样，都有强弱之分，强者总是少数，弱者是多数。历史与文化是少数强者创造的，他们理所当然的统治弱者。尼采推翻了神的等级制度，肯定了人的等级制度。

尼采还提出他的超人哲学，关于建构理想人生的哲学。超人是人生理想的象征，是尼采追求的理想目标和人生境界。尼采对现代人，现代生活感到很失望，他梦想改善人，造就新的人，即是超人。超人不是具体的人，是一个虚幻的形象。超人具有大地，海洋，闪电那样的气势和风格。尼采认为，超人还没有现实的存在，它是未来人的理想形象；超人给现实的人生提出了价值目标；超人是人的自我超越。

尼采鼓吹人生的目的就是实现权力意志，扩张自我，成为驾驭一切的超人。超人是人的最高价值，应当藐视一切传统道德价值，为所欲为，通过奴役弱者、群氓来实现自我。同时，他特别反对男女平等、婚姻自由、女性解放，在他看来，人们对待妇女的方式就是"别忘了你的鞭子"。

尼采的唯意志论哲学价值具有两重性，一方面，尼采继承了启蒙运动的精髓，反映了现代意识的觉醒。对人生价值的积极肯定，引发了人们对人生意义人生价值的思考，重新定位人生；对工具理性和工业文明的否定性批判，开启了现代非理性主义思潮。另一方面，对理性的批判，对传统的否定也存在着片面性，这正是后现代主义欣赏的一面。他的伦理思想反映了正在形成的垄断资产阶级的利益。《悲剧的诞生》奠定了尼采哲学的思想基础，也规定了其非理性主义意志哲学的方向。

第三章　胡塞尔《纯粹现象学和现象学哲学的观念》开创的现象学方法

《纯粹现象学和现象学哲学的观念》是胡塞尔 1913 年写作的一部承前启后的代表性哲学论著。其中既有早期《逻辑研究》的思想成果，又开启了后来以现象学方法拯救欧洲文明的《欧洲科学的危机与先验现象学》的思路。因此，这里选择该书作为胡塞尔现象学的卷帙浩繁论著的入门导读。

一、版本目录及内容结构

（一）《纯粹现象学与现象学哲学的观念》的第一卷《纯粹现象学通论》，通称《观念 I》，1913 年最初发表于胡塞尔主编的《哲学与现象学研究年鉴》第一辑上。其节选本已于 2002 年被李幼蒸翻译成中文，倪梁康专门写了导读介绍。

（二）2002 年版李幼蒸中译本目录

导　论

（一）现象学还原

§ 1　自然态度的世界：我和我周围的世界

§ 2　cogito（我思）。我周围的自然世界和我周围的观念世界

§ 3　"其他的"自我主体和主体间的周围自然世界

§ 4　自然态度的总设定

§ 5　自然设定的彻底改变。"排除"、"置入括号"

（三）胡塞尔其人其著

现象学"曾是本世纪上半叶欧洲大陆占主导地位的哲学"。① 尽管有人把现象学的产生追溯到与康德同时代的德国哲学家 J. H. 朗贝尔（Lambert），但是，真正作为现代哲学流派的现象学，是德国哲学家艾德蒙德·胡塞尔（Edmund Husserl, 1859—1938）创立的。胡塞尔 1859 年生于普罗斯涅茨，1876 年毕业于奥尔缪兹城的德国公学。以后在莱比锡、柏林、维也纳等大学先后学习过物理学、天文学、数学。1884 年随奥地利哲学家布伦塔诺研究哲学。1887 年在德国哈勒大学任哲学讲师。1901 年转到哥廷根大学任教。1916 年经李凯尔特推荐到弗赖堡任哲学教授。《逻辑研究》、《趋向纯粹现象学和现象哲学的观念》、《笛卡尔的沉思》、《欧洲科学的危机和先验现象学》等是其生前发表的主要论著。

二、现象、现象学及其基本视域

（一）现象概念辨析

现象一词的原本涵义来源于拉丁语［from Latin：a，ad（到，趋向

---

① ［英］艾耶尔：《二十世纪哲学》，李步楼译，上海：上海译文出版社 1987 年版，第 243 页。

于），to,toward + parere（出现，可见）]，指"可以见到的"[become visible]，或"可直接呈现于意识的"[what is seen or what is immediately given to consciousness]。在希腊文中对应于"显得如此"，也可意指"显然如此"。如亚里士多德把大多数人的意见，尤其是有智慧人的意见就叫做现象，指"事物看起来之所是"，相对于"事物本来之所是"的实在而言。在西方哲学中，关于现象与实在的区分是一个根本问题。不同时期的哲学家对于它们的关系的理解和论述往往不同。在希腊文中（*phainomenon*）指"显现自身的东西"，等于"表象"，其一般意思是感知表象，即可以感知到的东西和事物所看起来的样子。

柏拉图认为现象是实在的不完整的和不完美的摹本。亚里士多德认为，实在就在现象之中。同时在他看来，一切广泛接受的信仰，人们共同认可的东西，以及聪明人对某些事物的看法，也都是现象。这是他关于现象的第二重意义的诠释。在这个意义上，现象等同于"所说的东西"和"共同的信仰"。这类现象被亚里士多德视作辩证论证的出发点。他认为，一个好的理论应当从现象出发，尽可能地与现象相一致，并能解释现象。这便是他所谓的"拯救现象"。亚里士多德认为，一个科学理论应使我们明白经验现象，而一个哲学理论则应使我们明白共同信仰意义上的现象。"[说意志薄弱不存在]这样一种观点显然与现象相矛盾。"[1]笛卡尔说，现象是令人遗憾的甚至是虚假的。康德说，我们的知识只限于现象，但就道德而言，我们可以领会一个更根本的实在。黑格尔认为现象是实在的一部分。

在传统哲学，即形而上学的视阈中，现象往往被置于实在之下，但在价值之上。当代语言哲学区分了两种现象术语，其一是不严格与感官相连的外表术语，如"显得是"或"给出这一现象"。其二是严格与感官相连的检视术语，如"看起来是"、"感觉是"。

首先，康德哲学语境的"现象"：康德通过区分现象与物自体（本体）而改变了传统哲学把现象视为知觉和信念的对象，而实在则表示知识的对

---

① [古希腊]亚里士多德：《尼各马可伦理学》，1145b27。

象的理解范式。在他那里，现象是我们以感性的时空形式和知性范畴来经验的对象，而物自体则是那些可自在存在并由纯粹理智来认识的对象。

其次，康德进一步主张，现象应当区别于幻想，前者总是一个给予对象的现象，它是持久的和普遍的。后者则是对实际呈现的对象的反常和知觉，指一种没有任何事物与之相应的表象。

第三，康德哲学的视阈中，现象是科学的对象和知性概念应用的领域，而尽管物自体的存在是人们的意识对象可算作现象的必要条件，但它（物自体）超出了认识的范围，因为现象本身预定了存在着某种显现的东西。

第四，康德认为，如果经验对象不是现象，则理性的一切与自身相冲突的问题就会再现。"经验直观的未规定的对象泛称为现象。"（康德：《纯粹理性批判》，B24／A20）

（二）现象学

现象学一词源于希腊文 *phainomenon*（显现）和 *logos*（理论），字面意思是指"关于显现的理论"。

亚里士多德有"［从赫拉克利特的'流变'中］拯救现象"的著名论断。

现象学一词最早是 J. H. 朗姆贝特在其《新工具论》（1764 年）中使用的。这里现象学意味着对于显露和假象诸形式的研究。

康德认为现象学的任务是确定感觉和知性的原则；这些原则只适用于显现的世界，不可用于物自体。

黑格尔的《精神现象学》中现象不是假象和显露，而是在知识的发展中、在精神显示自身的展现中的各个阶段，并且是自身发展着的绝对理念的表达，所以，现象学就是对于意识从简单到复杂的形式进化过程的研究。

实用主义者皮尔士的早期著作中提出现象学，可称为显现学（phaneroscopy），视其为对于构成这个世界的主要现象类型进行分类的范畴系统。

（三）胡塞尔现象学的基本视域

现象学是一种关于意识的哲学，它直接关涉人直接体验的真理及其原则。胡塞尔早期将现象学设想为一种揭示和说明不同的体验类型的内在结构和本质特点的哲学方法。通过这种分析，人们将会发现知识的最终源头，特别是基本的逻辑和认识论的范畴。胡塞尔后期将现象学视为第一哲学，认为它可描述所有的科学都植根于其中的纯粹体验的领域，并为科学知识提供一个统一理论。胡塞尔接受了笛卡尔关于知识必须是清楚明白的，它不可依赖于任何还要在其他地方被证实的先天假设的要求，沿着康德纯粹理性批判的道路，根据布伦塔诺的自明性的心理哲学理路，提出了本质直觉即"到事情（现象）本身中去"这一现象学的还原方法。胡塞尔现象学特别强调意识的意向性，这是从布伦塔诺的自明性的心理哲学中继承和发展来的。其新颖之处正在于揭示了每一种意向对象（包括实存和非实存的）都能够并且应该以自身的方式被描述。

海德格尔认为，现象学仅仅是一种方法。它告诉人们一个研究应该如何去进行，而不是什么东西应该被研究。因为现象学中的"现象"（phenomenon）意味着"在自身中显示自身者"，"学"或"逻各斯"（logos）来源于"那被显示者"（legomenon）。所以，现象学就是"让那在自身中显示自身者被从其自身看到"。

现象学的方法指出，必须直接展示和直接表明任何被讨论的主题。"因此，现象学是关于普遍意义上的体验的理论，包括所有在体验中被给予的并可在体验中被明白发现的东西，不管它是实在的还是意向的。"（胡塞尔：《逻辑研究》第二卷［芬德雷英译］，1970年，第862页。）

（四）胡塞尔意识现象学的理论渊源

1. 继承吸收自明哲学的意向性思想

胡塞尔从其老师布伦塔诺那里继承了把哲学看作是精密科学的思想。布伦塔诺的自明哲学中提出了意向性理论。这种理论认为，心理现象的独特之处在于，它们总是指向于某个对象，这个对象可能是客观存在着的、也可能不是客观存在着的。布伦塔诺把心理现象分为三个基本种类：其一是表象，它无错对之分，仅是向心灵呈现出某个对象。其二是判断，它自明地区分为正确与错误。其三是情感态度，它不仅表现接受或拒斥某一对象的自我辩护性的主观状态，而且是道德直觉的基础。布伦塔诺以意向性为基础，构筑了其"心智学（pschognosy）的自明哲学。胡塞尔深受其影响。在《逻辑研究》中，胡塞尔沿用了布伦塔诺和狄尔泰的术语而将他的现象学也称作"描述心理学"（deskrip-tivePsychologie）①。他尤其对布伦塔诺所做的"心理现象"与"物理现象"之划分评价很高。他甚至认为，"在描述心理学的类别划分中，没有什么比布伦塔诺在'心理现象'的标题下所做的、并且被他用来进行著名的心理现象和物理现象之划分的分类更为奇特，并且在哲学方面更有意义的分类了。"②

但是，当他用布伦塔诺的心理主义的方法研究数学时，受到了戈特洛布·弗雷格的严厉批评。他接受了弗雷格的批评，并在 1900 年出版的《逻辑研究》中，对认识、意向性和意义进行分析的同时，坚持拒斥布伦塔诺那种把逻辑和数学也归属心理学的心理主义倾向。当胡塞尔重新研究心理意识及其对象时，发明了"现象学"一词。但是，他对于心理现象的研究，与布伦塔诺的方法和立场就完全不同了。

胡塞尔从心理学家布伦塔诺那里学到了意向性这一概念，并进一步将其发展为现象学的核心。意向性不仅是主体的一种能力，而且是联系物理现象与心理现象的中介桥梁，通过它，人就可以在意识中显现被直观的对象世界。

布伦塔诺认为，"我们的整个现象世界分为两大类，即物理现象和心理现象。"③ 前者是指"作为外感知对象的物理现象"，后者则是指"伴随其显现的感觉的心理现象"④。""我们对心理现象的定义是：它们在自身中意向地包含着一个对象"，⑤ 是"与一个内容的关系"、"向一个客体的朝向"或"内在的对象性"⑥。就是说心理现象即"心理活动。胡塞尔后来就

---

① 参阅：[德] 胡塞尔，《逻辑研究》II/1，A374/B1398。

② [德] 胡塞尔，《逻辑研究》II/1，A345/B1364。

③ F. Brentano, *Psychologie vom empirischen Standpunkt*，Bd. I, Hamburg, l955, S. 109.

④ F. Brentano, *Psychologie vom empirischen Standpunkt*，Bd. I, Hamburg, l955, S. 117.

⑤ F. Brentano, *Psychologie vom empirischen Standpunkt*，Bd. I, Hamburg, l955, S. 125.

⑥ F. Brentano, *Psychologie vom empirischen Standpunkt*，Bd. I, Hamburg, l955, S. 111.

直接称之为"意识的意向内容"或"意向体验"。①

"物理现象"，就是事物的颜色、声音、气味、温暖等等实在的质性。这些质性在布伦塔诺看来并不具有现实的实存。它们本身不是表象，也不以表象为基础，而是往往作为内容被包含在表象之中。很显然，它们非常接近于以后胡塞尔所说的"感觉材料"或"意识的实项内容"。

布伦塔诺认为心理现象有别于物理现象的最重要特征在于：心理现象自身具有"意向的"或"心智的（mental）的内实存"，而物理现象不具有这种"内实存"，甚至不具有任何类型的"实存"。

布伦塔诺的心理学话语中，广义的意向的一词泛指一切显现出来的现象，但只有心理现象才在狭义上是意向的，即指向客体的。唯其如此，布伦塔诺在心理现象的范围内，将意向性分为表象、判断和情感活动三类。"心理现象与所有物理现象的一个重要区别就在于，在心理现象之中寓居着某种对象性的东西"② 因而"没有一个心理现象不是关于某物的意识"③。根据这一特征，心理现象可分为表象、判断、感情三类。其中"表象"是指客体化的意识行为，最具奠基性的意向性"心灵活动以某种方式所涉及的东西不可能是没有得到表象的"④。"判断"作为第二类心理现象则是构成关于一个对象的完全不同的意识方式，它是对一个已有对象的肯定或否定、认之为真或认之为假。"感情活动、兴趣、爱或恨"作为第三类心理现象则涉及到所有那些不属于表象与判断的心理现象，它们构成另一种完全不同类型的意向性。在最宽泛的意义上，一个对象在这里被爱或被恨，被认之为好或认之为坏。

在区分心理现象与物理现象的基础上，布伦塔诺进一步区分了内感知和外感知。认为，心理现象意味着在内感知中被表象的并明见地被承认的现象；而物理现象则只能作为外感知的内容或对象出现。在布伦塔诺看来

---

① ［德］胡塞尔：《逻辑研究》II/1，A294/B2303。
② F. Brentano, *Psychologie vom empirischen Standpunkt*, Bd. I, Hamburg, 1955, S. 32.
③ F. Brentano, *Psychologie vom empirischen Standpunkt*, Bd. I, Hamburg, 1955, S. 143.
④ F. Brentano, *Psychologie vom empirischen Standpunkt*, Bd. I, Hamburg, 1955, S. 34.

"内感知"是"直接明见的",也是"唯一可能的感知",并且构成我们心理学和自然科学认识的"第一性的和不可或缺的源泉"。

布伦塔诺所说的"内感知"(innere Wahmehmung)或"内经验"(innere Erfahmng)都是指对心理现象的把握方式。而"内观察"(innere Beobachtung)则意味着一种对"心理现象"的不同把握方式,也被称作"内省法"或"自身观察"法。"内感知的特点就在于,它永远不会成为内观察"[1]。布伦塔诺后来已经把"内观察"理解为一种间接的认识。"内观察"在很大程度上是对于精神自身的间接观察。

2. 超越和发展布伦塔诺自明哲学

首先,胡塞尔企图克服他认为在布伦塔诺那里存在的心理主义的错误。其次,胡塞尔相信他能够证明被布伦塔诺看作是语言上的虚构的普遍概念是实际存在着的,因此必须假定有某种逻辑——观念性的存在。第三,胡塞尔认为布伦塔诺对心理行为分析的结果是粗糙的和含义模糊的,他着手通过更细密的区别来改善它们。第四,他力求用一种新方法,即本质直观(die wessensschau),来为哲学研究提供一种更富成效的基础。

由此可见,胡塞尔的现象学方法论,是从批判逻辑学中的心理主义和经验论开始的。胡塞尔认为,逻辑并非正确思维的工艺学,而是一门纯理论性学科。逻辑学的心理主义必然导致经验论、怀疑论和相对主义,从而否认真理的绝对性、客观性。

(五) 胡塞尔哲学思想分期

学术界一般按照胡塞尔思想发展的历史逻辑,将其思想分为三个阶段:

1900 年以前前现象学时期。

1901—1913 年现象学前期

1913 年以后现象学后期

前两个时期主要是批评 19 世纪各种经验论的心理主义,发展布伦塔诺

---

[1] F. Brentano, *Psychologie vom empirischen Standpunkt*, Bd. I, Hamburg, 1955, S. 40.

的意识意向性学说，建立了从个人特殊经验向经验的本质结构还原的"描述现象学"。他提出了一套描述现象学方法，即通过直接、细微的内省分析，以澄清含混的经验，从而获得各种不同的具体经验间的不变部分，即"现象"或"现象本质"。这一方法又被称作本质还原法。胡塞尔倡导的早期现象学运动，主张在各人文学科内运用现象描述或本质还原法，从中获取较直接、较真确的知识。

胡塞尔试图借助描述现象学的悬置（epoch）原则将一切有关客观与主观事物实在性的问题都存而不论，并把一切存在判断"加上括号"排除于考虑之外。他以为这一哲学立场既可避免当时自然科学中的经验论的"自然主义"，又可避免当时德国"精神科学"中的历史相对主义，从而在哲学研究中奠定具有普遍确定性的认识基础。胡塞尔现象学的研究对象侧重于意识本身，尤其是意向性活动或意向关系。意向关系既包括意向作用（noesis），又包括意向对象（noema）。

他认为，意向对象不是客观实体，意向作用也不是经验性活动，它们分别是聚结于意向关系体内的特定方面。他主要研究对象在意识中的显现方式，即对象的"透视性形变"、显现时的清晰度，以及意向关系体的统一化作用。胡塞尔后期现象学最终演变为更彻底的主观先验唯心主义。目标是使现象学还原深化为"纯粹意识"或"纯自我"，以便使知识的"客观性"或确定性建立在纯主观性的基础上。经过这一还原，一切经验性内容都将被排除，只留下"纯粹意识"或"先验意识"，包括所谓先验自我、意向作用和意向对象。他认为，先验自我是意识和意向结构的最深核心，同时也是推动心理活动和引发知识结构的总根源。

胡塞尔后期现象学所关注的中心课题是先验意识的构成作用及主体在其特殊视界内经验到的"生活世界"。他指出，从个人生活世界向人类共同世界的过渡，是通过所谓"主体间关系体"来完成的。胡塞尔因其在现象学中的先验唯心主义与彻底主观主义的立场、观点，使他在现象学学派内部不断受到批评。但他提出的一些分析方法，在 20 世纪初以来的西方哲学与人文科学中一直具有重要影响。

也有按照胡塞尔发表的 7 部著作，把他的思想分为四个阶段的观点：

第一阶段：对数学和逻辑基础的研究。胡塞尔是数学博士，1853 年随布伦坦诺学哲学，受其经验主义影响。胡塞尔 1891 年发表《算术哲学：心理和逻辑研究》，探讨数学、逻辑与心理学的关系，弗雷格对之严加批判，认为胡塞尔的观点受流行的心理主义思潮影响。胡塞尔本人也自觉有不妥之处，遂重新研究逻辑基础问题。

第二阶段：创立现象学。以《逻辑研究》（1900—1901）为标志，第一卷是对心理主义的批判，第二卷建立了"描述心理学方法"，实际上是现象学方法。

第三阶段：把现象学发展为先验唯心论。《哲学作为严格的科学》（1910）已包含了方法论向本体论的过渡，《关于纯粹现象学和现象学哲学的观念》（第一卷于 1913 年出版，后两卷死后出版）、《形式的与先验的逻辑》（1929）、《笛卡尔的沉思》（1931）等书提出"现象学还原"和"先验自我"对世界的构造。

第四阶段：向生活世界的转变。在《欧洲科学的危机与先验现象学》（前两部分于 1936 年出版）一书中，对自己的唯理智主义倾向做了自我批评，把现象归结为"生活世界"，而不是自我的创造物。

（六）意识的现象学的主要任务

胡塞尔在意识的现象学中，首先试图弄清"表达"（Ausdruck）和"意义"（Bedeutung）这两种现象。他认为，所有表达的共同点就是那种明确地提出任何思想的意向，因此，表达与意义密切相关。表达中可以显示出两种引起意义的作用，其一是赋予意义的意义意向（die Bedeutungsintention）的本质性作用。其二是以直观的功能性作用使意义充实（die Bedeutungserfullungen）。无论如何表达，意义都是不受时间限制的，观念性的。

其次，在意识的现象学中，胡塞尔研究了意向行为的结构。他认为，"意识"可区分为三种意义：其一是在经验中发现的那种心理体验往体验流的整体之中的结合。其二是对于自身体验的内在感知。其三是一切心理活动或意向体验的总称。他认为，意向的本质就在于，在意向中有对象

"被意指"，有对象"被作为目标"，但在意识本身中并不能找到这一对象或某种与之相对应的东西。以体验方式出现的只是意向行为本身。

第三，在意识的现象学中，胡塞尔研究了认识的现象学。胡塞尔认为，由于"表达"、"意义"、"意义意向"作用下的认识行为是对于被思想的对象的本质的直观。对于对象的"知觉和空间的意向以及与直观的东西接近的想象作为诸部分意向同时可以结合为一个整体的意向"，这就是意识现象对于对象的认识过程，即意义意向直观对象本质的过程。在这一过程中，感性认识是意向得以充实。这就产生了现象学的本质直观（即本质还原）方法。

（七）提出现象学的还原方法

晚期胡塞尔的现象学，继承了康德的唯心主义先验论思想，转向批判心理主义，认为数学、逻辑规律是纯粹观念之间的联系的规律，而纯粹观念（本质、共相）是实在的，又是先验的，即是不依赖于经验的自我存在的、也不能用经验归纳的方法，从个别之中抽象出来。他提出用现象学还原的方法，即通过反省主观意识的方法从呈现在每个经验自我的意识中的现象之中揭示出本质。后来他又进一步提出了把"先验的意识"、"先验的自我"作为世界的本原。

胡塞尔认为，哲学要想成为科学的哲学，就只能接受在意向行为中直接给与的东西。那么，如何达到对于本质的洞察？他认为，现象学的还原法（die phanomenologische Reduktion-semthode）能够完成这一任务。

胡塞尔的现象学还原法是通过以下几个步骤实现的。

1. 面向"事物本身"

现象学认识论的第一步就是要求在对象上面向"事物本身"，而这里的事物并不是我们所说的客观存在的物理客体，而是指一个人所意识到的任何东西，或者说是呈现在一个人的意识中的一切东西，诸如自然对象、数学实体、价值、情感、意志、愿望、情绪等，不论是物理的或者是心理的东西。胡塞尔把所有这些呈现在意识中的东西都称为现象，他认为这些现象是哲学认识的起点。而必须排除任何有关存在的假定，排除关于存在之时空结构的判断，排除任何有关实际存在和实际意识的判断。所谓面向"事物本身"，就是返还到"现象"，也就是返还到意识领域。只有从此处开始才能避开心物分裂的认识，避免传统的唯心论或唯物论。由此可见，胡塞尔认为，意识中的意义意向与人们对于事物本质的直觉"存在着同一性"。因而，认识毋庸置疑应从意识中的意向开始，并忠实于意向。因此，现象学与意识本身的结构有关，同纯粹意识的先验的、超历史的结构有关，这些结构构成了经验知识和理论知识的可能性条件。现象学的对象是纯粹真理和先验意义的王国。

2．"现象学的悬置"

如何实现面对"事物本身"，如何从"现象"开始？胡塞尔认为必须把对于世界的"自然观点"和"科学观点"以及历史上出现并遗留下来的对于世界的看法即传统哲学的观点，统统都加以悬置，这就是所谓"现象学的悬置"。胡塞尔认为，我所意识到的世界是自然观点的世界，它在空间上和时间上都是无限伸展的，这个世界的一小部分，被朦胧地意识到的不确定的现实的视界包围着，直观地呈现在我面前。这种自然观点的世界应该被"括到括弧里"（eingeklammert）。胡塞尔又借用数学上的术语，把这种"悬置"称为加括号，意思是将对于世界的上述种种观点放在括号里，存而不论。胡塞尔认为，自然的态度、科学的态度以及传统哲学的观点都是以某种预先的假设为前提条件的，并且往往把自己的假设扩大开来，用来解释一切实在，因而歪曲了对世界的根本认识。从现象学的观点来看，真正科学的哲学是应当没有任何预先的假设的，也就是没有任何先决条件（前提）。现象学的"悬置"就是把种种假设搁置起来，使人摆脱这些假设的干扰，从而澄清被各种假设所充塞了的人的意识，也就是使人能转向意识的内容本身（即呈现在意识中的一切"事物本身"），或者说转向"现象"。但是，这并不意味着怀疑世界的实在性。相反，这只是说，我们不应该使用关于世界的信念，不应该使用这种自然的论断，即"中止判断"（Epoché）。

那么，如何"悬置"（加括弧）呢？胡塞尔认为，第一方面是历史的加括弧。这就是指把我们不论是从日常生活中，还是从科学中，甚至从宗教信仰领域中接受来的理论或意见中的一切都放在括弧里，存而不论。而应谈论的只是直接给与的东西（意识内容中的直接意义意向）。第二方面就是存在的加括弧，也就是放弃一切有关存在的判断，甚至连具有绝对自明性的判断（譬如像关于我自己的存在）也要放弃。因为哲学的认识是对本质的认识，而考察的对象实际上是非本质的，因此应该被排除掉。通过这两个加括弧的方面，要求认识直接还原为意识内容的"现象"。但是，这种"现象"尚不是本质，因此，还必须有下一步还原——本质的还原。

3. 先验的还原

胡塞尔认为，意识具有一定的结构，即意向性。意识和对象、世界之间的关系是"构成"的过程。意识具有积极的能动的活动作用，这种活动就是所谓"构造"，这种"构造"活动是"先验的"。意思是说，意识并不是实际地产生这些印象或这个对象，而是说意识的活动是将那些特殊实体的经验加以统一的必要条件，是一切经验得以成立、具有意义的必要的前提条件，换句话说，先验的"构造"是意识的一种形式的能力，规范的能力。胡塞尔把发现意识的意向的结构和世界整体的过程称为先验的还原。他区别了"现实"与"非现实"。通过先验的还原，在朴素意识中被给与的东西，变成了在"纯粹意识"中的先验现象。即还原到纯粹的主体上去。

只有通过先验的还原，"自然"观点的朴素性才能得以消除。对"先验地被净化的意识"进行现象学的分析，是哲学的基本任务。

如果说本质的还原使人获得本质，从而使科学认识成为可能的话，那么，先验的还原则把人引向世界的始原，即把世界最终归结（还原）为先验自我的意识构造活动，它是世界的理性的基础，也是本质、从而也是知识的确实可靠的最后根据。由现象学的还原所造成的在思想上"消除世界"之后所残存的东西，就是纯粹自我或者纯粹意识的绝对领域。胡塞尔的现象学，就是要提供一种关于在这个绝对的领域中所能够发现的那种体验的本质的纯粹现象学。

胡塞尔的先验还原有三、四条道路，其中两条主要的道路是笛卡尔和康德的道路。

首先，他沿着康德的道路进行还原，即主张认识论是对认识可能性的哲学反思和对于理性的批判。唯其如此，他在哥廷根大学任教的第一讲，就选择类似于康德区分先天科学与先验哲学的方式，他从区分自然思维和哲学思维切入提出问题。他认为自然思维直接朝向事物，并不关心认识批判，它认为认识自身深不可测，而认识的可能性则是自明的。而哲学思维则是要更多地反思认识自身，它认为，认识虽然结出硕果，但认识的可能性却出现了深不可测的困难。其焦点是认识如何能够确定它与被认识的客体相一致，它如何能够超越自身去有把握地切中客体。

胡塞尔提出现象学标志着一种特殊的哲学思维态度和方法。由于自然思维对认识可能性的素朴反思必然导致怀疑主义，最终走向背谬。所以，认识论的消极任务是通过对各种明显的或隐含的怀疑主义的荒谬性的证明来反驳自然思维的素朴反思。认识论的积极任务则是通过对认识本质的研究来解决有关认识、认识意义、认识客体之间的关系问题。在此基础上便可进行认识批判，即对所有自然科学中的自然认识进行批判。胡塞尔认为，自然科学不是最终的存在科学，关于存在之物的科学，就绝对意义而言是现象学，它高出自然科学一个层次。

胡塞尔强调哲学与自然科学的原则区别。他认为，当代哲学都力图以数学和数学自然科学为方法上的楷模，这是不足为道的。哲学不能以自然科学为基础。"哲学必须漠视在自然科学中和在尚未科学地组织的自然智慧和知识中所进行的思维工作，并且不能对他做丝毫运用。""任何自然科学和任何自然方法都不再作为一种可运用的财富。"

其次，在如何进行认识批判的问题上，胡塞尔选择了现象学还原的第二条道路——笛卡尔主体批判的道路。胡塞尔接受了笛卡尔"我思"的完全明证性、思维是一种绝对的被给予性、它绝对地内在的思想。但是他认为笛卡尔从确定思维的明证性直接确定经验自我的明证性是失足的。胡塞尔不仅要问为什么思维的存在是明证的，而自然的认识又是如此的可疑，而且他给出了特别的回答：思维的存在是内在于意识的，而自然认识是超越于意识的，它如何能够切中外在于它的事物的问题便使人陷入困境。而内在认识就没有这个问题。所以，认识批判必须进行认识论的还原（即现象学的还原），它必须排斥所有的超越，把认识论的领域限制在内在之中。

他首先要求在笛卡尔的我思中排除经验自我，还原到纯粹思维上。思维着的自我不是绝对被给予性，因而必须被斥。胡塞尔要求区分"思维存在的明证性"和"我的思维是存在的"、"我思维地存在"的明证性，前者属于现象学意义上的纯粹现象。后者是自然科学心理学的客体。"不考虑与自我的关系，或者从这种关系中抽象出来。"

4. 本质的还原

先验还原要还原到纯粹意识上去，只有本质的还原才能本质（Eidos）或观念上，从而区分内在与超越。在本质还原中，被排斥的是相对于本质而言的事实性的东西。相对于可能性而言的现实性。它与数学的本质直观方法是一致的。胡塞尔认为，通过现象学的悬置或加括号的活动，一个人就能使意识摆脱种种前哲学的或传统哲学的假设，结果他就会意识到，呈现在意识中的现象不仅有事物感性的、具体的、外在的那些东西，而且有使该物成为该物的东西，也就是事物的一般、共相的东西。胡塞尔后来称其为本质（Eidos）。胡塞尔把"事实"（Faktum）与"本质"（Eidos）区别开来。通过本质还原实现由事实的东西到本质的精神上的转变。他认为，所有个体的实在都属于或附属于某种本质，这种本质是可以被精神所理解的，对这种本质的理解决定着认识的主要的和最后的结论。现象学就是关于本质的科学。他认为，本质不像现象主义者所认为的那样是在现象背后的东西，又不是柏拉图式的超越于个别事物的理念，也不是笛卡尔式的天赋观念或康德式的心灵的构造。本质是观念的、先验的、但又是直接地呈现在意识中的，也就是在现象中的；本质是现象中的稳定的、一般的、变中之不变的东西，也就是所谓诸变体间不变的"常识"。

胡塞尔认为普遍性、必然性，是相对之中的绝对，是变中的不变，唯其如此，经验才具有统一性，才使经验知识（科学知识）得以成为可能。本质正是经验的意义和结构，本质是一个人的经验世界的组成部分；同时，本质也被经验所充实和具体化，并通过经验而在意识中呈现出来。

胡塞尔认为，要使哲学成为一门严密的科学，就必须获得这种先验的本质，因为只有这种本质才能为科学认识提供可靠的基础，使之具有普遍性、必然性。这样，胡塞尔就把现象学发展成为一种"本质的科学"，把现象学的方法发展为"本质的还原"。

胡塞尔所谓的"本质的还原"是一种直觉（直观）的方法，所以胡塞尔把本质的还原称为"本质的直觉"，胡塞尔所谓的"直觉"就是直接地"看"，审视自己的意识领域，从呈现在意识领域内的现象之中，排除那些感性的、具体的、偶然的和混杂了虚假成分的或被歪曲了的东西，即非纯粹的现象，从而将纯粹的现象，也就是直接呈现在意识中的"事物本身"描述出来，这种纯粹的现象是非具体的非感性的，也就是本质。因此，所谓本质的还原或直觉，也就是通过反省自己的主观意识获得事物本质的方法。（不同于感性的直观）

胡塞尔又把本质的直觉称为"自由想象的变换"，这就是在反省自己主观意识的过程中，通过想象（自由），用增减法变换各种例子，从这些例子中找出贯穿于各种情况（例子）中的共同的一般的东西（常识），也就是本质。所以胡塞尔把本质视作事物的"原型"。

5. 回返"生活世界"

通过现象学还原法的应用过程，人应该把世界重顾一遍，"水平域"概念集中反映了人化世界的实存。胡塞尔认为科学与人类是一致的，反对实证主义流派对此二者的割裂。

总而言之，现象学在方法论上要求认识主体（观察者）从"自然的态度"和"科学的态度"转向"哲学的态度"，摆脱或抛弃一切预先的假设，从感觉经验转向"事物本身"，或者说返回"现象"，返回纯粹意识，通过"直觉"和意识的意向性分析，从呈现在意识中的现象之中去把握事物的本质，追溯世界的本原。而一旦达到了这个目的，作为方法论的现象又成了一种终极的、科学的哲学，方法论与世界观两者合为一体。

胡塞尔最大的抱负就是要使哲学第一次建立在严格科学的和绝对可靠的基础上。事实上，胡塞尔的哲学为哲学奠定了新的积极的基础，他消除了对相对主义和怀疑论的忧虑，给年轻一代哲学家注入了解决实际问题的勇气。他的现象学方法论，开一代新思想之先河，使人类在新的哲学视角与高度审视意识现象本身。

但是，胡塞尔的现象学在本体论上"排除存在的判断"必然导致主观唯心主义；方法论上的"直觉"、"自由想象"成为典型的非理性主义，脱离自然科学的方法论基础；认识论上循环论等都是其致命的缺陷。尽管如此，现象学对于科学主义和实证主义的尖锐批判方面，无疑是对于欧洲文化中唯科学主义的实证、实用理性的一种有益反省，由此引导了一系列以重新审视人类自身，特别是审视人的精神意识世界的人文主义思潮。

三、现象学的显现理论

胡塞尔意识的现象学理论，经过悬置、还原等步骤，旨在给人们提供一套区别于近代理性哲学的现象学直观的显现方法。这种方法要通过一套严格的程序和途径方可企及。

（一）事物感知的显现

在胡塞尔的感知理论中，所谓事物感知，是指对于物理对象的感知，即"外感知"也就是狭义的"感觉"。所有被感觉到的东西都可以说是原本的。被感觉到的东西同时也就是在外感知中直接地被意识到事物的的那个部分，例如被看见的桌子的前面部分或它的颜色等等。但对一个空间对象的外感知本身并不仅仅由本真地被感知之物组成，而且在它之中也包含着实际上未被直接感知到的东西，或者说，一同被意识到（被显现）的东西。因此"在外感知中，我们具有一个奇特的分裂：原本意识只能以这样一种形式出现，它是对各个面的现实的和本真原本的意识到，并且也是对其他非原本在此的各个面的一同意识到"①。可见，外感知实际上是由原本意识（直接看到的）和非原本意识（显现出来的）两部分——"体现"与"共现"组成的。也就是说，在事物感知中包含着充实了的和未充实的或空泛的两种意向。因为在事物感知的对象中存在着事物本真的被感知之部分物与未被感知之部分。在这里，意识的意向超越性首先表现为立义构造能力，即人们根据直接看到的事物的部分（实项内容）与被显现的事物

---

① ［德］胡塞尔：《胡塞尔全集》XI，4。

的部分（被意指的对象）的蕴含，一同把该事物立义构造出来。

这一阶段，意识的意向超越能力还表现在"对非实项的包含状态的超越"。其超越不再是实项的内在，而是"在绝对意义上的自身被给予性"。这种超越意味着，意识活动的本质特征在于，它能够超出其绝对自身被给予性的范围而将一个它自己构造的对象设定为在它自己之外存在的客体。

胡塞尔认为，事物感知与其他所有素朴感知一样，既是原本意识，也是存在意识。但它又不同于其他类型的感知，事物感知成为超越感知的东西。

（二）陌生感知中的显现

胡塞尔所谓的陌生感知是指对于他人的感知。其特殊性就在于不仅他人的躯体，而且他人的心灵也一同被意指。换言之，在陌生感知中，被构造出来的不仅有他人的身体，而且他人作为另一个自我也被一同构造出来。

这里的复杂性就在于关于他人心理的显现"永远不能现实地成为体现"即他人的心理则永远无法直接地被意识到，归根结底只能被间接地揣测而不能被直接地认识。"他人与他的心灵生活连同其身体尽管被意识为'自身在此'的，但却不像其身体那样被意识为本原被给予的"[1]。"他我的意义在我之中构建起来，并且在陌生经验的统一标题下被证实为存在着的，甚至被证实为以自己的方式自身在此的"[2]。

为了解决这一难题，胡塞尔引入了"原本地"概念，这时就可以说，他人对我来说虽然是原本地（合乎感知地）、但不是本原地（直观地或绝然直观地）被给予。因为只有他人的身体躯体是"原本地"被给予我，但他的心灵生活则不是"原本地"被给予我。他人的心理对我来说只能以类比的方式、以再造的、间接的方式被把握到。只有自身经验是"唯一完全原本的"经验[3]。

---

① ［德］胡塞尔：《胡塞尔全集》Ⅲ/1，8。

② ［德］胡塞尔：《胡塞尔全集》Ⅰ/122。

③ ［德］胡塞尔：《胡塞尔全集》ⅩⅤ/641。

（三）自身感知中的显现

胡塞尔的自身感知是指对本我的反思。

人在进行自身反思时，不仅可以明白无疑地把握到当下的自我，而且但这里也一同被意识到、被显现出自我的过去、自我的习性、自我的能力等等。可见，自我只能在一种所谓"既持恒又流动的"给予方式中才能被给予①。

对此，胡塞尔分别用"绝然"和"断然"来表现。本质或本质状态是绝然地（apodiktisch）被给予我们的，而事实和事实状态则只是断然地（assenofisch）被给予我们。

---

① K. Held,*Lebendige Gegenwart：Die Frage nach der Seinsweise des transzendentalen Ich bei Edmund Husserl,entwickelt am Leitfaden Zeitproblematik*,Den Haag, 1966,S. 71ff,S. 130f.

第四章　海德格尔《存在与时间》构筑的
此在生存的基础本体论

存在主义一词来源于拉丁语 exsistentia，是现代西方具有广泛影响的一种人文主义哲学流派。产生于 20 世纪 30 年代。第一次世界大战后，德国的海德格尔、雅斯贝尔斯、布伯和第二次世界大战期间法国的萨特、马塞尔、梅洛·庞蒂、卡缪、德·鲍瓦尔等，都是存在主义哲学的重要代表人物。40—50 年代，存在主义在欧洲其他国家获得了广泛的传播，60 年代流传到了美国。这时其在欧洲已是最风行的哲学流派之一。当代存在主义哲学可以分为三大支系：德国支系以海德格尔为代表的存在主义；以萨特为代表的资产阶级的思想和情绪的存在主义哲学；雅斯贝尔斯代表中等资产阶级的自由主义倾向的存在主义哲学。

从思想渊源上讲，存在主义是从现象学中分化出来的。同时生命哲学的某些思想在存在主义哲学中也得了继承。尼采对存在主义有一定影响。特别是海德格尔的存在主义与胡塞尔的现象学直接相关。海德格尔当年曾是胡塞尔的助手、合作者、追随者。

一、版本目录与内容结构

（一）《存在与时间》的写作出版

在马堡时期，海德格尔开始撰写他的主要著作《存在与时间》，1927年 2 月，《存在与时间》正式印行，一是在《现象学年鉴》第八卷上，二是作为单行本。这本书奠定了他一生哲学活动的基础，被视为现代存在主义哲学的重要著作，他因此而声誉鹊起。

（二）2006 年版，陈嘉映／王庆节中译本目录

写在《存在与时间》中译本前面

中译本修订版前言

1953 年第七版序言

导论　概述存在意义的问题

第一章　存在问题的必要性、结构和优先地位

　第一节　突出地重提存在问题的必要性

　第二节　存在问题的形式结构

　第三节　存在问题在存在论上的优先地位

　第四节　存在问题在存在者层次上的优先地位

第二章　厘清存在问题的双重任务；本书的方法及构架

　第五节　此在的存在论分析——崭露用以解释一般存在意义的视野

　第六节　解构存在论历史的任务

　第七节　探索工作的现象学方法

　第八节　本书纲目的构思

[第一部　依时间性阐释此在，解说时间之为存在问题的超越的视野]

第一篇　准备性的此在基础分析

第一章　概说准备性的此在分析之任务

　第九节　此在分析的课题

　第十节　此在分析与人类学、心理学、生物学之间的界划

　第十一节　生存论分析工作与原始此在的阐释。获得"自然的世界概念"之困难

第二章　一般的"在世界之中存在"此在的基本建构

　第十二节　依循"在之中"本身制订方向，从而草描出"在世界之中存在"

　第十三节　以一种另有基础的样式为例说明"在之中"。对世界的认识

（三）《存在与时间》的基本内容结构

《存在与时间》是海德格尔存在主义本体论的代表作。波尔诺曾借用歌德的一句话评价本书："从此时此地起，世界历史的一个新纪元已经开始，你可以说自己正处在它的起点。"由于本书的新思想的巨大魅力，使得其自 1927 年发表后，到 1930 年已译成多种文字在世界各处流行。

本书分导论、上篇、下篇三大部分。导论部分概述存在意义的问题，第一部以时间性阐释此在，解说时间之为存在问题的超越的境域，其中第一篇是准备性的此在基础分析，第二篇则是对于此在与时间性的分析。

按照海德格尔的意图，《存在与时间》是一项基础性的工作，试图以此清算传统哲学的缺陷，从而建立一种新的哲学本体论，以取代传统哲学本体论。但实际上这项工作并未真正最终完成。

首先，在导论中，海德格尔首先批判了传统哲学本体论中对存在（Sein）概念理解的错误。

从传统观点看，存在（Sein）是没有时间的，这表现在自柏拉图以来，西方形而上学对存在的研究，对现象之中或现象背后的本质的研究，正是要寻找不变的东西。他们认为现象是随着时间的流逝而变化运动的，而本质则不随时间变化，是无时间性的。对此，海德格尔明确指出，存在自身就是时间性的。他的这本著作，"就是要具体地探讨'存在'意义的问题，而其初步目标则是把时间阐释为使对'存在'做任何一种一般领悟得以可能的境域。"①。之所以要重新研究存在的意义问题，海德格尔说这主要三个方面的原因，其一是存在是最普遍的概念，其二是存在这个概念是不可定义的，其三因为存在是自明的概念。海德格尔认为，他对"存在"的意义问题的提出，在西方哲学史上是首次。因为，传统本体论中的"存在"

---

① ［德］海德格尔：《存在与时间》，陈嘉映、王庆节译，北京：三联书店 1999 年版，第 1 页。

是一个范畴，而海德格尔所讲的"存在"则指人的种种具体的意识、生存状态的过程；传统本体论依靠的是逻辑推论的方法，而海德格尔是从分析人的存在状态中讨论"存在"的意义，他用的是现象学的方法或释义学的现象学方法；由于论题和方法的不同使得传统本体论与海德格尔的本体论在内容上也有明显的区别，传统本体论与逻辑学相联系，而海德格尔的本体论则必然与伦理学相联系。因此，海德格尔认为，他对存在意义问题的讨论十分必要，从根本上区别于传统哲学。

在提出存在的意义时，作者首先将区分"存在"与"存在者"。我们就"存在"问题在发问，"问之所问是存在——使存在之被规定为存在者的就是这个存在，……存在者的存在本身不'是'一种存在者。"①存在者即人是一种此在（Dasein），此在的本质是"存在世界之中"。海德格尔不仅用此在的概念把一个人当作一个存在者看待，而且是从"存在"方面对人的规定。人生就是此在。同其他一切存在者相比，此在具有几层优先地位：第一层是存在者状态上的优先地位，这种存在者在它的存在中是通过生存得到规定的。第二层是存在论上的优先地位：此在由于以生存为其规定性，故就其本身而言就是"存在论的"。第三层是此在是使一切存在论在存在者及存在论上都得以可能的条件。

在海德格尔那里，此在尽管具有上述优先地位，但是，此在仍然是一个中性的称谓，它要指出这个人是实存、现实的在者，它有基本己的存在方式。同时，此在是"生存着"，不是生存者，是一个过程，是一个具体的生存过程。而且此在本身也是孤立化，是形而上学的孤立化，不是实存上孤立。此在还是分散化的过程，是被抛性，人生下来即被抛在分散化中，这样才与周围各色实存发生关系，这种关系是多重的。

"作为我们称为此在的这种存在之意义，时间性被展示出来。"②"此在

---

① ［德］海德格尔：《存在与时间》，陈嘉映、王庆节译，北京：三联书店 1999 年版，第 8 页。

② ［德］海德格尔：《存在与时间》，陈嘉映、王庆节译，北京：三联书店 1999 年版，第 25—26 页。

的存在向来是从它的将来方面'演历'的，此在就以它的存在方式'现在正是'它的过去"①

那么如何揭示在时间过程中的此在的存在性意义呢，海德格尔认为，传统哲学，特别是德国古典哲学的那种从现象到本质的认识顺序是错误的，而应该应用一种从"本质"到现象的的现象学的直观方法。当然这里所说的现象是现象学所指的现象，即扬弃了客观内容和逻辑形式的"纯粹意识"。

海德格尔认为，就现象学的两个方面组成部分而言，在现象方面他与胡塞尔取得一致，在逻各斯方面，他认为，逻各斯基本含义是指"在具体的言谈过程中，言谈具有说的性质——发声为词"，②逻各斯的功能在于把某种东西展示出来让人看。人们要认识存在者的存在，就必须通过现象学的逻各斯把其展现出来。按照现象学中的还原法，一切哲学问题最后都归结为此在者存在的问题。而以往的传统哲学之所以不能回答"存在"问题，说不是"存在自明的根据"，关键在于他们没有现象学的方法，不懂得通过逻各斯把事物展现给人们。

其次，在《存在与时间》的第一部分就"依时间性阐释此在，解说时间之为存在问题的超越境域"。

海德格尔用现象学的方法重提存在问题之后，在正文的第一部分中，他首先着手对此在基础分析。海德格尔指出，"此在的'本质'在于它的生存"，"这个存在者为之存在的那个存在，总是我的存在。"因而，"现成存在者的存在对这种存在者本身是'无关紧要的'。""而此在又总以这样或那样去存在的方式是我的此在。"③"存在有本真状态与非本真状态""两种样式"，"这是由于此在根本是由向来我属这一点规定的。"由此决定了

_____

① ［德］海德格尔：《存在与时间》，陈嘉映、王庆节译，北京：三联书店1999年版，第52—53页。

② ［德］海德格尔：《存在与时间》，陈嘉映、王庆节译，北京：三联书店1999年版，第11页。

③ ［德］海德格尔：《存在与时间》，陈嘉映、王庆节译，北京：三联书店1999年版，第25—26页。

此在的两种性质："一是它的 existenia 对 essentia 的优先地位，一是它的向来我属性质。""这两种性质已经提示，在对这种存在者进行分析时我们面对的是一个独特的现象领域。"① "此在总是从它所是的一种可能性、从它在它的存在中随便怎样领会到的一种可能性来规定自身为存在者。"② 海德格尔认为，对此在基础的分析，必须与人类学、心理学和生物学划清界限，而要从"世界之中"、"向来以在世界之中的方式存在着的存在者"以及"在之中"本身三种着眼处研究此在。

认识是在世的一种存在方式，认识本身先行地奠基于"已经寓于世界的存在"中——而这一存在方式本质上组建着此在的存在。

海德格尔认为，作为"存在论概念"的世界，有四种用法和意义：其一是被用作存在者状态上的概念，因而指能够现成存在于世界之内的存在者的总体；其二是起存在论术语的作用，其意思是指在第一项中所述的存在者的总体；其三是指在另一种存在者状态的意义下来了解，这时，它不被了解为本质上非此在作为此在"生活""在其中"的东西；其四是指世界之为世界的存在论生存论上的概念。海德格尔的存在主义本体论所强调的是世界的第四重含义。他认为，人以及人与世界的关系中的世界，是"世界问题"的出发点。

在海德格尔看来，人与世界关系的第一层面是"当下上手状态"，第二层面是"呈报状态"。前者是说人们不必对人和世界的关系作出反思，人在其当下从事的活动中就已经处在与世界的关系中了。相应于人和世界的每一种关系，都有一种人与世界打交道的方式，即此在的生存方式。呈报状态以当下上手状态为基础。世界是指意义的世界。

海德格尔还讨论了世界之中存在的空间性，他认为"此在日常生活中的寻视去远活动揭示着'真实世界'的自在存在，而这个'真实世界'就

① ［德］海德格尔：《存在与时间》，陈嘉映、王庆节译，北京：三联书店1999年版，第54页。

② ［德］海德格尔：《存在与时间》，陈嘉映、王庆节译，北京：三联书店1999年版，第56页。

是此在作为生存着的此在向来就已经依之存在的存在者"。① 人在日常中总伴有一定的情绪，这种情绪就是此在的一种展开状态，将这种展开状态启明出来的能力或者"生存质"就是现身。人的"生存质"具有三个方面的能力，即领会的基本生存能力、谋划能力和解释能力。这三种能力通过闲谈、好奇、两可等日常生活的方式表现出来。海德格尔把这三种表现方式统称为"沉沦"。日常生活当中一件事情是怎么样的，倒要取决于人们对它的是怎说的。这种特点的日常交谈就是闲谈。"闲谈就是在这类鹦鹉学舌、人云亦云之中组建起来的。"② "闲谈是一种非本真的'存在'方式，是一种异化。""自由了的好奇烦忙于看，却不是为领会所见的东西，也就是说，不是为了进入一种向着所见之事的存在，而仅只是为了看。"③ "一切看上去都似乎被真实地领体了、把握到了，说出来了；而其实却不是如此，或者一切看上去都不是如此而其实却是如此"，④ 就是两可。

由于上述三种领会方式的特点及其作用，使得作为此在的存在必然产生烦。这种基本的现身情态开始于"畏"。此在的实际生存不仅一般地无差别地是一个被抛的能在世，而且总是也已经消散在所烦忙的世界中了。"在世本质上就是烦……寓于上手事物的存在可以被领会为烦忙，而与他人的在世内照面的共同此在一起的存在可以被理会为烦神。"⑤ 所以，在海德格尔看来"烦"是一种生存论存在的基本现象。

第三，《存在与时间》的第二部分讨论了此在与时间性的问题。

"通过准备性的此在分析"，"我们找到了这一作为课题的存在者的基

---

① ［德］海德格尔：《存在与时间》，陈嘉映、王庆节译，北京：三联书店1999年版，第132页。

② ［德］海德格尔：《存在与时间》，陈嘉映、王庆节译，北京：三联书店1999年版，第205页。

③ ［德］海德格尔：《存在与时间》，陈嘉映、王庆节译，北京：三联书店1999年版，第209页。

④ ［德］海德格尔：《存在与时间》，陈嘉映、王庆节译，北京：三联书店1999年版，第210页。

⑤ ［德］海德格尔：《存在与时间》，陈嘉映、王庆节译，北京：三联书店1999年版，第233页。

本机制即在世，而在世的诸本质结构则集中在展开状态中。"

"死亡确乎意味着一种独特的存在的可能性：在死亡中，关键完完全全就是向来是自己的此在的存在。死显现出：死亡在存在论上是由向来我属性与生存组建起来的。"① "它毋宁说是一种悬临"，是一种与众不同的悬临。因而日常生活，死亡随时都是可能的，其不确定性与确定可知是同行的。

存在者并非因为"处在历史中"，而是"时间性的"，相反，只因为它在其存在的根据处是时间性的，所以它本历史地生存着并能够历史性地生存。一切存在都是时间性的，此在的存在也不例外。

存在即现象，现象是被扬弃了客观内容和主观形式的"纯粹意识"。此在的存在都是时间性的，因而存在具有时间性。只有在此在的时间性展现中，才能领会存在。这就是存在主义本体论的思路。

"海德格尔的哲学是一种能够在哲学史上引起转变的事业，但是另一方面，它本身同时又包藏有一种危险，即它会使人们把迄今为止的一切都看作是陈旧过时的"，② 他的"著作为哲学提供了真正是无限丰富的新起点"。③ 他对于人的存在问题研究及其现象学研究方法的正确使用而形成的理论成就，不仅在理论研究上，而且在社会现实中形成了影响辐射，可能是全方位的、深刻的。

存在主义哲学还有其他代表人物和著作，如雅斯贝尔斯等，但是就对于人的存在问题的研究而言，迄今影响最大的还是海德格尔。但是要真正全面理解其思想，必须全面阅读其代表原著。

---

① ［德］海德格尔：《存在与时间》，陈嘉映、王庆节译，北京：三联书店 1999 年版，第 289 页。

② ［德］施太格缪勒：《当代哲学主流》，王炳文、燕宏远等译，北京：商务印书馆 1986 年版，第 209 页。

③ ［德］施太格缪勒：《当代哲学主流》，王炳文、燕宏远等译，北京：商务印书馆 1986 年版，第 225 页。

二、海德格尔其人其著

马丁·海德格尔（Martin Heidegger,1889—1976），德国哲学家，20 世纪存在主义哲学的创始人和主要代表之一。出生于德国西南巴登邦（Baden）弗赖堡附近的梅斯基尔希（Messkirch）的天主教家庭，逝于德国梅斯基尔希。

父亲弗里德里希·海德格尔在当地镇上的天主教教堂任司事，母亲也是天主教徒。在天主教教会的资助下 1903—1906 年到梅斯基尔希以南 50 公里外的康斯坦兹读中学，为将来的牧师职业作准备，1906—1909 年在弗莱堡的文科学校上学。在这六年里他学习了希腊文，此后，除战争年代外，他每日必读希腊原著。他还学习了拉丁文。1907 年，海德格尔暑期回家度假时，从康斯坦兹三一教堂的神父那里借到 F. 布伦塔诺的著作——《论亚里士多德以来存在者的多重含义》，对存在意义的问题产生兴趣，成为他毕生哲学事业的起点。

1909 年进入弗莱堡大学，前两年主攻神学，辅以哲学，1911 年他决定放弃牧师的前程而专攻哲学。1913 年夏在施耐德（Arthur Schneider）的指导下完成了博士论文《心理主义的判断学说》。在弗莱堡期间曾为当时德国著名哲学家 E. 胡塞尔的学生，还曾参加新康德派哲学家里科（Heinrich Rickert）指导的研究班，从而深受价值哲学的影响。获得博士学位后不久，第一次世界大战爆发。1914 年 8 月他应征入伍，但两个月后即因健康欠佳退伍。1915—1917 年在弗莱堡从事军邮工作，1915 年夏他以题为《邓·司各脱关于范畴的学说和意义的理论》的论文获讲师资格。

1916 年 4 月，胡塞尔受聘到弗莱堡大学继承里科的讲座。于是海德格尔得以亲聆胡塞尔的指教。那时他白天在邮局工作，晚上则在大学里听课或讲课。1917 年海德格尔与艾弗里德（Elfride Petri）结婚。婚后再次应征入伍，在西线战场服役。1918 年从战场回来以后，海德格尔正式成为胡塞尔的助教。1922 年在胡塞尔的帮助下，受聘于马堡大学哲学系副教授，在马堡工作至 1928 年，建成托特瑙堡小屋。1923 年应马克斯·舍勒之邀在科隆康德协会上作题为《此在与真在》的演讲。1926 年 12 月 4 日在马堡哲学小型聚会上作题为《现象学研究的概念和发展》的演讲。1927年《存在与时间》在胡塞尔主编的《哲学和现象学研究年鉴》第八期上首次发表。1928年胡塞尔退休,海德格尔接任弗莱堡大学哲学讲座教授。在里加的赫尔德尔研究所作题为《康德和形而上学问题》的多次演讲。1929年月24日在美茵法兰克福作题为《哲学人类学和此在的形而上学》的演讲。3月在达沃斯高校讲座上作题为《康德和形而上学问题》的多次演讲。4月9日作《胡塞尔七十寿辰讲话》。7月24日在弗莱堡大学礼堂作教授就职讲座,题为《形而上学是什么?》。12月在卡尔斯鲁厄作题为《今日的哲学问题状况》的演讲。《康德和形而上学问题》出版。《康德和形而上学问题》出版。1930年3月在阿姆斯特丹科学协会作《今日的哲学问题状况》和《黑格尔与形而上学问题》的演讲。在各地多次以《真理的本质》为题作演讲。

　　1933年当选为弗莱堡大学校长。3月在校长就职典礼上发表题为《德国大学的自我宣言》的讲话。1934年辞去弗莱堡大学校长职务。1935年11月13日在弗莱堡艺术科学协会作题为《艺术作品的本源》的演讲。次年一月在苏黎世重作。1936年4月2日在罗马作题为《荷尔德林和诗的本质》的演讲。11月至12月在美茵法兰克福自由德国主教教堂议事会上作题为《艺术作品的本源》的多次演讲。1938年6月在弗莱堡艺术科学、自然研究和医学学会上以《形而上学对现代世界图象的奠基》为题作演讲。1939年多次作题为《荷尔德林的赞美诗"如当节日的时候……"》的演讲。1940年作演讲《柏拉图的真理学说》。该演讲报告首次发表于1942年的《精神遗产年鉴》上。1943年作《追忆》,载于克卢克霍恩编辑的《荷尔德林逝世一百周年纪念文集》上。6月6日在弗莱堡大学荷尔德林逝世一百周年纪念会上作题为《还乡——致亲人》的讲话。在小圈子里作题为《尼采的话"上帝死了"》的演讲。《真理的本质》出版。1944年秋季被征召入民团。《荷尔德林诗的阐释》出版。1945年被占领军当局禁止授课,直至1951年。1946年为纪念里尔克逝世二十周年在小圈子里讲《诗人何为?》。与中国学者萧师毅一起译读《道德经》。

　　1947年作《田间小路》、《从思的经验而来》。《柏拉图的真理学说。

附关于人道主义的书信》出版。

1949 年 12 月在不莱梅俱乐部作四次演讲，题为《观入在者》（《物》、《座架》、《危险》和《转向》）。1950 年 6 月 6 日在巴伐利亚艺术协会作演讲《物》。10 月 7 日为纪念马克斯·科默雷尔在比勒欧作题为《语言》的演讲。《林中路》出版。1951 年 8 月 5 日在达姆斯塔特的"人与空间"专题会议上作题为《筑·居·思》的演讲。10 月 6 日在比勒欧作题为《……人诗意地栖居……》的演讲。1953 年 5 月 8 日在不莱梅俱乐部作题为《谁是尼采的查拉图斯特拉?》的演讲。5 月作题为《科学与沉思》的演讲。11 月 18 日在巴伐利亚艺术协会作题为《技术的追问》的演讲，此演讲为"技术时代的艺术"系列之一。《形而上学导论》出版。1954 年在苏黎世、康斯坦茨和弗莱堡作题为《沉思》的演讲。《演讲与论文集》出版。《什么召唤思?》出版。1955 年 10 月 30 日在梅斯基尔希纪念作曲家孔拉丁·科劳泽诞生一百七十五周年纪念会上作题为《泰然任之》的讲话。8 月在法国诺曼底作题为《什么是哲学?》的演讲。1956 年 5 月在不莱梅俱乐部，10 月在维也纳大学，作题为《根据律》的报告。为 1956 年海贝尔日作《就"小宝盒"与海贝尔对话》。在弗莱堡为建筑师们作题为《保罗·克莱》的演讲。《走向存在问题》出版。1957 年 2 月在托特瑙堡作题为《形而上学的存在—神—逻辑学机制》的演讲。夏季学期在弗莱堡大学一般研究班上作题为《思想原则》的五次演讲。12 月和次年 2 月在弗莱堡大学一般研究班上作题为《语言的本质》的三次演讲。《同一与差异》出版。1958 年三月在法国埃克斯，七月在德国海德堡作题为《黑格尔与希腊》的演讲。5 月在维也纳城堡剧院黎明庆祝节上作题为《诗与思——关于斯退芬·格奥尔格的"词语"一诗》的演讲。1959 年 1 月在巴伐利亚美术学会上作题为《走向语言之途》的演讲。在海德堡科学院作《就职演说》。在慕尼黑荷尔德林学会会议上作题为《荷尔德林的大地和天空》的演讲。9 月 27 日被授予梅斯基尔希市荣誉市民称号，海氏作《向故乡梅斯基尔希致谢》的讲话。在巴登—巴登作题为《现时代的艺术的使命》的演讲。《泰然任之》出版。《走向语言之途》出版。1960 年 7 月作题为《语言和家乡》的演讲。1961 年《尼采》两卷本出版。1962 年 4 月首次去希腊旅行。《物的追问——康德先验原理的学说》出版。《技术和转向》出版。1964 年 5 月在梅斯基尔希以《关于圣·克拉拉的亚伯拉罕》致词。1967 年 4 月在雅典科学和艺术学院作题为《艺术的起源和思的使命》的演讲。《路标》出版。1968 年在阿姆里斯维作题为《荷尔德林——诗歌》的演讲（勒内·夏尔法文翻译）。8 月 30 日至 9 月 8 日在多尔（普罗旺斯）举办题为《黑格尔：费希特体系与谢林体系的差异》的讨论班。1969 年 9 月二日至 11 日在多尔（普罗旺斯）举办题为《康德：论上帝存在的唯一可能的论据》的讨论班。《面向思的事情》出版。1970 年《赫拉克利特（1966—1967 年冬季学期讨论班）》出版。《现象学和神学》出版。1971 年《谢林关于人的自由的本质的论文（1809 年）》出版。1972 年《早期著作集》出版。1975 年《现象学的基本问题》（1927 年夏季学期讲稿）出版。1976 年《逻辑学——真理问题。1925/1926 年冬季学期讲稿》出版。1976 年 5 月 26 日逝世，28 日安葬于家乡梅斯基尔希。终年 87 岁。

三、海德格尔关于人的存在的形而上学态度

（一）重提"在"的意义问题

海德格尔是存在主义哲学的创始人和主要代表之一。他在《存在与时间》一书中曾引用柏拉图的这段话："当你们用'存在着'这个词的时候显然你们早就很熟悉这究竟是什么意思，不过我们也曾相信懂得它，但是我们现在却茫然失措了"。然后他说柏拉图当时指出人人都熟悉的"存在"的意思其实并没有人真正懂得。这个问题直到 2000 年后的今天还没有解决，而他就是要来重新提出并解决这个"在"的意义的问题。海德格尔阐述"在"的意义如下：

其一是已经具有的性质。也就是说，首先必须"在"，才有"在者"；绝不可能根本不"在"，就会有了"在者"。

其二是要解决"在"的问题，必须追溯到一种"在者"，这种"在者"在究竟成什么样子还不明确时它的"在"已经明确了。

海德格尔认为只有"我"是这种"在者"，只有"我"是在成什么样

都还不清楚的时候它的"在"已经恬然澄明了。因此，他认为"我"就是"在"，"在"就是"我"。往下，海德格尔就谈论"我"的"在"就是世界。这里，海德格尔思想的核心是：个体就是世界的存在。在所有的哺乳动物中，只有人类具有意识到其存在的能力。他们不作为与外部世界有关的自我而存在，也不作为与世界上其他事物相互作用的本体而存在。人类通过世界的存在而存在，世界是由于人类的存在而存在。海德格尔还认为人类处于予盾之中，他们预示到不可避免的死亡，死亡导致痛苦和恐怖的经验。他们不得不承认死亡是不可避免的，接着便是一切不复存在。我们的存在既不是我们自已造成的，也不是我们的选择。存在是强加给我们的，并将一直延续到我们去世。

（二）此在是谁

自身意识的问题作为哲学的一个核心问题，也是海德格尔无法回避的。对于人如何正确认识自己，这个古老的哲学问题做历史的考察自然是必不可少的。对此，海德格尔谨慎地说，人与自身的关系和人与存在的关系就在于，"人不仅被包含在'存在'之中，而且，'存在'需要人之本质。"[1] 即用人与存在之关系的思维模式来取代自近代以来便主宰着思维、并"把思维引入绝境"[2] 的主一客体关系思维模式是海德格尔哲学思考的中心议题。《存在与时间》中他就已经提出："人的本质是通过存在本身而从存在真理的本质（动词的）中得到规定的。"而"关于存在本身的问题是处在主一客体关系之外的。"[3] 海德格尔认为，对于此在的形而上学基本态度所必须具备的四个本质：第一"一、人之为人的方式和样式，亦即人之为其自身的方式和样式；自身性（Selbstheit）的本质方式，这种自身性绝不与自我性（1chheit）相等同，而是根据与存在本身的关联而得到规定

---

① M. Heidegger, WOmrken, Franlffurta. M. 1976, GA9. 中文本：海德格尔：《路标》，孙周兴译，台北：时报出版公司，1998 年，第 408 页。

② M. Heidegger, WOmrken, Franlffurta. M. 1976, GA9. 中文本：海德格尔：《路标》，孙周兴译，台北：时报出版公司，1998 年，第 405 页。

③ ［德］海德格尔：《存在与时间》，陈嘉映、王庆节译，北京：三联书店 1999 年版，第 226 页。

的。二、对存在者之存在的本质解释；三、对真理的本质筹划；四、人据之而在有些地方成为尺度的那种意义。"① 海德格尔强调这些要素中无论哪一个都不能与其他的要素分离开来理解，但每一个要素又都已表明某种形而上学的基本立场的整体。

我就是在，在就是，我的在就是世界。

（三）此在的本质是生存

海德格尔在《存在与时间》的第二十五节上提出"此在为谁?"的问题，试图对存在做进一步的规定。海德格尔赋予这个"此在"两种特征：一是在于它的"去存在（Zu - sein）"，用他本人偏爱的术语也可以说，它的生存（Existenz）。因而海德格尔有"此在的'本质'在于它的生存"的说法。而第二个特征则在于，此在总是"我的存在"，换言之，此在具有"向来我属性"（Jemeinigkeit）的特征，即"此在就是我一向所是的那个存在者。"②

在"此在是谁"这个问题中，"这个谁是我用自己、用'主体'、用'自我'来回答的。这个谁就是那个在变居不定的行为体验中保持其为同一的东西，就是那个从而同这种多样性发生关系的东西。在存在论上……我们把它领会为'Subjectum'（基素），这个基素作为自一者在形形色色的他性中具有自我性质"。③ "无世界的单纯主体并不首先'存在'，也从不曾给定。同样，无他人的孤立的自我归根到底也并不首先存在。……在世之际他人已共同在此"④。

只有从此在的去存在和它的向来我属性质双向维度，才能构成自我认

---

① ［德］海德格尔，《林中路》，孙周兴译，上海：上海译文出版社 2008 年版，第 90—91 页。

② ［德］海德格尔：《存在与时间》，陈嘉映、王庆节译，北京：三联书店 1999 年版，第 42—43 页。

③ ［德］海德格尔：《存在与时间》，陈嘉映、王庆节译，北京：三联书店 1999 年版，第 114 页。

④ ［德］海德格尔：《存在与时间》，陈嘉映、王庆节译，北京：三联书店 1999 年版，第 116 页。

识或此在分析的"唯一适当的通道"①。

（四）此在的自身敞开

海德格尔在《存在与时间》中批评对理论的自身认识会导致自我的物化和自我的失落两种后果。因此，他对任何形式的认识论抱有鄙视的态度。在海德格尔看来，此在对自己的自身理解绝不是传统认识论意义上的反思性、对象性"认识"，"这种'知'并不是从一种内在的自身感知之中才产生出来，而是属于此之在的，而这个此之在本质上就是理解。"②"实际此在活动于其中的这个自身理解看起来究竟是怎样的呢?"③ 海德格尔认为，它是通过"决断"（Entschlossen-heit）构成了"此在敞开状态"（Erschlossenheit）的一种突出样式。是此在"在最本己的能在中的自身理解"，即此在的"敞开状态的一种方式""除了自身理解以外，组建敞开状态的还有现身和言谈"④。海德格尔认为，此在的自身理解不是在内在的自身感知中进行，而是在事物之中进行的。"在事物之中"，并不是说此在"作为事物的一个块片现存于事物之中，或作为一个挂件或涂层现存于事物之旁"，而是意味着："此在源始地和持续地发现自己在事物之中"⑤。"每一个人都是他所操持和烦忙的东西。"⑥ "一个基本现象学的此在事实组成（Tatbestand）"⑦。"烦（Sorge）构成了此在的结构整体的整体性。"⑧

---

① [德] 海德格尔：《存在与时间》，陈嘉映、王庆节译，北京：三联书店 1999 年版，第 43 页。

② [德] 海德格尔：《存在与时间》，陈嘉映、王庆节译，北京：三联书店 1999 年版，第 144 页。

③ M. Heidegger, *Die Grundproblem der Phnomenologie*, GA 20, Frankfurt a. M. 1989, S. 227.

④ [德] 海德格尔：《存在与时间》，陈嘉映、王庆节译，北京：三联书店 1999 年版，第 295 页。

⑤ M. Heidegger, *Die Grundproblem der Phnomenologie*, GA 20, Frankfurt a. M. 1989, S. 226, S. 229.

⑥ M. Heidegger, *Die Grundproblem der Phnomenologie*, GA 20, Frankfurt a. M. 1989, S. 227.

⑦ M. Heidegger, *Die Grundproblem der Phnomenologie*, GA 20, Frankfurt a. M. 1989, S. 226f.

⑧ [德] 海德格尔：《存在与时间》，陈嘉映、王庆节译，北京：三联书店 1999 年版，第 236 页。

"人是从他所操持（betrieben）和烦忙（be-sorgt）的东西出发来日常地理解他自己和他的生存。""实际的此在从日常烦忙的事物出发理解自身，理解它的自己（Selbst）。"①

（五）"在世之中"

此在的存在原则上是一种"在之中"（ln-Sein）。海德格尔也将它称之为"此在的存在机制"。"'在之中'是此在存在形式上的生存论术语，而这个此在具有在世界之中的存在（ln-der-Weit-sein）的本质性机制。"②。"我们将我们周围的最切近的事物称作器具；这里始终含有杂多性：工具、驾具、量具，所有那些我们与之有关的事物。"③ 海德格尔曾举例说，在鞋匠铺里，鞋匠当然不是鞋子，也不是做鞋的工具。但鞋匠与他的周围世界却是统一地联系在一起的。这个"器具的整体统一"或"事物的器具联系（Zeugzusammenhang）"构成了我们的"周围世界"，称作"因缘联系"④。"在世之在"的方式规定着此在的生存，"在世之在属于此在的生存"。"我们之所以将'生存'这个概念保留给此在的存在方式，原因就在于，在世之在属于这个存在"⑤。这表明，"在之中"并不仅仅是"在之中"，而是既"在之中"，又"超越出之外"（ex-sisteren）。从"在事物之中存在"进而到"在世界之中存在"。

这里的"世界"是什么。海德格尔说，"对世界概念的澄清是哲学的最中心任务之一。"⑥ 海德格尔特别强调，在对世界现象的理解上，需要的不是"敏锐"，而是"无成见"。所谓"无成见"，就是"世界不是现存

---

① M. Heidegger, *Die Grundproblem der Phnomenologie*, GA 20, Frankfurt a. M. 1989, S. 227.

② ［德］海德格尔：《存在与时间》，陈嘉映、王庆节译，北京：三联书店 1999 年版，第 54 页。

③ M. Heidegger, *Die Grundproblem der Phnomenologie*, GA 20, Frankfurt a. M. 1989, S. 232. 在《存在与时间》的中文本中，"Ze"被译作"用具"。由于其中的"用"字实用色彩过重，在有些时候会限制"Zeug"的语义范围，它泛指"所有那些我们与之有关的事物"。因此这里改作"器具"。

④ M. Heidegger, *Die Grundproblem der Phnomenologie*, GA 20, Frankfurt a. M. 1989, S. 233.

⑤ M. Heidegger, *Die Grundproblem der Phnomenologie*, GA 20, Frankfurt a. M. 1989, S. 242.

⑥ M. Heidegger, *Die Grundproblem der Phnomenologie*, GA 20, Frankfurt a. M. 1989, S. 234.

的，而是生存着的，即是说，它具有此在的存在方式"，"只有当此在生存着的时候，世界才存在着。如果没有此在生存着，自然却可以存在"①。所以，世界可以是某种"合乎此在的东西"，② 世界与此在在相互不可分割的关系总体中生存着，即不断地超越着现有的关系。

（六）"向死之在"

《存在与时间》第二篇在分析存在的时间性时，海德格尔论述了"向死之在"。认为"向死之在"也是对"向来我属"性质的深化。"任谁也不能从他人那里取走他的死。"因此，"只要死亡'存在'，它依其本质就向来是我自己的死亡。死亡确乎意味着一种独特的存在之可能性，在它之中所涉及的全然就是向来自己的此在的存在。"③ "去存在"无法先行地把握死亡，因为死亡是无法被经验的。"究竟须在何种意义上把死亡理解为此在的结束？""结束是向终结的结束。""死亡所意指的结束意味着的不是此在的存在到头，而是这一存在者的一种向终结存在。死亡是一种此在刚一存在就承担起来的去存在的方式。"④ "去存在"同时也就意味着"去死亡"。"死亡在存在论上是由向来我属性与生存组建起来的。"⑤ 应验了古希腊人"人是必死的生物"这个"更为古老和更为深刻的定义"⑥。

（七）此在与良知

在《存在与时间》一书，海德格尔用专门的一章（第五十四节至第六十节）来讨论"良知"问题。

海德格尔以全新的角度考察良知，"从一开始就避而不走那首先摆在

---

① M. Heidegger, *Die Grundproblem der Phnomenologie*, GA 20, Frankfurt a. M. 1989, S. 239.

② M. Heidegger, *Die Grundproblem der Phnomenologie*, GA 20, Frankfurt a. M. 1989, S. 237.

③ ［德］海德格尔：《存在与时间》，陈嘉映、王庆节译，北京：三联书店 1999 年版，第 240 页。

④ ［德］海德格尔：《存在与时间》，陈嘉映、王庆节译，北京：三联书店 1999 年版，第 240 页。

⑤ ［德］海德格尔：《存在与时间》，陈嘉映、王庆节译，北京：三联书店 1999 年版，第 240 页。

⑥ M. Heidegger, *Die Grundproblem der Phnomenologie*, GA 20, Frankfurt a. M. 1989, S. 224f.

良知解释面前的道路：把良知引向到知、情、意这些灵魂能力之一或把它解释为这些能力的混合产物"，而是"追溯到其生存论的基础和结构之中"，并提出一种先于并有别于以往哲学、心理学、生理学、神学等等传统良知解释的"存在论良知分析"①。海德格尔的良知概念与现身、领会、言谈、沉沦、畏、烦、常人、决断、罪责等等概念交织在一起。决定此在自身展开的两种可能性："要么它向着它本身的种种可能性筹划它自己，要么由于混迹于常人而听任公共解释事情的方式来向自己提供这种可能"②。这就是对自己的倾听和对常人的倾听。对常人的倾听意味着："此在迷失在常人公论与闲谈之中，它在去听常人本身之前对本己的自我充耳不闻。"良知在这里所起的作用在于，通过它的呼唤，打断此在对常人的倾听，将注意力转回到此在自身。"这样一种打断的可能性在于直接被呼唤。"这里的所谓"呼唤"，便是海德格尔所说的良知的呼唤：它将此在对常人的听唤回到对自己的听。"以这种方式呼唤着而令人有所领会的东西即是良知。"③

"良知呼唤了什么"？ "呼声不付诸任何音声。它简直就不付诸言词——并且始终可以说是晦暗不定的。良知只在而且总在沉默的样式中言谈。"④"良知向召唤所及者呼唤了什么？严格说来——无。呼声什么也没有说出，没有给出任何关于世间事务的讯息，没有任何对象可以讲述"呼声不报道任何事件"。"呼声不是把被召唤者唤入常人的公众闲谈中去，而是从这闲谈唤回到生存的能在缄默之中。"⑤"呼唤者与平均常人不亲不熟，

---

① ［德］海德格尔：《存在与时间》，陈嘉映、王庆节译，北京：三联书店 1999 年版，第271、268—269 页。

② ［德］海德格尔：《存在与时间》，陈嘉映、王庆节译，北京：三联书店 1999 年版，第270页。

③ ［德］海德格尔：《存在与时间》，陈嘉映、王庆节译，北京：三联书店 1999 年版，第271页。

④ ［德］海德格尔：《存在与时间》，陈嘉映、王庆节译，北京：三联书店 1999 年版，第273页。

⑤ ［德］海德格尔：《存在与时间》，陈嘉映、王庆节译，北京：三联书店 1999 年版，第273—277 页。

所以传来的像是一种陌生的声音"①。"良知在根基上和本质上向来是我的良知"。而所谓的"世界良知"或"公共良知"只是此在的"可疑的发明"②。

良知作为此在的自身决断，并不是把自身与世界隔离，"决断作为本真的自身存在并不把此在从其世界解脱，并不把此在隔绝在一个自由漂游的自我之上。决断之为本真的展开状态无非就是本真地在世，它又怎会去解脱、隔绝？决断恰恰把自身带到当下所有烦忙地寓于上手事物的存在之中，把自身推到有所烦神地与他人的共在之中。"③

---

① ［德］海德格尔：《存在与时间》，陈嘉映、王庆节译，北京：三联书店 1999 年版，第 277 页。

② ［德］海德格尔：《存在与时间》，陈嘉映、王庆节译，北京：三联书店 1999 年版，第 278 页。

③ ［德］海德格尔：《存在与时间》，陈嘉映、王庆节译，北京：三联书店 1999 年版，第 298 页。

第五章　萨特《存在与虚无》的人道主义忧患

一、版本目录和内容结构

萨特的存在主义思想曾经风靡一时，这主要由于其代表作《存在与虚无》中的个别命题引起了人们、特别是青年人的共鸣。但是，正如 L. J. 宾克莱在《理想的冲突》一书中曾经说过的，"在我们这个世纪的思想家中，他大概是被人们引述得最多，而又被人们了解得最少的人。"今天，青年人对于萨特存在主义的狂热崇拜，仍然需要全面理解其思想、观点和社会历史背景，而不能一鳞半爪地盲目信从。

（一）《存在与虚无》一书最早出版于 1943 年，扉页上写着：

献给

卡斯道尔

注：卡斯道尔（Castor 法文原意为海狸），这是萨特对他终生伴侣西蒙娜·德·波夫瓦的昵称。

（二）中译本目录

中译本前言

中译本修订版说明

2007 年中译本再版说明

导言　对存在的探索

一、现象的观念

二、存在的现象和现象的存在

附录：

　　萨特生平、著作年谱

　　主要术语译名对照在（法—汉）

（三）中文翻译、修订、再版

1. 1986 年最早中译本前言节选

《存在与虚无》一书是根据 Gallimard 书店法文 1981 年版翻译的。萨特在法国是一位比较特别的哲学家，他的哲学受到德国哲学深刻的影响，比一般法国哲学家的哲学著作要晦涩得多。因此，《存在与虚无》在法国人看来也是一本相当难读的书。哲学著作的翻译第一要求的是准确，为忠实原义，我们基本上采取了直译的方式，因此，我们的译文读起来也就显得不是那么流畅。当然，译文不能令人满意，更重要的原因也许在于我们的外语、翻译及哲学理解力水平太低。虽然如此，我们在翻译过程中为揣摸他的许多概念术语的意思，实在也花了不少脑筋。尽管是直译，翻译总是一种再创造，因此，里边总是包含着许多我们自己的理解。为了帮助读者理解译文，进而理解萨特的原义，我们想，把翻译中遇到的一些比较特殊的词抽出来，说明一下为什么对它们这样翻译，也许不是多余的。

　　萨特的哲学中有一些术语原本是一些很普通的词，但他赋予那些词一些特定的含义，这样一来，当我们也以一些比较普通的概念来翻译时，发现就不能很好表达他的意思了。有些法语中的近义词，用中文表达时不好区分，即使字面上区分了一下，那种微妙的差别仍难显示出来。除尽力在译文中作了努力之外，有些实在难办的，也想在此作些说明，尤其是有些术语还是相当关键的。还有些词中文连字面也不易区分，只能靠上下文去理解，也是必须交待清楚的。另外，任何民族都有些词是在他国语言中找不到对应概念的，对这种情况，我们或以意译，或索性创造一些新概念，虽然有不少弊端，但在解释之后也许更利于理解原义。

　　……

　　本书的翻译工作始于 1980 年，参加初稿翻译的有陈宣良、何建南、罗国祥、于问陶诸同志，后由陈宣良统一加工整理成稿，并由杜小真统校定稿。全书的追译工作前后几历六年，并数易其稿，但尽管如此，缺点错误仍在所难免，恳切希望广大读者提出宝贵意见，以便本书再版时作进一步修订。

2．1996 年中译本修订版说明

《存在与虚无》中译本第一版于 1986 年出版。

十年后的今天，值再版之际对全书译文作了校订，补正了某些遗漏，对一些译名按当今通行的译法进行修改，书中法语和德语原文的错误也一一作了修改，并补加上原书的页码，以利读者查阅。在修改过程中，力求译文离原义更贴近，在理解上更顺畅。尽管如此，难免还会有不当与疏漏之处，恳切希望读者及有关专家批评、指正。

杜小真

3．2007 年中译本再版说明

1996 年《存在与虚无》中译本修订本出版，距初版时间整整十年。今年此译本再版，又一个十年过去了……

这十年中，国内外对于萨特及其哲学思想的研究都有相当的发展。特别是在 1995 年，为纪念萨特百年诞辰，法国国内及其他许多国家都为之举办了不少会议、讲座并出版了大量相关的翻译、评述和研究成果，这一切都使我们对萨特的《存在与虚无)），这部却世纪法国哲学最重要的著作之一，法国现象学的奠基之作有了更加深入的理解和思考。

借再版之际，我们对在引用、交流和教学中发现的一些疏忽和不当之处进行了补正和修订。对一些现在现象学（主要是德国现象学）汉语翻译中一些与我们不同的译名，有些我们采用了，但有些保留了我们的原译，主要考虑到萨特本人所代表的法国现象学的一种倾向，对德国现象学有着自己的独特的哲学思考和接受角度，我们在必要时作了说明。当然在处理这些难题的过程中，肯定还存在着不少问题，诚恳希望同行及读者批评，指正。在此，也向在参加"（（存在与虚无》讨论"课的北大哲学系的几届研究生们表示感谢，是他们的参与得以不断促进译本的修正和完善。也希望继续得到同学们的各种讨论意见和不同看法。

《存在与虚无》中译本的前几版的责编是我们的同事、朋友王炜，他

离开我们已经两年了，借此机会表达我们对他的哀思和怀念。《存在与虚无》中译本，会让我们总是想起他，想起那时候支持和帮助这个译本的朋友……

北京大学外哲所法国哲学研究中心　杜小真

（四）基本内容结构

1. 导言：对存在的探索

在本书的第一部分，萨特明确了他对存在思考的起点，提出了存在的两种不能互相还原的存在形式：对意识来说超越的存在和意识本身。

萨特的存在理论的逻辑出发点是现象。在萨特看来，胡塞尔"从实事本身出发"的思想，把"存在物还原为一系列显露存在物的显象，这是一个很大的进步"。萨特认为，他所要依据的现象不是传统意义上的现象，而是纯粹现象学意义上的现象，但又避开了胡塞尔的"心理现象"和"物理现象"的对立，因此是对意识显现的东西。所以这是脱离了"外"和"内"、"存在"和"本质"的二元对立的现象："现象的存在表现自己的本质与存在、现象理论的第一个结果就是：显现并不把存在推向康德的本体论的现象。因为现象的后面什么也没有，它只是揭示了它自己。"（第14页）从这种现象观点出发，萨特进行"存在的现象"和"现象的存在"区分。他认为只有存在的现象才是本体的，因为消除"显现"和"存在"之间的二元对立，那"显现'就不需要任何其他东西作为依托和支撑，也无需什么中介。"存在的现象"只有在显现时才存在，而"现象的存在"则是未被揭示的存在，也就是说未被显露为现象的存在，等待被揭示的东西。"现象的存在"不能还原为"存在的现象"。这表明萨特还是承认有一个脱离人的意识之外的存在。

导言部分的另一个重要观点是建立在对现象的本体论分析基础上的"反思前的我思"。萨特发挥、深化胡塞尔的意识的意向性的思想，对笛卡尔的"我思"进行了改造：自我意识是认识性意识成为其对象的认识的必要而又足够的条件。根据胡塞尔"任何意识都是对某物的意识"的重要思想意识的对象就不是物，"意识是对某物的意识"意味着意识是对"反思对象的意识"的意识，萨特称之为"反思前的我思"。它比反思的我思更优先，更根本，哲学只有由此出发才站得住脚，它不是物质的产物，而是一个虚空、干净、本来就存在着的意识，它是第一性的，被一个异于自己的存在支撑着。

"自在的存在"的概念就是由面对意识的本体论证明引出的：意识是作为一个存在的"被揭示—揭示"而产生的，这个存在的显现被意识揭示，也揭示了意识的存在。这个存在不是意识，而且在意识揭示它之前业已存在。这就是"自在的存在"。自在的存在可以用三句话来概括："自在的存在'是其所是，"自在的存在"存在，"自在的存在"是自在的。在本书中阐述"自在的存在"的部分篇幅很小，萨特最关注的是"自为的存在"及其与"自在的存在"的关系。从"显现"出发，萨特提出了两种类型的存在。他要解决的问题是：这两种存在的深刻的含义是什么？为什么这两种存在都属于一般的存在？这种自身中包含着截然分离的存在领域的存在的意义是什么？如果唯心主义和实在论都无法揭示那些事实上用来统一那些确实无法沟通的那些领域的关系，能够给这个问题提出别的解决办法吗？现象的存在如何成为超现象的？正是为了回答这些问题，萨特写下了《存在与虚无》这本书。

2. 虚无的起源

在这一部分中，萨特以他的现象学的意识论去进行本体论的探索。意识在这种探索中发现了否定的基础，这个基础标志着否定特点的所有虚无化的基础。萨特首先对存在进行质疑。对存在的提问提供一个否定回答的可能。问题就变成了架在两个非存在之间的桥梁：对人是知的非存在，对"自在的存在"则是非存在的可能性。因为提问者并不知道回答是肯定的还是否定的。这样的提问说明我们是被虚无包围着，实际上是非存在在制约着我们。当然，在"自在的存在'中并不包含着否定，但只要和意识发生关系，比如意识对它提出问题，那就确立了一个否定的也就是非存在的基础。而虚无就是提问的最初的条件，为了提问，就必须有否定的可能，能够说"不"的必要条件就是：非存在永远在我们之中和我们之外出现，就是虚无纠缠着存在。

萨特在对黑格尔和海德格尔的虚无思想进行考察和批评之后，阐述了自己的有关虚无起源的观点：为了有提问，必须有否定的可能性。为了在世界上有否定，为了能对存在提问题，就应该以某种方式规定虚无。虚无，这种存在具有一种性质，能使虚无虚无化，能用它的存在承担虚无，并以自己生存不断支撑虚无，通过这种存在，虚无来本身的性质决定它并不存在，它是"被存在"（第52页），它不可能自我虚无化，必须要有一种存在（不可能是自在的存在到事物中。就是说虚无由之来到世界上的存在应该在其存在中使虚无虚无化。而这种存在也就是它自己的虚无。这种要求通过虚无化（对自身和世界）去追求存在（自在的存在）的存在的脱离，就是人的过程。人就是使虚无出现在世界上的存在。这也说明，人的实在不是要消灭"自在的存在"，而是要改变他与存在的关系。对人的实在而言，把一个对象置于存在之外，就是让自己置于这个存在物的圈子之外，这时，人的实在就逃离了这个存在物，在能及范围之外，他就不能在自身上面活动，而是通过虚无而逃离。这里，就是萨特的自由的最初起点："人的实在分泌出一种使自己独立出来的虚无，对于这种可能性，笛卡尔继斯多葛派之后，把它称作自由。"自由其实就是虚无的虚无化所需的必要条件。

萨特由此发现，意识其实就是对虚无化的意识，意识的永恒样式就是意识。而自由是意识的存在，那意识就是对自由的意识。虚无把意识和动机分离开，意味着虚无把人和他的本质隔开了。人总是把过去（本质）留在后面，意识的活动不断地流动去建立本质，本质不是依据和靠山，而是成为了要求，就是不得不作为的要求。

但是，另一个问题提了出来：人是虚无由之来到世界上的存在。虚无把他和他的本质隔开，所以人并不是绝对的虚无，他还是变成存在的虚无。这样就引出了"自欺"的问题。"自欺"是意识将否定引向内部的结果："最好是选择并检查一种决定了的立场，它对于人的实在是根本的，同时像意识一样，不是把其否定引向外部，而是把否定转向自身，这种立场在我们看来应该是自欺。"（第81页）自欺不是自我欺骗，也不是无意识，而是一种意识的统一：最初有一个意愿，然后有一个自欺的谋划，可以用于理解自欺掩盖下的本来面目，并引出对意识的反思前的把握。而这个把握就是自欺的过程。实际上，在这个过程中，骗者和被骗者是一个人，欺骗和被欺骗是同时发生的，是一个没有二元性的"谎言"。

三、自为的存在

"自为的存在"和"自在的存在"相反，它是指人的意识的存在，它是以对"自在的存在"的内在否定来规定自身的。萨特是从三个方面来论述"自为的存在"的。

1. 自为的直接结构

A. 意识是自为的内在结构

自为的存在就是意识面对自我的在场。意识不能与自身重合，它是存在的减压。意识由于就是自己虚无化的能力，就是它固有的存在方式的原因，但没有任何东西是意识的原因，所以，意识在其存在中既不能被异于自己的东西解释，也不能被自身解释。"自力的存在是自我规定自己存在的，因为它不能与自身重合。"（第 117 页）由此而来的结论是：人是虚无由之来到世界上的存在，意识于是成为自为的存在即人的内在结构。

B. "人为性"是自为的外在结构

萨特借用胡塞尔和海德格尔的"Faktizitat"这个术语说明自为的存在的外在结构：人是"存在的虚无"，又是变成存在的虚无。自为不断地存在着，不断地显现，在消失之前无限地成为"自在"，也就是说从外部把握这个自为，意识就在"对某物的意识"时，成为对事物的某些"观点"，事物从而就有了规律或必然性，有了规定。意识与事物的关系就使意识成为与事物同类的存在，这种存在就表明了人的外在结构，就是"人为性"。

2. 时间性

自在的存在是脱离时间性的，而自为的存在是在时间化的过程中实现的。萨特对三维（过去、现在、将来）时间的现象学进行分析，目的是要达到对时间性的整体直观。"过去，就是我作为超越物所是的自在"（第166 页）。"现在不存在，现在的瞬间源于自为的一种正在实现的、物化的概念"（第 172 页），现在不是其所是（过去），又不是它所不是（将来）。而将来，则是现在朝着它超越的可能，它永远在人的前方，等待他去实现。所以这将来的"现在'实质是一种作为将来的虚无，在它过渡到显现出来的"现在"状态时，它的实现就变成了虚无。这就赋予作为整体结构的时间性以应有的意义。萨特又结合静力时间性和时间性动力学分析表明：自为只能以时间的方式才能存在。自为的存在是像"犹太人散居"（diaspra）那样分散在时间性的三维之中而又统一在这个结构中。这也标志着虚无化的原始意义：自为不是其所是，是其所不是，而在永恒的回归中的统一中是其所不是又不是其所是。任何自为都是按照这三个维度存在的。

3．超越性

萨特对超越性的阐述是要解决人的实在的现象的存在和自在的存在的原始关系的问题。人的自我虚无化的能力就是能够认识一种欲望、未来的可能性，这就是人的自由、这种凭借"可能'不断地超出自身，而且在虚无中永远不可能得到或停止他的本质的运动就是超越性。而超越运动是自为趋向自在的过程，这个过程是由认识来实现的。

自为没有任何方法去确立自在，自在也不能自己向自为显现，因为它本身是不维系任何关系，这个任务就由认识来承担。"认识，就是实现这个词的两个意义：使世界上有存在，同时成为这个存在反映的否定：否定就是实现。我们把在规定了在其存在中的自为时揭示了自在的那个内在的而且有实现着的这种否定称为超越性。"（第 242 页）而因为我就是对自在的否定，世界性、空间性、量、工具性、时间性来到自在的存在。所以认识自在的只能是有意识的自为。由于自为是异于自在的，它又不懈地追求理想的自在，这种自为与自在的统一是永远不可能实现的。

四、我和他人

1．他人的存在

"我们的身体——其特性即本质上是被他人认识的：我认识的东西就是他人的身体，而我关于我的身体所知道的主要东西来自他人认识它的方式。"（第 289 页）我的身体就把我推向了他人的存在和我的"为他的存在"。这是研究人与存在关系中不能不注意到的我的存在的新结构。

　　萨特首先批评了实在论以及胡塞尔、黑格尔和海德格尔有关他人的思想。实在论把他人看作是实在的物，是思想实体。胡塞尔的先验自我没有脱离唯我论，仍然没有脱离人与他人的认识关系。黑格尔比胡塞尔进步（虽然从生平年代他先于胡塞尔），他的"主奴关系"已经明确"我在我的存在中是依赖于他人的"。但是萨特认为他还是犯了认识论和形式上的乐观主义的错误，没有看到别人的内在性的存在本身的超越性。海德格尔在萨特看来，虽然提出了"存在"的关系，但把人与人之间的关系看作"共在"，这还是一种抽象的关系，还是类似于康德的主体的抽象的本体论基础。

　　而萨特认为他的他人的思想是从存在出发的。他把他人与自为的存在的关系视作存在与存在的关系，而不是认识的关系。他人的存在造成了以我为中心的世界分裂，这样"意识的多样性"就造成了冲突和纷乱。而他人和我发生关系是通过"注视"，我在他人的"注视"下，我会感到自身的异化，我变成了为他的存在，但我却永远不能化归于他人，反之亦然。所以人与人之间的冲突是永存的。如果拘于他人的注视，过于注重别人的评论，那就会成为别人的受害者，他人就是地狱。这说明改变自己的行为、打碎他人注视的威胁去争取自身的解放是多么重要。

　　2．身体

　　身体在萨特那里是紧密相关于"他人"的思想，是从存在论出发的。他的出发点是身体和心中的心都不是知识性的，不是理性抽象的功能。我对我的身体永远不能有一种对象的认识，它只有在"为他人"时才能成为对象，成为一个"为他的存在"。存在论的身体三维是：我使我的身体存在，我的身体被他人认识和使用，他人对我表现为我对其而言是对象的主体。这样的身体三维的描述确定了他人与我的基本的原始关系。

　　3．他人的具体关系

　　萨特以人对他人的"性"态度作为基本模式，具体地阐述了我与他人关系的类型。因为萨特认为性的态度是与他人关系的基本原始的行为，其中包含着"他人的存在"的原始偶然性和自为的"人为性"的原始偶然性。而人与人之间的许多复杂性都是这些原始行为的多样化。

对待他人的第一种态度是：爱情、语言和受虐色情狂。萨特认为爱情是一种意识活动，因为爱情远远不止是纯粹肉体的占有的情欲，所以很难成功和满足，我和他人都是自由的，从这个意义上讲，其实爱情就是冲突。而受虐色情狂这种极端的态度就是要谋划使自己被他人吞并，并且在主观性中消失以便使我摆脱我自己的主观性。这种态度最终归于失败。

对待他人的第二种态度：冷漠、情欲、憎恨、性虐待狂。作为这种态度的极端性虐待狂要求的是一种非相互性的关系，要充当一个自由的占有的权利的存在，把他的对象完全当作一种工具，用痛苦来显现这个对象的肉体。这种态度和第一种态度一样是归于失败的。

有关对待他人的具体态度的例证，中心的一点就是要说明自为与自为之间存在着不可调和的矛盾。一个自为与另一个自为发生关系时，要么就是甘心成为对方的客体，要么就是反过来注视别人的注视，进行反抗。但无论哪一种态度，都不能真正把两个自为化为一体，既不能完全被对方占有，也不能完全占有对方，我与他人的关系不是和谐的"共在"，而是"冲突"。

为了使我与他人的关系的理论更加完善，萨特进一步提出了"我们"的问题。"我们"是我与他人关系中的某种特殊的经验，是在特殊情况下，在"为他人的存在"的基础上产生的，为他人的存在先于并建立了与他人的共在。萨特认为存在着两种完全不同的"我们"的经验：在第三者注视下，我与他人发生关系时的"对象一我们'，以及在一些个人的集体活动或集体劳动中形成的"主体一我们'。这两种经验之间没有任何对称性，前者揭示的是人的实在的存在一维，是对"为他的存在"的原始体验和单纯的多样化。而后者是在社会历史的世界中个体所实现的心理学的体验，只是一个纯粹的主观经历。所以"我们"的经验，尽管是实在的，却无法改变我与他人之间关系是"冲突"的结论。人的实在无法摆脱这两难境地：或超越别人或被别人超越。意识间的关系的本质不是"共在"，而是"冲突"，这是自为的宿命。

五、拥有、作为和存在

这一部分是《存在与虚无》最重要的部分，萨特认为前面的四部分的长篇论述，其实都是要归结到这一部分的中心问题上来，那就是"人的自由"的问题。由于对自身、他人的体验以及自为本身都是由行动决定的，所以行动的永恒可能性就应被视作自为的本质特征，萨特由此阐发他的自由的理论。

1. 存在与作为：自由

行动对于人类现实来讲，就是与世界保持一种基本的关系，就是通过行动超越世界的简单稳定的决定论以在世界的物质性中改造世界。人的实在是一个能实现与世界以及自身的虚无化脱离的存在。这种脱离的永恒可能性和自由是一回事。而决定人的存在的就是他自己的虚无化，所以自由和这种虚无化也是一回事。人是自由的，就是因为他在行动中表现出来的不是他自身，而是一个对自我的在场，他总是要超越。人的存在应该归结于行动，而行动的首要条件就是自由，那么人的存在就是自由。由此，"人的存在先于人的本质，并使人的本质成为可能"。

行动就是选择的行动，自由就是选择的自由。自由是绝对自主的，所以只能在自我选择中存在。人的自由之为自由，仅仅因为人的选择永远是自由的。而这种自由不是康德的"心智特征的选择"，而是现象性的、绝对自由的选择。但是应该指出，萨特在这里论述的自由并非像有的评论所说是任意的，无法无天的，为所欲为的，萨特是要说这些理由和根据是与自由选择的行动一起爆发出来的，就像自由表现为动机、动力和目的的整体一样。"诚然，我的每一个活动，哪怕是最小的活动，都是完全自由的，但是这并不意味着它可以是任意的，甚至也不等于说它是不可预测的。"（第565页）自由通过自由选择的行动显现出来，并不隐藏在任何东西的后面，与存在一起显现。

所以，萨特的自由的本体论的特点可以概括为以下几点：

A．人的存在不是应该归于作为。存在就是行动，停止行动，就是停止存在。

B. 人对行动的规定本身就是行动，行动的存在就包含着它的自律。

C. 行动是有意向性的，是被意向规定的。

D. 由于意向是对目的的选择，而且世界通过我们的行为被揭示，所以对目的的意向性选择揭示了世界，世界根据选定了的目的被揭示为这样或那样的。

E. 行动是与给定物决裂，而人在与给定物决裂时，在非存在照亮给定物的时候使世界有了给定物的存在。

F. 揭示只在虚无化范围内显现的给定物的必然性是内在的否定。自由之所以是自由仅仅是因为选择永远是无条件的。

G. 自由选择是荒谬的。因为自由是对自己存在的选择，但它又不是这个存在的基础。

H. 对自由的谋划是基本的，因为它就是我的存在。

自由实质上就是选择行动的自由。但有时候人们会感到自己的自由受到不同程度的限制，有时候选择同样的行动却会得到不同的结果。这就引出了处境以及处境与自由的关系问题。因为，每个人都是从处境出发进行自由选择的，选择的自由是绝对永恒的，但选择的自由和得到的自由是不同的，有些东西人们可能永远得不到，但却永远可以自由选择。不能不自由选择实际上就是对自由的限制，而不能够不存在则是自由的偶然性。自由和处境是不能分开的。没有处境，就不会有自由，而如果没有自由，处境就不会被发现。

自由限制的根据——处境——是以五种不同的方式显示出来的：

A. 我的位置，即指人的住所、人所处的地点等。当自由提出目的时，自由本身使得我们所在的位置对我们的计划显示出是可克服的还是难以克服的阻力，关键在于自由选择的起点。

B. 我的过去，这是指每个人拥有的业已成为既定历史的东西。过去不可补救，过去是通过我的存在得到意义并且来到世界。可以说是在我的自由选择的目的指引下选择了我的过去。

C. 我的周围，这是指我周围的物——工具，包括它们的敌对系数连同它们的工具性。它们是我周围的与我相异之物。它们的显现依靠我的自由选择的计划，由于我的自由选择的计划，它们或赞成或反对我。

D．我的邻人，我生活在一个受到邻人（他人）纠缠的世界中，这个世界已经在我选择之前拥有归结到作为参照中心的他人的意义。但他人并不限制我的自由选择。他人的自由对我的自由的限制，说到底只不过是把我的自由与他人的自由区别开来。

E．我的死亡，死亡并不是人生的期待。死亡是一切可能的不可能，是对一切选择的否定。死亡是荒谬、偶然的，实际是生的一种方式是对自为的存在的否定和虚无化，但它是从外部来到我们中间的。如果没有他人，我永远不会认识"死"，自为永远不会遇到它。它是作为限制的处境，但自由永远不会碰到这个限制，它把生命改造成为别处的一种命运，"我是个自由的必死之人"（第681页）。

总之，处境不能阻止人自由选择，人在处境中是绝对自由的。自由赋予处境以意义，而不是处境决定人的自由选择。所以，人是选择的绝对"作者"，他必须对自己的行动的结果负完全的责任。萨特描述的自由是作为的自由，否则理念的自由就永远是一个词。处境和自由的紧密结合，揭示了"作为"的深刻的意义，赋予自由以伦理意义。可以说，萨特描述的是处境的伦理化。也可以说，整部《存在与虚无》的目的都是为着论述这人在处境中的自由。

2．存在的精神分析法

在这部分，萨特主要是要考察自由选择行动的目的问题。要规定这个自由的计划为了目的在它与存在之间建立其什么类型的关系。

萨特首先批评了经验心理学的错误，因为它断言个别人是被他的各种欲望定义的。这实际上就逃避了超越。通过经验的观察确立一堆意向而给人下定义的途径也是行不通的。也就是说，应该避免罗列行为、意向和偏好，而是要辨认它们，而且对它们提出疑问。这就是存在的精神分析的方法。

存在——精神分析法的原则是：人是一个整体而不是一个集合。他在他的行为即使是最没有意义和最表面的东西中都完整地表现出来。没有任何一种人的行为不具有揭示性。

存在——精神分析法的目的是辨认、揭示人的经验行为，要了解被揭示的自由选择的行为。这表现了萨特哲学的现象学描述的特点。

存在——精神分析法的出发点是经验，他的支点是人对个人拥有的前本体论的和基本的理解。它不是理智活动，也不同于认识和反思，任何向着一个目的对自我本身的谋划的行动都是可以理解的。

存在——精神分析法还是比较的方法。每一个人的行动都以自己的方式象征着需要揭示的选择，同时这些行动又在机遇和历史的偶然性的特点下掩盖着选择。通过精神分析法对这些行动的比较，使每个行动独有的揭示迸发出来。

存在——精神分析法实际上借鉴了弗洛伊德的精神分析法，主要是"逆溯"的经验分析的方法。但又与弗氏的精神分析法有很大的不同，主要一点是萨特坚决地否认潜意识的存在，认为这两者是自相矛盾的，意识到并不等于被认识。而且性欲在萨特看来并不是原始的谋划。

欲望是可以还原的，欲望就是要"拥有"，欲望的"作为"就还原为"拥有"的手段。

所以，萨特的人是意识，是一个直观的中心，这个中心引起了自发的选择，这个选择向着一个意义超越。本体论就是要在这个过程中明晰人的实在与存在之间的关系。本体论就使存在——精神分析法得以解释根据选择而行的人的行动，又使得一种主动自发的选择与一个真实选择之间的相通成为可理解的。人为了自我认识，就必须自我造就，而为了自我造就，就必须自我认识，每一种认识都意味着行动。只有用存在——精神分析法追溯到用这种方式进行的选择中才可真正理解人。而人只有在承担了这个选择的全部责任时才能赋予他的行动以意义。

3．对自由的道德描述

在《存在与虚无》的结论部分，萨特进一步明确了他的基本哲学立场。在本书第四部分萨特已经把他的本体论定义为"对于被看作整体的存在着的诸多存在结构的解释"，本体论就是对在世存在整体的各种结构的描述。本体论不能亲自表述出一种道德律条，所以他最终是要描述面对处境中的人的实在要负起责任的伦理意义。

在本体论的层面上自在与自为的关系不是互相独立的，而是自为通过内在关系与自在发生关系且努力要去构成理想的整体。如果没有自在就不会有具体的自为。而人就是不断企图要成为作为这个整体的"上帝"的存在，就是"自为的自在的存在"，就是说人的实在和他要成为的自因的存在之间没有共同的尺度，每个人要成为的上帝不同，每个自为的虚无化过程也就不同，统一的人类价值是没有的。人本身就是一个道德主体，就是各种价值赖以生存的那个存在。所以，存在——精神分析法就是要揭示：人就是要追求成为自在与自为综合为一体的存在。人的过程就是对理想目标的追求和超越，就是自为向自在的整体化过程。

萨特最后指出，真正要解决有关自由的各种问题，只有在道德的基础上找到答案。萨特预告他将要专门写一部这样的著作，但他始终没有完成这个在此已预期的著作。

二、现象学本体论思想

（一）特殊生平的自觉体认

让－保罗·萨特（Sartre, Jean-Paul），1905 年生于巴黎，法国著名哲学家、戏剧和小说家。童年时代很不幸。出生就患了严重的肠炎，几乎因此而丧命，九个月就被强行断奶。一年多又死了父亲，身无分文的母亲只好带着他回到了她父母的身边，开始了他在"一个老人和两个女人中间"的长达十年的孤独生活。他敏感、孤独，除了书籍，没有任何童年的伙伴。当他在卢森堡公园里看到那些活泼、健壮的孩子们在游戏时，他惊呆了，他不能不感到自己的弱小，而当他呆立一旁根本就不为人所注意时，他更觉得自己是一个"更低层次的人"，一个被排除在生活之外的局外人。没有象征权力的父亲的管束，只有外祖父的宠爱，不愁吃，不愁穿，这在一般人看来是美妙的生活，然而，这种人生是偶然的，多余的，既没有人在盼望他，也没有什么事情等着他去做。巴黎高等师范学校毕业后，又到弗莱堡大学进修。

在德国占领法国期间，他是著名的地下抵抗成员。两次世界大战，给萨特思想上的痛苦增添了更多的人生忧患意识，加深了他对于人生、社会恶心和厌恶的情绪。他拿起手中的笔，写了许多小说、戏剧等，声讨法西斯主义的罪恶，呼唤人的尊严和自由。例如，《通向自由之路》、《恶心》、《苍蝇》、《没有出路》等。甚至以政论文形式直面德国列强的疯狂，《沉默的共和国》中描述到：我们从来没有比德国统治时期更为自由的了。我们失去了自己的权利，首先是讲话的权利，我们每天当面受到污辱，还不得不忍气吞声。我们在种种借口之下比如说由于是工人，犹太人或政治犯，而被统统放逐。在广告栏目里，在报章中，在银幕上，我们到处都能看见镇压者想让我们接受的那种关于我们的令人作呕而又毫无生气的图画。而正是因为所有这些，我们是自由的，由于纳粹的毒液渗进我们的脑海，所以对每一个精确的思想都是征服。正因为强大的警察当局试图使我们保持缄默，所以我们说出的每个字都具有原则宣言的价值。也正因为我们被追捕，所以我们的每一个姿态都具有庄严承诺的分量。……流放，监禁，特别是死亡（在较为好过一些的日子里，我们一般避免正视它），对我们来说已经成为习以为常的事情。我们认识到，这些并不是在所难免的意外事件。甚至也不会总是发生的，不可避免的危险。我们必须把它们看成是我们的命运本身，我们的定数，我们作为人在劫难逃。我们无时无刻都在理解"人固有一死"这句老生常谈的整个含义。我们每个人对其一生所作的选择都是真正的选择，因为我在此指的并不是我们中间的优秀分子——那些真正的抵抗者，而是那些在四年中日日夜夜每时每刻在回答"不"的所有法国人。

　　由此可见，童年的孤独遭遇和青年时代的民族遭遇，使他的内心充满了对人生、社会的沉思和反省。萨特于1939年开始计划写作《存在与虚无》，1941年秋开始动笔，1943年初就完成了这一巨著，当年夏天即出版发行，或许是由于当时的局势，它没有立刻引起人们的注意。直到1945年萨特才成为新闻人物，无论是赞成还是反对，萨特的存在主义哲学一时成为人们议论的中心。特别是面对批评者的责难，1946年萨特发表了《存在主义是一种人道主义》的文章为自己辩解。萨特认为，批评者说他的存在主义鼓励人生采取无所作为的绝望态度，强调了人生处境的阴暗一面，描述卑鄙、肮脏、下流的事情，而忽视某些具有魅力和美并属于人性光明一面的事情。面对这些批评，萨特说，一个以恶心的心境，面对存在的人要比根本不去遭遇存在，不敢正视存在的人好。

事实上，萨特的存在主义哲学及其文学、理论诸多方面的思想，道出了资本主义制度、法西斯血腥镇压和统治下，每个个人内心的呐喊。所以，1980 年萨特去世后，许多人为之而痛苦，安葬当日，巴黎街头成千上万的人冒着大雨为他送行。

（二）以孤独的个人存在为思考基点

"存在就是人们可以从疏远中想出来的无：这必定会突然把你淹没，这始终在你之上，这像一个巨大的、不活动的野兽一样沉重地压在你的身上——此外，这里什么都不存在。"这是法国存在主义的重要代表人物萨特对于存在的揭示。

存在主义者一般总是把"存在"理解为人的个人存在。人的存在就是人的"蓝图"。认为存在是科学手段或哲学手段所无法认识的。为了描述存在的结构，存在主义者借助胡塞尔的现象学方法和意向性思想去探索。在萨特看来，存在乃是导向无的一种存在，是意识到自身之终结的一种存在。因此，对存在结构的描述，就成了对一系列人类存在方式——忧虑、恐惧、决心、良心等等的描述，这些东西经由死亡而被确定下来，并且是同无接触、向无运动和逃避无等等的种种途径。因此正是在"极限危境"中，最深刻的震惊时刻，人才会领悟到存在即是自身本质的根源。

在通过存在之终结而确定存在的同时，存在主义把存在之终结解释为时间性，而死就是这种时间性的示度点。他们所讲的时间是个人历史性质的，即个人的"决心"、"计划"、"希望"这些未来时间性的东西。个人的时间性的存在经历才能获得个人的存在。海德格尔指明死亡的经验（走向死亡的前奏）就是一种经历，萨特指明厌恶就是一种经历，雅斯贝尔斯指明存在的破坏，即人在"极限危境"（死亡、痛苦、罪恶）中的遭难就是这样一种经历。

由此可见，存在主义讲到人的存在时，一般是指个人的态度。由此决定了存在主义哲学的课题首先是个人与群体。

　　存在主义的先驱克尔凯郭尔为他自己墓志铭选择了"这个个人"这一词。对于克尔凯郭尔来说，个人这个概念是用哲学体系概念、陈规概念和群体相对照的。存在主义的哲学体系就在于揭示一种概念结构中的个人的存在。真正的存在——先验存在——并不是对象性，而是个人的，因此对存在的真正关系就是对话。那么如何对话呢？这就涉及到存在主义另一个课题——意向。

　　存在主义者，特别是海德格尔，从现象学中吸收了一些思想，意向性就是直接从胡塞尔现象学中借用的。在存在主义那里，关于意向的学说，一般是用来强调我对自己的认识与我对他人的认识之间的基本区别。他们声称，别人并没有被看成是他们原来的样子，而是被看成为我的感知、我的信仰和我的情感的意向对象。可是对于我自己来说，我从来也不能是这样一个对象；事实上，我也不是一个对象；如果他们硬把我看成是这类东西，那么他们就完全看错了我。只有在意向性中才能使你我的存在成为对象。

　　存在主义的第三个课题是存在与荒诞。"关于实在，哲学所谈论的"，"常常会令人失望，这就像你在一个商店中的橱窗里看到这样一块牌子，上面写着：这里承包熨衣服的活。不过你真的把衣服拿来熨，你就受骗了，因为这里只经营出售。"（克尔凯郭尔语）。为什么这里存在的事物不同于虚无？对于形而上学和唯理论者来说，要回答这个问题，只有拿出宇宙学的论据，以便证实上帝及万物的存在。但是，存在主义者认为，这个问题本身就是错误的，因为提出它的根据是建立在对存在和虚无概念不妥当的分析上。海德格尔是从存在的事物和存在的方式来区别存在的。而在萨特那里，存在是荒谬的。事物何以就是它现在这个样子，而不能是其他的样子，要对这个问题作出最后的解释是不可能的。存在主义者不管如何理解存在甚至怀疑存在，他们都以人本主义的、主观主义的态度，严格区别作为自身存在的存在（这种存在具有意识和自由）与自身的存在（这种存在只是简单的事物）。对于他们来说，人生重要的事情，就是与人的自由相关的事实，所以痛惜存在的荒谬实在是一种奇特的方式。但是痛惜所引起的反响却是存在主义者对人的自由所抱的模棱两可的态度。因此,自由与抉择是存在主义的第四个课题。

抉择的可能性是存在主义的核心课题。

在存在主义者看来,人性的抉择的可能性包含三个不同的内容:第一,抉择是无处不在的。我的一切行动都意味着抉择。第二,尽管在我的许多行动中,我的抉择是受标准支配的,但是我所用到的标准本身也是被抉择出来的,对于这类抉择来说,并没有正当的理由。第三,无法用因果性来解释我的行动。对于第一个抉择而言,存在主义者认为,在任何一种行动的后面都有一种抉择,有时候好像每一个个别的行动都体现了个人的抉择似的。对于第二个抉择,存在主义认为乃是根本性的。第三个抉择则在逻辑上独立其他抉择,但在事实上是前面两个抉择引申出来的。

存在主义的第五个课题是忧虑、畏惧和死亡。在存在主义看来,在某些从心理学去定义的阶段上,有关人性的真理是可以被理解的。其中一个阶段是:当我们领悟到,我们无须去害怕特殊的对象,因为我们要经历的乃是一种普遍性的畏惧。我们畏惧什么呢?我们特别畏惧虚无,我们所遇到的这个空虚,它究竟是什么呢?克尔凯郭尔认为这种虚无就是原罪,海德格尔认为是宇宙本体论的要素,萨特认为它就是我们将要遇到的自由和我们的好坏未卜的前程这样一种事实。

存在主义者从存在的概念出发,否认物质和意识在认识论上的区别。他们认为,哲学的基本问题是迄今哲学发展的一种偏见。他们以此来贬低人类的认识能力,尤其是贬低科学认识的价值。在存在主义者看来,就科学的意义而言,客观实在性是不可认识的,客观实在性只有(个人)才能经历。他们认为"经历"与"思想"是一回事。"至于科学的存在,也决不是绝对必要的"。"历史、艺术、诗歌、语言、自然界、人、上帝——是科学始终无法了解的……上述领域的本质是思想的事情。"由此可见,存在主义者宣扬一种绝对的非理性主义。他们认为,人由于经历(体验)世界时的恐惧,才会觉察到他在整个世界中的最终地位,就是说,由于恐惧,人就能经历他的不安稳、经历他的被抛弃,经历他的存在的破坏,而人的存在从一开始就是由人不可能逃脱的死亡决定的。"死亡是一种存在方式，只要定在（人）——存在，定在（人）就接受了这样一种存在方式。"（海德格尔语）由此可见，存在主义从开始到结果都是一种极端悲观的思想。

（三）构筑现象学本体论

存在主义是从现象学中分化出来的，他们都继承了现象学的本体论和方法论特征。"现象学的本体论"是萨特《存在与虚无》一书的副标题。萨特认为，胡塞尔的现象学使现代哲学实现了一大进步，现象学的还原方法排除了感觉经验和理性思维的干扰，"把存在归于一系列的显现"。现象本身就是存在着的，现实的，具体的。研究存在、研究本质就得从现象入手，这种现象的显现则是存在的本质直观。因而，对于任何事物，特别是对于人而言，都是"存在先于本质"。这个存在就是现象本身，并不存在什么抽象的、超越现象的本质，本质是由一系列的显示存在的显现决定的。因此，萨特认为现象学的理论和方法是正确的。"现象理论的第一个结果是：显现并不把存在推向康德的本体论的现象。因为，显现的后面什么也没有，它只是揭示了它自己。"可见，在本体论上，萨特否认现象背后有本质，否认现象背后有不可还原为现象的自在之物。他认为事物的本质，宇宙的本体就是现象。因此，"存在的现象"是本体的。这种本体的被揭示则是通过一系列显现实现的。任何事物都只有在显现时才存在，它并不隐藏在现象之后，不是我们认识的东西、而是认识的根据，存在的根据。而"现象的存在"则是未显露为现象的存在，是应当被揭示的东西，它超出了人们对它的认识，等待着人们去认识。

由此可见，萨特对于"存在"的发现，是基于对"存在的现象"和"现象的存在"在本体论上的区别。他认为"存在的现象"是本体的。例如人的本体存在只有通过诸如烦恼、厌恶、恶心等显现的体验才能被揭示，没有这些现象的显现，就不能讲人的存在。事实上，萨特所要建构的正是现象学的人学本体论。即对人的存在的现象进行如实的描述，而不是像传统哲学那些先把主客分离从而造成二元论的缺陷。传统唯物主义以物质世界作为认识的对象，传统唯心主义以某种抽象的精神本质作为认识的出发点，都主张主客分立，都属于二元论。

现象学本体论的目的就是直接以人的存在的现象本身作为认识的对象，从而"消除一些使哲学感到麻烦的二元论，用现象的一元论来代替它们"。①

萨特认为，作为本体的存在的现象，既不是康德所理解的"自在之物"的表现，也不是与本质对立的外在的联系，而是主客体不分显现。这种"显现不是由任何与它不同的存在物来支持的"。它与自身的存在是直接同一的。即它背后什么也没有，它就是本体。它既不掩盖本体，又指示本质，它即本质。所以现象学的本体论，即用现象作为"存在"的本质的一元论。

这种作为本体的现象，是一种存在的现象，即"自为的存在"，萨特称其为"存在的现象"，而不是作为"自在的存在"的"现象的存在"。萨特认为，认识不能赋予自己以存在的理由，即"现象的存在"不能还原为"存在的现象"。只有存在的现象才是本体论的。由此可见，萨特所发现的作为本体论的存在不是别的，而是通过显现（体验等）表现出的人的意识现象的自为存在。因此，他的现象学的一元论，实质上也是一种唯心主义的一元论。

在萨特看来，在宇宙万物中，唯有人的自我，才能作为"存在的现象"的本体。如果说这种"存在的现象"是完满的，充实的，那么"现象的存在"就是虚无。这种作为本体的人的意识的存在，是先于认识的，人是先对现象的存在——即向人显现，揭示出来的存在有意识，继而才能根据某一系列的显现确定到的什么东西是自在的存在的。例如，在反思的行动中，我对被反思的对象作出诸如羞愧、骄傲、欲求、拒绝的判断，但我的直接意识不能使我去判断，我必须先向着这被反省的对象，先意识到它所向我显现的，然后才能作出判断。

---

① ［法］萨特：《存在与虚无》，转引自：徐崇温主编：《存在主义哲学》，北京：中国社会科学出版社 1987 年版，第 265 页。

因此，认识存在，就是意识的反思前的我思。"反思前的我思"这一词是萨特的独创，它指的是一种把客观认识内容和主观认识主体的意识统统地剔除出去的所以"净化了的意识"，是一种没有任何内容的纯粹的意识活动本身。这种"净化了的意识"相当于胡塞尔的"纯粹意识"，即向着存在者整体的"摆脱自身而入元"的一跃，所跃进的"无"，即不掺杂任何外部事物干扰，不受任何先入为主观念纷扰的纯粹意识。这种要求，相当于中国古代《道德经》中所述的"涂除玄览能无疵乎?"所说的"无疵"、"玄览"、"婴孩状态"。要求人们不带任何偏见、任何偶像去认识事物。不同的是萨特把这种"反思前的我思"作为本体论来论述，而不是认识论的要求。

（四）追求"绝对的自由观"

把"反思前的我思"的"纯粹意识"的自为存在作为宇宙的本体，必然得出"绝对的自由观"。自由理论是萨特思想主要内容。

在萨特看来，作为本体的意识就是空无，所以世界要怎么显现就怎么显现，或者说，由于人没有任何的束缚，所以他要怎么认识世界就怎么认识世界，要怎么行动就怎么行动，人本来是绝对自由的。

首先，萨特对于哲学史、认识史和思想史上的自由观进行了批判，特别是批判了笛卡尔的自由观。

在萨特看来，古希腊的斯多葛派的自由观、中世纪基督教神学的自由观、近代柏格森生命哲学的自由观等，都不过使人的锁链更加牢固，同时又使人看不见这条锁链，是一种欺骗，是一种"内在的自由"，而不是真正的自由。

在近代哲学史上，斯宾诺莎第一个不把自由和必然视为对立，他说："说必然和自由相对……这在我看来是和理性相违背的"，"自然中没有任何偶然的东西，相反地，一切事物都受上帝本性的必然性所决定"。萨特认为，斯宾诺沙的这种自由观是对主观性和自由本身的否定。而笛卡尔的自由则有许多为存在主义提供佐证的东西。但是笛卡尔对心灵、上帝和物质三个实体中的两个即心灵和物质都弃而不顾，而仅仅研究上帝的自由意志。因此，笛卡尔的自由观点，"是自主思想的自由"，是"依靠自由的能力去揭示在存在本质中概念的联系"那种自由，因而也就是"为什么我们这些照笛卡尔的自由生活了三个世纪的法国人本能地根据'自由意志'把自由理解为独立思考的实践，而不是一种创作活动的产物"所在。"笛卡尔说，只有意志才使我们得以领悟到我内心是如此广大，以致我再想象出更为广大的领域或深远的东西。因此，主要是意志使我能认识到自己有着上帝的影响和类似上帝的东西。"萨特引申说，意志即自由，自由应属于每个人，人人都有这种自由，每个人自由都是无限的，"没有谁比笛卡尔能更好的把这个意思用来说明科学民主精神的了。"笛卡尔说："当我们对所有那些阐述得不很明白，不很清楚的信念不表赞同时，我们就在自身之中找到了自由。但是，显而易见，这样的自由纯粹是消极的。"萨特说："可是正是这种消极的自由恰恰是人的自由一个本质成分，因为这种自由会把全部存在都'悬搁'起来，于是只剩下一个简单的'无'，没有物体，没有感觉，没有知识，没有任何东西。"这是人的真正自由的一个因素。因为人是一种虚无，并且卷入虚无之中。萨特试图通过现象学的把"存在的观点悬搁起来"的方法，说明笛卡尔限制了自由的范围。在萨特看来，笛卡尔的自由概念处于"自律"与"他律"二者摇摆之中。但是，笛卡尔启示我们，上帝的自由仅仅是人的自由，它们互为映象，因此，我们就有了更确切地限制人的肉体欲望的新的研究手段，哲学原理不许可满足这类欲望。假使他把上帝的自由设想成完全类似的天主教的和独断论的束缚去设想他自己的自由。""这里有升华和换位的明显迹象。"笛卡尔的上帝是人的思想所曾发明过的诸神中最自由的一个，它既不隶从原则，也不隶从至善，它只是至善的体现。萨特的自由观正是从批判笛卡尔的自由思想中受到启发的。

其次，萨特正面阐述了他的"绝对自由"思想。

萨特认为，笛卡尔的自由思想只所以有局限，就在于他限制了自由的范围，把自由视作有条件的、相对的。而他则主张，自由是不受任何主客观条件限制的、绝对的自由。这种绝对自由是人自由选择的结果。包括人的本质，都是自由选择的结果。因而"存在先于本质"。不管目的、动机、成败结果如何，自由地选择是首要的。在一定处境中的自由选择，必然形成一定的后果，这就是责任。这就构成萨特绝对自由理论的全部内涵，即：自由——选择——处境——责任。当你处于绝对自由态度时，你也处于绝对责任的态度。

那么，如何使人不受任何主客观条件限制，处于绝对自由、自由选择的处境呢？这是萨特的自由理论必然首先克服的困难。为此，萨特提醒人们要区分常识性的自由和哲学范畴的自由两种概念。前者指的是一个人要达到的目的而言的自由。后者则是指的是"选择的自主性"，萨特认为，哲学范畴的自由即"选择的自主性"之所以是绝对的，因为它不依赖于任何外界的因果关系，不承认其他任何动因和"诱因"，不承认意识在外界的反映。萨特在《存在与虚无》中把这种自由的意识不受其他动因和诱因影响的原因归纳为下述八点：其一是由于人是动态的"自我"，人的实在性就在于"作为"（行为、行动），人的气质、性格、激情以及理性都是人存在的方式，都不足以构成人的实在性，人的实在性就是人的各种行动、各种行动的有机统一。其二是人的实在所要作出要行动的决定，其本身也是行动。行动的发生，包含着"行为的自律性"。其三是由于行为的自律性不是单纯的行为运动，它本身应被一种意向性所规定，这种意向性是推动行为向着某种预期的结果和既成状况超越。其四是由于意向性是目的选择，是一种关于目的旨定的意识，但它不由既成状况来说明，只为人的行为所揭示，世界是通过人的各种行为显示出来的。其五是由于既成状况说明不了意向，意向只能以本身的出现说明自身。它一经出现便设定了目的。其六是因为意识不是由既成状况决定的。自由的选择永远是无条件的。这样的选择毫无支撑点，毫无目的，是自己规定自己的动机。其七是由于自由是存在的选择，人不可能不作出选择，所谓不选择就是选定了选择；选择是毫无理由的，它存在于一切理由之外；自由乃是选择的自由，而不是不选择的自由。其八是由于自由是原始的，总体的，根本性的意图（而人世间的野心、爱的激情、自卑情绪都不是根本性的意图）。由此决定了自由之所以为自由，是无理由的、绝对的。

事实上，无论萨特如何解释，人的自由选择都是有条件的、相对的。

总是存在着主观与客观、既成事实与自由选择的矛盾。所以，萨特不得不承认，"选择总是在一个环境下的一种选择"。但萨特认为，不能因此而认为选择是客观的、有限的、条件性的。因为萨特所讲的"环境"不是我们通常所理解的客观环境、条件等，而是指由自由意志决定的自为存在的意识的状态。所以，萨特认为选择是在一定环境中的进行的，其实质就是说自由选择是根据自我意识，根据一个人内心变化而采取的主观行动，因此是无条件的、绝对的、无限的。

第三，自由思想在伦理学中的体现，这是萨特自由理论中的核心方面。人的自由本质在一定环境中的绝对自由的选择，必然产生了人的绝对的责任，这就使自由具有了伦理的意义。

萨特认为，人是自由的，人就是自由。自由是判决给人的。"事实上我们就是选择的自由，而不是我们选择了自由。我们是被判决为自由的，像前面所说，或者如海德格尔所说是'被抛入的'。"[1] "我被判决为永远在我的本质，在我的行动的原因和动机之上存在，我被判决为是自由的。这意味着我的自由除了自由本身找不到任何限制，或者说我们不可能自由地停止自由。"[2] 但是，人们往往通过烦恼（anguish）才发现自由。"人是在烦恼中意识到他的自由的，或者说，烦恼是作为存在的意识之自由的存在方式，正是在烦恼中，自由才自为地存在。"[3] 烦恼就是对自由的领悟。"烦恼出现在我从我一直投身的世界上脱离的时候。在烦恼中，我马上理解到作为一个整体的自由的自己，认识到除了自己不能从任何其他地方获得世界的意义。"[4]

尽管人"被判决为是自由的"，但是，人并不是总乐意承担这自由，而是想逃避自由，逃避烦恼。人存在着"不诚"（mauvasise foi），并以此来保护自己，以不受恶心和烦恼的折磨，保证平静地活下去。"不诚"就

---

① ［法］萨特：《存在与虚无》，杜小真译，北京：三联书店 2007 年修订版，第 484 页。

② ［法］萨特：《存在与虚无》，杜小真译，北京：三联书店 2007 年修订版，第 439—440 页。

③ ［法］萨特：《存在与虚无》，杜小真译，北京：三联书店 2007 年修订版，第 29 页。

④ ［法］萨特：《存在与虚无》，杜小真译，北京：三联书店 2007 年修订版，第 40 页。

是自欺，是对自己说谎，抱"不诚"态度的人是把使他愉快的谎言当作真理，自己既是说谎者，又是受骗者。在萨特看来，"不诚"的实质就是要否认人的自由，逃避选择。"不诚"主要分为下述几种：

其一是把自己当作一个物体，一个没有意识的自在之物，因而无须选择。如违心地做某种事情就是"不诚"。

其二是扮演他人或社会眼中的一个角色，别人把他看成是什么，他就是什么。

其三是"严肃的（serious）精神"也是一种"不诚"。这里所谓"严肃精神"就是指人们把价值视作一种独立于人的绝对存在，从而在他前面安放下种种任务和目标，仿佛等待着自己去完成似的，他自己呢，只是对这些目标的消极服从。

由此可见，萨特把一切有碍于个人自由选择的东西都视之为"不诚"。萨特视这些"不诚"是心理上的缺陷，是对于自由选择的无视，是逃避人作为自由的人的选择的责任。

那么，人应该如何对待自由选择呢？萨特强调人应该有行动。"存在主义，即是一种行动和卷入（involve）的伦理学。"

萨特主张人的存在可以还原为行动，存在就是行动，停止行动，也就停止了存在。"人的唯一希望是在他的行动内，行动是使人生活下去的唯一事情。"① 那种唠唠叨叨，只说不做的人是一事无成的，是不能实现自我价值的。"除了在实际的爱的过程中所表现出来的爱以外，没有其他的爱；除了在艺术作品中所表现出来的天才以外，没有其他的天才。"②

从这一点来说，萨特是一个行为主义者。

在行动过程中，人们自由地选择使其价值得以实现。萨特说："我的自由是价值的唯一基础，没有什么，绝对没有什么能给我证明应采取这个或那个特殊价值，这个或那个价值体系。作为一个依靠我价值才存在的存在，我是不可证明的。我的自由在它是价值的基础而自身却无基础的意义

---

① ［法］萨特：《存在与虚无》，杜小真译，北京：三联书店2007年修订版，第42页。
② ［法］萨特：《存在与虚无》，杜小真译，北京：三联书店2007年修订版，第38页。

上是烦恼的。"① 因此，价值的基础不过是我的自由，价值只是依赖于我才存在的。而作为价值基础的个人自由本身是无基础、无根据的，不受任何东西的支配。所以人如果无自由，就谈不上价值。因为价值是建立在个人的绝对自由的基础上的。

当然人也有责任，"假如我对于一种不仅涉及自己，而且也涉及全人类的选择，必须担负起责任，那末，即使没有先天的价值来决定我们的选择，那也不能任意妄为。"② 一个人在行动时不仅要向自己负责，而且要向全人类负责。无论我们做什么，都不能把自己与这个责任脱开哪怕一分钟，正是这种巨大的责任感使人深深地陷入烦恼之中，就仿佛他每做一事，整个人类都用两眼盯住他一般。

人为什么在自由选择的行动中实现其价值时，要承担起如此重大的责任呢？萨特说因为我是孤独的人，我是被抛弃的，上帝垮了，正像尼采所说"上帝死了"，世间就没有一种先天的善或价值，没有现成的为上帝或类似上帝的权威所支持的戒律，我们便找不出什么价值和戒律可以证明我们的行为是正当的，也找不出任何托辞或借口来辩解自己不正当的行为，我是自己造就自己，我是自己行为的无可争辩的作者，所以我对我行为的责任是不可逃脱的，不能把这个责任推给社会或他人。从根本上来说，因为我是自由的，我既不受上帝的支配，也不受任何外部事物或内在本性决定，"那伙同人的本质因素的必然联系只能在一个自由选择的基础上出现，在这个意义上，每个自为都在它的存在中向全人类的存在负责。"③ 这个绝对的责任不是认命，"它直接是我们自由的结果的逻辑要求。"

由于我的责任，决定了我与他人的关系。在个人与他人的关系问题上，一方面使许多存在主义者耿耿于怀，另一方面也造成了许多人对于存在主义的误解。相当一些人由于不能全面理解存在主义者强调人的自由、价值、选择等理论，因而在伦理学上把存在主义者斥为极端个人主义者。

① ［法］萨特：《存在与虚无》，杜小真译，北京：三联书店 2007 年修订版，第 38 页。
② ［法］萨特：《存在与虚无》，杜小真译，北京：三联书店 2007 年修订版，第 49 页。
③ ［法］萨特：《存在与虚无》，杜小真译，北京：三联书店 2007 年修订版，第 519 页。

这实在是极大的误解。

事实上，从萨特在《存在与虚无》中给人所下的定义，即人是一个"自为和为他人"的存在，就可以看出，我依赖于他人，依赖于他人对我的看法，没有他人的存在，我就不能定义我自己。当然，我与他人之间不可避免地要发生冲突，因为我对别人来说也是他人，我也注视（Look）别的人。"当我试图摆脱他人的控制的时候，他人也试图摆脱我的控制；当我试图奴役他人的时候，他人也试图奴役我。……冲突是为他人的存在的根本意义。"①

萨特认为，冲突处境是我的原罪，人想摆脱这种处境是徒劳的。"原罪就是我在有他人存在的世界上的涌现，无论我与他人的进一步联系是什么，它们都只是我的原罪基础上的变种。"② 正是在他人面前，我是有罪的，我是有罪的首先因为在他人的注视下我体验到我的异化、我的赤裸、我的自由被剥夺，我是有罪的还因为我转过来也注视他人，把他人也照此办理，使他人在我的注视下丧失自己的自由。因此，这种发生在自由平面上的冲突，使我的自由被他人的自由所限制，而他人的自由也受限制于我的自由。

那么，这种在人与他人之间的冲突能否改变，萨特通过分析人对待他人的两种基本态度，认为是没有希望的。他认为，人对待他人的第一种基本态度是爱和被虐待狂，另一种是恨和虐待狂。就第一种基本大方向而言，无论我怎样尊重别人，都是一句空话，我不论对他人怎样行动，都限制了他的自由。例如我主张逆来顺受，忍耐服从，这就会剥夺他人勇敢抵抗、自我坚持的自由。我去热情帮助一个人却会有碍于他的自立。照第二种态度做的结果也是一样。所以，萨特认为，无论如何，我们都达不到同时理解他人的客观性和自由这一理想。要么他人对我来说是客观的，是客体，然而却没有了自由（当我注视他时），要么他拥有自由，但对我却不再是客观的，不再是客体，而成为主体（当他注视我时），这又限制了我

---

① ［法］萨特：《存在与虚无》，杜小真译，北京：三联书店2007年修订版，第364页。

② ［法］萨特：《存在与虚无》，杜小真译，北京：三联书店2007年修订版，第410页。

的自由。因此，萨特在剧本《密室》中让剧中人喊出了"他人，就是地狱"的名言。在那间阴暗的密室中，三个生前行为不光彩的人到了一起，而且谁也不离开谁，互相总是在场，即使你不做声，"我也骨子里感到你在场"。而当门开了，"我也不能走，我不能让你抱着对我的全部看法留在这里洋洋自得"，你想说服我吗，你有的是功夫，因为我们死了，是的，死了，我们都死了，来不及了，我们只能这样子永远在一起，永远这样子——互相折磨，一个人对于其他两个人都是刽子手。

由此可见，萨特对于人际关系的看法相当阴暗、悲观绝望。但他曾强调以另一种方式处理个人与他人的关系，即改变自己的行为，争取自由。然而这又是十分困难的。

集体、团体、博爱、友善思想在萨特晚年有很多萌发，这与当今资本主义社会矛盾发展的缓和化不无关系。

萨特作为一个伟大的思想家、作家、哲学家，其思想体系博大广阔，这里仅正面介绍上述几点。值得说明的是，他的消极、悲观的存在主义情调，实质上是对于人生、社会历史的阴暗面的抗争，笔者认为，这正是他的低沉的思想情调和阴森的作品中透现出来的积极的方面。历史的发展无时不呼唤着人的尊严、自由、价值，这将使作为人道主义的萨特存在主义成为永恒的哲学话题。

第六章　列维－斯特劳斯的《结构人类学》的共时性分析方法

20世纪60年代继存在主义之后，在欧洲，特别是在法国，结构主义曾风靡一时，按照哈贝马斯的说法，结构主义、马克思主义、英美分析哲学、美国实用主义以及欧洲大陆哲学，构成20世纪四大哲学运动。而列维－斯特劳斯则被公认为结构主义之父，其1958年的《结构人类学》具有划时代的意义。

从列维－斯特劳斯起，经雅克－拉康，到米歇尔－福科，结构主义从人类学、释义学、精神分析学，逐步发展为一种贯穿于一切学科领域的方法论。掀起了一场影响广泛的结构主义运动。

一、版本目录及内容结构

（一）《结构人类学》是列维－斯特劳斯1958年出版的结构主义系列论著的一部代表作，共分2册。

（二）**中译本目录**

国内已有多个译本，这里介绍2006年中国人民大学出版社中译本的目录。

目录

第一部分　语言与亲属关系

　第一章　绪论：历史学与民族学

　第二章　语言学和人类学中的结构分析

二、理论背景及方法形成

事实上，结构主义作为一种方法论，风靡20世纪60年代以后，特别是在法国取代了存在主义，成为一种广泛的哲学思潮，是从斯特劳斯批评萨特的存在主义有关辩证理性和历史发展的观点开始的。犹如特里·伊格尔顿所说："结构主义最好被看作既是我概述的社会和语言危机的表现，也是对那种危机的反应。它从历史逃到语言——这是一种讽刺行为，因为正如巴尔特所看到的，没有什么行动在历史上能更有意义。"战后的法国和其他曾经将版图延伸到国土之外其他土地上的老牌资本主义国家一样，因为第三世界国家的独立，法国的学者们已不能自由地出入曾经是他们殖民地的第三世界国家进行实地考察，重实地调查、轻理论分析的研究方法已不再适合他们，结构主义的出现，正好迎合了他们的需要。这大概也是结构主义的大师们看上去都是"一些不食人间烟火的大学教授"的原因。另外，战后法国经济飞速恢复与发展，以"他人是我的地狱"为宗旨的存在主义哲学同现实格格不入，人们对"个人"、"存在"、"自我意识"等等这些存在主义的概念失去了早先的热情和兴趣，结构主义在这种背景下作为存在主义的否定的思潮而兴起。结构主义认为："我"、主体，既不是自己的中心，也不是世界的中心，这样一个中心，根本不存在。而共时性的结构研究则优先于历时性的历史分析。

这种重视结构的共时性研究方法的思想，在列维－斯特劳斯之前，语言学家索绪尔早已使用，因而成为结构主义的先驱。

（一）吸收索绪尔的结构语言学的思想方法

语言学家费迪南·德·索绪尔（1857—1913），出生于瑞士，一生最重要的阶段是他在 1906 年到 1911 年他去世前的几年间他在日内瓦大学讲授普通语言学的课程，建立起与传统语言学理论完全不同的语言学体系。在此之前他做的一切似乎都是为了这一事业作铺垫：他年轻时曾经在日内瓦大学和来比锡大学读书，并从事历史比较语言学的研究工作，于 1878 年完成了《论印欧系语音元音的原始系统》的著名论文，引起轰动。此后，他又在柏林大学和来比锡大学继续深造，1881 年到巴黎的高等研究学院教授梵语，并兼任巴黎语言学学会秘书，建立起法兰西语言学派。他还来不及将他的讲稿编写成书就与世长辞。后来，他的学生们根据他的一部分手稿、材料和同学们的笔记，编辑整理成了《普通语言学教程》，于 1916 年出版，从此，他的语言学理论便以极大的冲击力和影响力被扩散到全世界，并渗透到各行各业的研究中。其影响正如美国学者戴维·罗比所说："索绪尔的语言学理论是使语言学改变发展方向的最重要因素，它的强大影响使现代语言学在文学研究中的作用超越了纯粹文学语言问题而产生出有关整个文学甚至整个社会文化生活的性质和组织的新理论。"

由索绪尔的语言学理论引伸出来的一些普遍性的结构原则，在日后成为结构主义思潮的一些重要方法论的基础，也就是说这些普遍性的语言学原则包含有结构主义的基本思想，这就是索绪尔对结构主义的最主要贡献。具体表现如下：

其一，索绪尔对语言和言语的划分引发出结构主义重分析结构的方法。索绪尔认为言语是第一性的，而语言是第二性的。语言是社会性的，是一种抽象记忆的产物，语言优于言语，言语的意义源于语言；语言不是如词典式的集合，而是一个整体，一个系统，一种规则的躯干，它是各种因素间关系的系统。而言语是个别性的，是创造的产物，是种受经验控制的线性形式，是一个特定制造的事件。正是因为索绪尔对语言和言语的划分，才产生了结构主义的一个无处不在的法则："结构主义者的最终目标是永恒的结构：个人的行为、感觉和姿态都纳入其中，并由此得到它们最终的本质。"它也表明了结构主义的一个基本思想：语言——即系统——是一种自主的、内在化的、自我满足的体系，它不与外界的实体的事物发生关系。

其二，索绪尔对能指和所指的区分引发了结构主义对"意义"的追求。与实证主义方法论的要求相比，结构主义者更感兴趣的是事实背后的意义，而不是事实本身。这是因索绪尔视语言自身是个符号系统引发而来的。索绪尔认为，声音和书写形式仅是传递意义的符号，任何符号如没有意义，它就不是语言。他的对于符号及其构成关系的强调，导致后人建立了"符号学"。在符号学家看来，现实中任何东西如穿戴、人的行动等，都可视为符号，因而都可建立一个有关穿戴、人的行动等的符号系统。索绪尔视语言为一种符号系统也是结构主义的一个基本思想：意义的构成只取决语言的各种关系（句段关系和联想关系），所谓语言，就是一个个相互依赖的要素（亦即能指/所指）所组成的符号系统。

其三，从索绪尔对共时分析的追求引发出在特定时空中的定性研究法。共时分析是结构主义者最喜欢用的分析方法之一。结构主义的另一个基本思想也包含其中，即语言符号的识别，只能借助于它与其他语言符号的关系和差异。

事实上，后来的结构主义者正是把索绪尔的各种语言学原则泛化为一切事物的共同性特征，并且将能指与所指、语言和言语、共时性和历时性、句段关系和联想关系等一系列既互相联系又互相区别的对立概念上升为一种固定的二项对立的关系，从而形成一种普遍的结构分析原则，并借用语言学的规则、术语去讨论一切社会—文化现象。而索绪尔关于语言的符号性质、语言符号系统的内部规律更被用来对文学现象进行分析，用语言学原理对文学的功能系统作出解释，并以此为基础建立起结构主义诗学和叙事学。

索绪尔是将结构主义思想运用到语言学研究的第一人，他在长期的语言学研究中逐渐形成了一系列与 19 世纪在语言学研究中占统治地位的比较语言学的观点相对立的新观点。比较语言学把一些语言事实当作孤立静止的单位对待，只注意了它们的历史比较，而忽视了语言要素之间相互制约、相互依赖的关系；忽视了语言是一个系统的整体。索绪尔则把具体的语言行为（"言语"）和人们在学习语言中所掌握的深层体系（"语言"）区别开来，把语言看作是一个符号系统。认为产生意义的不是符号本身，而是符号的组合关系。语言学是研究符号组合规律的学问。他把语言的特点看作是意义和声音之间的关系网络，纯粹的相互关系的结构，并把这种关系作为语言学研究的对象，这是结构主义语言学的主要理论原则。索绪尔的理论在他死后由他的学生整理出来以《普通语言学》的书名出版，对结构主义思潮产生了深远的影响。索绪尔也因此被人们敬称为"结构主义之父"。

索绪尔的结构主义语言学方法，强调研究语言的同时性结构比研究语言的历时性结构更为重要；他提出将语言与言语加以区别，认为语言是相互差异符号系统，而言语则是语言的个人声音表达。他认为语言的意义依赖于一个符号与其他符号的关系，如有上才有下，而不依赖于它和外界事物的关系。

索绪尔的语言结构观点，通过布拉格学派语言学家雅可布逊而为法国人类学家列维－斯特劳斯所支撑发展，提出了结构主义人类学理论并正式运用了结构主义这个哲学名词。1945 年列维－斯特劳斯发表了《语言学的结构分析与人类学》，第一次将结构主义语言学方面的研究成果运用到人类学上。他把社会文化现象视为一种深层结构体系来表现，把个别的习俗、故事看作是"语言"的元素。他对于原始人的逻辑、图腾制度和神话所做的研究就是为了建立一种"具体逻辑"。他不靠社会功能来说明个别习俗或故事，而是把它们看作一种"语言"的元素，看作一种概念体系，因为人们正是通过这个体系来组织世界。他随后的一系列研究成果引起了其他学科对结构主义的高度重视，于是，到了 60 年代，许多重要学科都与结构主义发生了关系。一个如火如荼的结构主义时代到来了。

索绪尔语言学理论中的结构主义思想方法为 20 世纪 30 年代以前的结构主义语言研究各派别所继承发展，R·雅可布逊把它运用于语音学研究，C·列维－斯特劳斯则通过雅可布逊而继承了这种观点，并把它视作一般的哲学观点和方法，运用于人类学研究，他以结构主义的模式研究了巴西内地印第安人的生活习惯与文化，用结构主义方法解释了亲属制度、图腾和神话等方面的问题，从而创立了结构主义哲学，继他之后，J·拉康，M·福柯、L·阿尔都塞等人发展了结构主义哲学，并使之成为一种广泛的哲学运动。

（二）结构、结构主义

1. 结构及其特征

哲学上所谓结构是指事物系统诸要素所固有的相对稳定的组织方式或结构方式。

拉郎德 1921 年给结构的定义为"指紧密有关的种种现象所形成的整体或系统，其中'每个现象都依靠其他现象，而且只能在与这些现象发生关系和依靠同它们的关系而存在"。在语言学中指"组成一个语言体系的种种单位之间的内部装配关系"，即把言语作为主要是一个内部有相互依属关系的自主性实体来描写，即作为一个"结构"来描写的理论。

结构具有：稳定性、有序性、形式特征

皮亚杰认为，人们可以在一些实体的排列组合中观察到这种具有稳定性、有序性、形式特征的结构。并且这种"结构"还具有整体性，即内在连贯性。结构的组成部分受一整套内在规律的支配，这套规律决定着结构的性质和结构的各部分的性质。

同时，结构在其内在支配规律的作用下，通过转化程序，实现有序性解构、重构过程。这一转化是结构通过自我调节实现的，无需外援。

2. 结构主义（Structurism）

《来克西斯词典》给结构主义的释义：

①（生物学）指主张器官一点也不能分开存在，要用它们功能的整体来确定的理论。

②（语言学）用语言的成分在各种不同水平之间的关系来为它们定义的理论；

③指多种人文科学中，它们的目标是用有组织的整体来为人类事实下定义，并借助于种种模型来说明这种整体的共同倾向。

结构主义作为一种思潮，其核心是主要把科学现象和一切都视作"结构"来研究。虽然自然科学中早已应用结构一词，但在分析思维君临科学领域 19 世纪末以前，把事物作为整体来把握的结构性综合思维还没有真正形成时尚。只有 20 世纪初叶系统科学等的产生，才使人们真正重视了结构分析即系统分析的方法。

虽然一切结构主义者都强调结构方法和整体性原则，但是，在结构主义思潮内部，则在结构的稳定性、有序性、形式特征等与结构的整体性、转化生成性、协调性等关系的理解上，有很大的分歧。早期结构主义，特别是列维－斯特劳斯的结构主义方法，反对萨特存在主义的历史主义观点，强调结构的共时性，主张共时性比历时性更为重要。但是，到了以皮亚杰为代表的发生学结构主义时代，则非常重视结构整体性的形成、转换过程。把共时性研究与历时性研究结合起来。

3. 结构主义的形成与发展

特别是拉康把结构主义方法用于研究人的无意识的结构，他认为无意识的结构和语言规则相类似，并强调无意识就是主体与他者包括人与环境的交往。他在"镜像阶段"和个性形成的想象、象征、现实三个层次的学说中，说明了人的认识与个性是在社会关系中逐渐形成的。

福柯用结构主义方法研究思想史，提出的所谓"认识型"的理论。他认为欧洲思想的发展经历了三个认识型（结构），文艺复兴时期的认识，古典时期的认识结构，19 世纪的以后认识结构。当代结构主义门类较为繁多。阿尔都塞把结构主义方法用于研究马克思的著作，对马克思作了结构主义的分析，认为马克思主张在经济、政治、文化等方面有结构的因果性，因而用多元决定论代替一元决定论。

斯特劳斯、拉康、福科、阿尔都塞等前期结构主义者的共同特征是通过模型认识事物的内在结构，主张结构具有整体性，整体各部分相互联系、自动调节，认为同时性结构研究比历时性结构研究更为重要。人是社会的一部分，因而应从社会结构中来看人的认识。

皮亚杰的发生学结构主义认为，结构发展的过程是一个内在结构的连续的组织与再组织的过程，强调了认识结构的流动发展过程。戈德曼的发生学结构主义综合皮亚杰和卢卡奇的社会理论，认为一个阶级以其"可能的意识"，通过社会实践而以一种结构影响社会。

后期结构主义的代表人物巴尔特和德里达等，重点解决结构发展问题。他们受发生学结构主义的影响，不承认有固定的结构，结构都是流动的，因而没有稳定的认识结构。但因此而否认知识的确定性，就走向反理性主义。

三、斯特劳斯的结构主义思想

（一）列维－斯特劳斯其人其著

结构主义作为一种方法论，20 世纪 60 年代风靡世界，在法国取代了存在主义，成为一种广泛的哲学思潮。这是从斯特劳斯批评萨特的存在主义有关辩证理性和历史发展的观点开始的。

列维－斯特劳斯（Claude levi-Strauss）1908 年生于比利时，1914 年随同艺术家父亲迁居法国。少年时代常常一个人散步，收集石头、小鹅卵石和木头等，对自然界进行了沉思默想。很晚的时候才成为一个学科学的学生。法国当代著名的哲学家、社会学家、神话学家和人类学家，也是法国结构主义的领袖人物。他早年就读于巴黎大学，1934 年到巴西圣保罗大学教授社会学，并用了 4 时间对巴西的原始部落进行民俗学、人种学的调查考察。他研究了巴西内地许多原始部落，使他有可能提出他后来发展了的思想。1939 年他回到法国服兵役。巴黎沦陷之后他到了纽约，在社会研究新学院任教。结识了俄国形式主义和捷克结构主义的领袖人物、布拉格学派结构主义语言学家罗曼·雅各布森，接受了雅可布逊研究语言的结构主义方法，并把其应用于社会研究。在他的影响下，列维－斯特劳斯把结构主义语言学方法运用于人类学和神话学研究，用语言学的模式来解释亲属关系和神话结构，从而对结构主义运动产生了不可忽视的影响。1945 年写出了《语言学与人类学的结构分析》。战争结束后他回到巴黎，直至 1955 年才在结构主义思想的理智重新加工下，写出了当时在巴西内地考察时的游记——《热带闲愁》，一经出版就成为畅销书。后来相继出版的《神话的结构研究》、《野性的思维》、《神话学》等，得益于他早年对南北美洲印第安人的神话研究。斯特劳斯的学术思想的发展以 1960 年为界大致可分为前后两个时期，即结构主义人类学时期和结构主义神话学时期。他还用索绪尔的结构主义语言学模式研究了原始社会婚姻家庭制度，认为亲属关系是一个秩序的整体，不同文化现象之间都有实质上类似的关系系统，这种文化现象中的秩序性是人类无意识活动的产物。他把神话系统化，认为不同地方的神话传说在形式上都具类似性。在人类学和神话两大方面的考察、分析和研究，使斯特劳斯认为，结构关系是一切文化现象的实质，这种关系只能根据某种理智模式（语言学模式）启示出来，而非经验归纳的产物。

列维－斯特劳斯认为，社会是由文化关系构成的，而文化关系则表现为各种文化活动，即人类从事的物质生产与精神思维活动。这一切活动都贯穿着一个基本的因素——信码（符号），不同的思想型式或心态是这些信码的不同的排列和组合。他通过亲属关系、原始人的思维型式和神话系统所作的人类研究，试图找到对全人类（不同民族、不同时代）的心智普遍有效的思维结构及构成原则。他认为处于人类心智活动的深层的那个普遍结构是无意识地发生作用的。

（二）《结构人类学》的基本思想

出版于 1958 年《结构人类学》该书分 2 册，不仅是作者人类学研究的代表著作，而且是其成为结构主义之父的标志性著作。

（1）斯特劳斯试图创立"关于人的普遍科学"

他的基本信念是"人创造了他们自己"，就像他们创造了家畜的种类一样，唯一的区别在于前一过程不那么自觉或主动。同样的关注使他和马克思的思想也有联系，列维－斯特劳斯用这样一句话承认了这种联系，他说，"马克思的那句名言：'人们创造自己的历史，但是他们并不知道他们正在创造历史'，首先证明了历史的合理性，其次，证明了人类学的合理性"①。斯特劳斯把地质学、精神分析和马克思主义称为他的"三个情侣"。他把人的经验与理智的解释结合起来研究，认为社会生活的不同方面（甚至包括艺术和宗教）不仅能够应用语言学的方法或类似的概念研究，而且社会生活的不同方面构成其在本质上与语言的内在本质相同的现象。

（2）他就用语言学的方法研究人类学，特别是原始、早期人类学问题

他认为，"和音位一样，亲属关系也是意义的要素；像音位一样，它们只有溶合在系统中，才能获得意义"。而且"如语言一样……一个社会的烹饪法经过分析，可以分为各组成要素，这里我们把这些要素称为'味素'，我们还可以根据对立和相关的某些结构把这些要素组织起来。"②

（3）斯特劳斯用结构形成的思想推测，一切知觉都浸透了过去的经验

并且"继续存在于搀和着空间和时间的一瞬间的活生生的多样性之中"。③ 因而"历史并不像历史学家所写的那样，历史就像地质学家和精神分析家所看到的，是企图用时间、或者毋宁说用一种'舞台造型'的方式，把物质世界和心理世界的某些基本属性表现出来"。④ 当我们回忆往事

---

① ［法］列维－斯特劳斯：《结构人类学》，1958 年法文版，第 416 页。
② ［法］列维－斯特劳斯：《结构人类学》，1958 年法文版，第 92、59 页。
③ ［法］列维－斯特劳斯：《热带闲愁》，纽约：1968 年，第 60 页。
④ ［法］列维－斯特劳斯：《热带闲愁》，纽约：1968 年，第 61 页。

时，历史就变成了现在的一部分。因此，人类社会是一个无历史性，而只有结构性的群体，历时性已完成转化为一种同时性。

（4）在人类的亲属关系上，斯特劳斯认为，社会的亲属关系制度或"结构"，可能和它们之中的社会的语言结构相类似

因为，"相同社会仍有不同类型的交流系统，即亲属关系和语言"，其实可能就是由"同一的无意识的结构"产生的。因为在结构主义的基本原则看来，决定现象的本质是现象之间的关系，而不是现象本身任何固有的方面。斯特劳斯据此来解释他所观察到原始部落的亲属关系。"当我们考察契克斯人和特劳布里安德人的社会时，仅仅研究父子和舅甥之间态度的关系是不够的。这种相互关系只是全球性系统的一个方面，这系统包括四种有机地联系在一起的关系类型，即兄妹关系，夫妻关系，父子关系，舅甥关系。我们这个例子中的两组关系说明一条规律，可以阐述如下：在这两组关系中，舅甥的关系之于兄弟关系，就如父子的关系之于夫妇关系一样。因此，只要我们知道其中一对关系，便可以推断出另一对关系。"① 因此整个社会亲属关系在全球而言，都有一个一致的内在结构。"为了理解叔伯制，我们必须把它看成是一个系统中的一种关系，而为了理解这个系统的结构，必须把系统本身看作是一个整体"。因此，"……结构是亲属关系最基本的形式，确切地说它是亲属关系的单位。"② 这种基本单位的"原始的"和"不可再缩小"的特征，"事实上是一种普遍存在的乱伦禁忌的一个直接后果"，因为在人类社会里，"一个男人必须从另一个男人那里获得女人，那另一个男子不是把女儿便是把姊妹给他"。因此在某种亲属关系中，舅舅的存在是"特定的"，而且单靠经验观察不到这一点，即舅舅是作为"行将存在的结构的先决条件而发挥作用的"。③

（5）斯特劳斯在用结构主义语言学方法解释他所观察到的原始部落人类学现象的基础上，指出了传统人类学的错误。

---

① ［法］列维 - 斯特劳斯：《结构人类学》，1958 年法文版，第 66 页。

② ［法］列维 - 斯特劳斯：《结构人类学》，1958 年法文版，第 71 页。

③ ［法］列维 - 斯特劳斯：《结构人类学》，1958 年法文版，第 66 页。

他强调，人类学家不是处理"客观地"观察到的"自然的"事实，而是处理那些人类心灵独特地加于其上的结构的。他说："赋予亲属关系以社会文化特征的不是亲属关系从自然中保留下来的东西，相反，而是它借以从自然分离出来的那种基本方式。亲属关系的系统并不存在于个人之间那种血缘或宗族的客观联系，它仅仅存在于人的意识之中；它是各种表现的武断随意的系统，不是一种真实情况的自发的发展。"[1]

（三）结构主义神话研究

在结构主义的神话研究方面，斯特劳斯 1964—1971 年之间，出版了《神话学》第 1—4 卷。斯特劳斯在研究雅可布逊的结构语言学对语言现象的无意识的底层结构的过程中，受到了启示，认为人类学应关心的是社会生活（和语言）建之其上的"无意识的基础"，这些"无意识的基础"的功效只有它们在诸如巫医在所谓的原始社会中"治疗"病人这类事件中被运用时才能被人们看到。斯特劳斯指出，现代科学鼓励我们看到细菌和疾病之间的因果关系时，巫医的"治疗"则依赖于他的把疾病同神话和鬼怪的世界相联系的能力，而病人则真诚地相信有这样的世界。

（1）在斯特劳斯看来，语言和神话在"野蛮人"思维中是密切关联的

就亲属关系而言，神话的"无意识"结构最乐意服从对它的现象进行"音素的"分析，通过分析，世界上浩瀚纷繁的神话可以归纳为一些容易处理的重复发生的要素，这些要素具有真正的结构和构成新的结构的意义。一个神话每重新讲述一次，或者过去的事情每回忆一次，历史就被重新构造了一次。历史不是与一个特别时期有关的"客观的"事件系列，而存在于一个特别"时刻"所发生的心理结构的实识之中。

（2）对神话的分析理所当然地引向"另一个领域，即结构语言学的延伸"

神话和语言本身具有明显的关系："神话要为人所知，必须被人讲述：它是人的言语的一部分。"但是，"为了保持神话的特殊性，我们必须能够

---

① ［法］列维－斯特劳斯：《结构人类学》，1958 年法文版，第 71 页。

表明神话既和语言相同又有某种不同于语言的东西","不论人们对神话得以产生的那个民族的语言或文化多么无知,神话在世界上任何地方的任何一个读者看来仍然是神话。它的实质不在于它的文体,它的原始的音乐,或者它的句法,而在于它所叙述的故事。神话是在一种很高层次上活动的语言,在这一层次上,意义成功地'离开了'它赖以滚滚前进的语言基地"。神话的无意识的意义和其用来达到目的的有意识的内容之间,必须有而且确定有一种一致性。因此,斯特劳斯认为,神话的语言显示出特殊的性质,它高于一般语言水平。人们必须从共时性与历时性两个向度及其相互作用的感觉中,才能理解神话的语言和言语所表达的意义。但是,研究神话语言共时性结构比研究其历时性过程更为重要。因为神话语言与其他语言一样,结构高于过程。这是结构主义的基本立场。

(四)野性思维研究

关于野性思维的研究,是斯特劳斯结构主义的另一重要视域。

《野性的思维》一书的问世,真正拉开了 20 世纪 60 年代法国结构主义运动的序幕。因为本书不仅借助结构主义语言学的分析方法,研究未开化人类的"具体性"和"整体性"思维及其特点,而且在本书的最后一章直接对萨特存在主义有关辩证理性和历史发展的观点公开发难,由此引发了一系列新的不同于存在主义的新观点的诞生,使结构主义成为区别于存在主义的另一重要的人文主义哲学思潮。

首先,斯特劳斯肯定了野性思维的合法性。他认为,尽管未开化人类或原始人类没有文明、工业和"书写体系",他们对自然的反映也缺乏概念工具,但并不缺少认识的逻辑,与现代人不同的只是他们使用的逻辑是具体的,"丰富的抽象性词并非为文明语言所专有"。土著人对自然事物的某些指称其应用范围甚至比我们所知道的任何其他语言都广泛。"使用词的抽象程度的高低并不反映智力的强弱,而是由于一个民族社会中各个具体社团所强调和详细表达的兴趣不同。"原始人能够通过神话的叙述和一些具体的图腾活动表达其思维活动。这是一种没有技术、未成文化的思想赖以对周围世界作出反映的具体性的思维,斯特劳斯把其称为"修补术"。

这种思维并不逊色于文明社会的概念思维。人类社会存在着两种不同的科学思维方式。两种方式都起作用，但当然不是指所谓人类心理发展的不同阶段的作用，而是对自然进行科学探究的两种策略平面的作用：其中一个大致对应着知觉和想象的平面，另一个则是离开知觉和想象的平面。似乎通过两种不同的途径都可以得到作为一切科学的——不论是新石器时代的或是近代的——对象的那些必要联系。"这两条途径中的一条紧邻着感性直观，另一条则远离感性直观。"野性的、原始的、感性直观的思维与文明人的抽象思维不可简单地按照时间概念分为"原始"与"现代"、"初级"与"高级"两个等级不同的思维方式，而是人类历史上始终存在的两种相互平行发展、各司不同文化职能、互相补充、相互渗透的思维方式。

其次，列维－斯特劳斯用结构语言学方法分析了野性思维的结构。他认为，野性思维中，无论内容如何，其形式上都具大致相同的类似性。因而，要理解未开化的土著人的思想、神话等，就不能离开特定的关系和系统的经验事实，即必须从结构中去理解。同时，野性思维中还存在着结构的普遍化特征。"每个社会只不过是按其规则和习俗把某一僵固的和非连续性的构架加于世代相继的连续之流中，这也就是在此连续之流中加上了一个结构"。这种结构的普遍化涵盖了一切。思维结构的共时性能够吸收历时性，因此，共时性才是结构的实质。即使不同民族集团及其观念往往是在同一系统的逻辑上处于正相反的地位，但它们之间却保持着共性，类似、对称和互补，因而呈现出一种按一定"句法"互为转换的性质，在原始图腾制度与文明社会的等级之间也存在着这种转换，因为"历史是从属于系统的"。"图腾制要求在自然生物的社会与社会群体的社会之间有一种逻辑的等价关系"。

第三，在论述野性思维的合法性等的基础上，斯特劳斯对于萨特存在主义的观点进行了抨击。

斯特劳斯指出，存在主义以"主体性的幻想的态度"对待存在，"把私人的偏见提高到哲学问题的程度是非常危险的，而且可能使哲学最后成为一种女店员的哲学"。问题的实质在于，存在主义者，特别是其在法国的代表人物——萨特，把辩证理性与分析理性互相对立，"把他自己的社会与其他社会割裂开来，希望做到纯净不染的'我思'，陷入个人主义和经验主义，并消失在社会心理学的死胡同里"。萨特"执意在原始与文明之间找差异"，这表现了他假定自我与他人之间存在根本对立的偏执之见。斯特劳斯则认为，辩证理性是"某种在分析理性之内的附加的东西"。并且"原始"与"文明"的历史意识，"它本身却是非历史的：它没有给我们提供具体的历史形象，而是提供了一种创造这样一种历史的人的抽象图式，这种图式能以一种同时态整体的形式表现于历史的发展之中"。"所以在历史、意识中去寻找最真实的意义是徒劳的"。历史只能是历史学家和历史行动者的"选择、切割和划分"，是多个历史领域的"非连续的集合"。这是对于萨特历史主义观点的直接批驳。

列维－斯特劳斯熟练的运用结构主义语言学的理论与方法，对于人类社会的研究，使其成为一个"典型的结构主义者"。这种研究，特别是直接抨击当时流行的存在主义思潮的精神，引导了一种以结构主义方法论探索一切问题的哲学思潮，因而他被称为结构主义之父。

四、结构主义的方法论特征

结构主义不是一种单纯的传统意义上的哲学学说，而是一些人文科学和社会科学家在各自的专业领域里共同应用的一种研究方法，其目的就是试图使人文科学和社会科学也能像自然科学一样达到精确化、科学化的水平。

结构主义的矛头直接指向存在主义，公开反对人性自由和选择的观点，而是集中关注人类行为是由各种各样的结构组织所决定的研究。以此观点为据的早期作品中最重要的一部就是列维－斯特劳斯于1949年版的《亲属关系的基本结构》。二战期间，列维－斯特劳斯在纽约结识了杰科普生，受到了杰科普生的结构主义以及美国人类学传统理论的影响。在《亲属关系的基本结构》一书中，他从结构观点来考察亲属关系，并试图证明不同的社会组织实际上就是少数基本亲属结构的相互置换。随后于1958年出版的《结构人类学》一书，收录了阐述其结构主义思想纲要的论文。

（一）结构主义的一般方法论原则

结构主义的方法有两个基本特征。

首先是对整体性的强调。结构主义认为，整体对于部分来说是具有逻辑上优先的重要性。因为任何事物都是一个复杂的统一整体，其中任何一个组成部分的性质都不可能孤立地被理解，而只能把它放在一个整体的关系网络中，即把它与其他部分联系起来才能被理解。正如霍克斯所说："在任何情境里，种因素的本质就其本身而言是没有意义的，它的意义事实上由它和既定情境中的其他因素之间的关系所决定。"再如索绪尔认为，"语言既是一个系统，它的各项要素都有连带关系，而且其中每项要素的价值都只能是因为有其他各项要素同时存在的结果。"因此，对语言学的研究就应当从整体性、系统性的观点出发，而不应当离开特定的符号系统去研究孤立的词。列维－斯特劳斯也认为，社会生活是由经济、技术、政治、法律、伦理、宗教等各方面因素构成的一个有意义的复杂整体，其中某一方面除非与其他联系起来考虑，否则便不能得到理解。所以，结构主义坚持只有通过存在于部分之间的关系才能适当地解释整体和部分。结构主义方法的本质和首要原则在于，它力图研究联结和结合诸要素的关系的复杂网络，而不是研究一个整体的诸要素。

结构主义方法的另一个基本特征是对共时性的强调。强调共时性的研究方法，是索绪尔对语言学研究的一个有意义的贡献。索绪尔指出："共时'现象'和历时'现象'毫无共同之处：一个是同时要素间的关系，一个是一个要素在时间上代替另一个要素，是一种事件。"索绪尔认为，既然语言是一个符号系统，系统内部各要素之间的关系是相互联系、同时并存的，因此作为符号系统的语言是共时性的。至于一种语言的历史，也可以看作是在一个相互作用的系统内部诸成分的序列。于是索绪尔提出一种与共时性的语言系统相适应的共时性研究方法，即对系统内同时存在的各成分之间的关系，特别是它们同整个系统的关系进行研究的方法。在索绪尔的语言学中，共时性和整体观和系统性是相一致的，因此共时性的研究方法是整体观和系统观的必然延伸。

（二）列维－斯特劳斯的结构主义方法特征

列维－斯特劳斯是第一个把索绪尔的语言学运用于社会科学的，他的《结构人类学》宣告了结构主义成为一种思潮的诞生。因此，列维－斯特劳斯被称为结构主义之父，从方法论上看，列维－斯特劳斯的结构主义具有如下特征：

一是理性主义倾向。列维－斯特劳斯认为，认识的对象不是事物的现象，而是它的内在结构。结构与经验现实无关，而与模式有关，即结构不是经验事物的本质，它是理性所给予的，因而不能通过经验的抽象认识事物，而应用先验的概念或模式认识事物。列维－斯特劳斯认为，结构主义的中心课题是从混乱的现象背后找出秩序。即对于社会结构的认识。在这一过程中，社会关系只是一些经验的原材料，其中形成的"模式"才能理解社会的结构。

二是整体系统思想。应该把认识的对象看成一种整体的结构，组成结构的成分是相互联系、自行调整的，如果一个成分发生变化，则相互联系的整体也发生了变化。

三是属性机能论。整体大于部分。相互联系的整体所具有的意义并不能从个别成分中找到，因而其关系也比单独的关系项更为重要。

四是社会认识论中的非主体本位倾向。社会与人的关系，是整体与部分的关系，人只是社会结构的一个成分，他没有单独的决定作用。他反对萨特的存在主义中片面夸大人的自我的主观能动作用。

五是崇尚静态解剖的分析方法。列维－斯特劳斯认为，对于社会以及所有事物的认识，同时性的观察比历时性的观察更重要。他对巴西内地印第安人的生活习惯与文化进行考察时，用结构主义的这种方法解释亲属制度、图腾制度和神话传说。他以一种与历史无关的同时性观察解释这些现象。在他看来，一个神话每重述一次，历史就被重新构造一次。历史不是与个别时期有关的"客观的"事件系列，而是存在于一个特别"时刻"所发生的心理结构的交织中。过去不过是变成了现在的一部分。所以他不赞成关于历史进步的理论。

（三）方法上的分化与结构主义流派的演变

结构主义在流派的发展中逐渐分化为不同的类型和流派。

（1）从研究对象分：

①结构主义语言学：索绪尔、乔姆斯基

②结构主义美学：R.雅柯布逊，托马谢斯基

③结构主义人类学

④结构主义哲学

⑤结构主义历史学

（2）从方法论的差别和发展阶段分：

①非发生学的结构主义。例如列维－斯特劳斯的结构主义，以静止的结构说明意识形态和社会的形式，只重视同时性的说明，而不重视历史性的说明，所以它说明结构变化的来源。

②发生学的结构主义。他们强调动态研究，注意结构的发展过程，除承认探寻结构以外，并探寻结构的发生根源，试图把同时性说明与历史性说明结合起来，以说明结构变化的过程，J.皮亚杰，发生认识论，哥尔德曼—发生学结构主义。

③后期结构主义。主张没有固定的结构，结构是不断变化、发展的，例如 R·巴尔特在对文学作品作符号学的解释时认为有多种意义系统的存在；J.德里达发现的语言系统的变化规则等。

第七章 皮亚杰《结构主义》的发生学结构主义方法

从辞源上来说，结构主义一词来源于心理学，即 20 世纪伊始以铁钦纳为领袖的结构心理学——Structural Psychology。他们研究的主要问题是心理状态的元素和属性分析，与我们现在所说的"结构主义"在精神上正好是截然相反的。

让·皮亚杰（Jean Piaget，1896—1980）既是一位著名的心理学家，又是一结构主义者。他的结构主义立场和方法与其长期从事的儿童心理学和发生认识论研究的基本观点直接相关，被称之为发生学结构主义。

一、版本目录及内容结构

（一）让·皮亚杰《结构主义》一书最早出版于 1968 年，试图以此建构一部结构主义通论，所以本书在系统梳理各学科领域的结构主义方法的基础上，重点阐述哲学结构主义的思想方法，特别是区别于列维－施特劳斯只重视共时性研究的早期结构主义方法，皮亚杰重点论证了主张结构是生成演化的发生学结构主义的思想方法，为其依此研究儿童心智结构的《发生认识论原理》奠定了基础。

（二）1984 年商务印书馆，倪连生、王琳。中译本目录

目录：

第一章 导言和问题的地位

1. 定义

2. 整体性

3. 转换

128

二、结构具有发生和演化规律的思想方法

(一) 长期研究儿童心智的经验积累

让·皮亚杰 1896 年 8 月 9 日出生于瑞士的纳沙特尔。皮亚杰的父亲亚瑟·皮亚杰是一位纳沙持尔大学教授，主要是研究中世纪的历史与文学。由于皮亚杰的父亲所学的是人文领域，他十分重视皮亚杰的科学观念，更着重于培养皮亚杰对于事实的讲求与爱好；皮亚杰的母亲丽贝卡·杰克逊则是一位虔诚的宗教徒，她坚持让皮亚杰接受严格的宗教训练，并且为皮亚杰选择了一位对哲学颇有研究的教父科务特。皮亚杰是家中的长子，这样的家庭背景使得皮亚杰有机会去接触与思考有关哲学和科学的知识，进而发展出一套属于皮亚杰他自己独到的思想与见解。由于父亲的教导，使得皮亚杰重视以科学的系统性来求知。

1907 年，10 岁的皮亚杰在公园发现一只患有白化症的小麻雀，随即写了一篇关于白化症麻雀的文章，并寄给纳沙特尔自然科学史杂志《冷杉树》刊登出来。文中皮亚杰细致的观察与详细的分析，让他得到了纳沙特尔自然博物馆的馆长，与之一同搜集标本，并聘请他共同参与研究软体动物。随后，皮亚杰发表了一系列和软体动物有关的论文，并对正统门德尔的进化论提出质疑；这些富有挑战性的文字，在欧洲动物学界起了很大的反响。在中学时期，皮亚杰经常随他的教父外出度假，皮亚杰在这位教父的启发下产生了对认识论的兴趣。

1915 年，19 岁的皮亚杰获生物学学士学位。随后，他继续攻读生物学博士学位，并同时攻读哲学博士学位。在纳沙特尔大学读书期间，对哲学、生理心理学和逻辑学富有兴趣。他认为生物学和哲学的融合是通向认识论的捷径，进而对对儿童思维的发生与发展的研究产生兴趣而开始转向心理学。1918 年，他获生物学和哲学双博士学位。同年皮亚杰去苏黎世在烈勃斯和雷舒纳的心理实验室工作，并在布鲁勒精神病诊疗所学习精神分析学说。1919 年皮亚杰到巴黎大学，学习病理心理学，并学习科学的逻辑学和哲学。1921 年得法国国家科学博士学位，继而在巴黎给智力测验学者

塞西蒙助手，在一所小学的比纳实验室研究儿童心理，受西蒙委托应用勃德的推理测验测量巴黎儿童，并进行标准化。

1921 年皮亚杰受日内瓦大学克拉巴莱德的邀请，任日内瓦大学卢梭学院研究主任，从此开始创立自己"发生认识论"体系。在此期间，皮亚杰和妻子瓦朗蒂纳·夏特内结婚。1925—1929 年，皮亚杰在纳沙特尔大学任心理学、社会学和哲学教授。1925 年和 1927 年他的两个女儿杰奎琳和露西安娜先后出生，1931 年皮亚杰的儿子罗伦出生。皮亚杰在妻子协助下，以大量时间观察儿童动作并进行各种实验。他对自己三个孩子的研究，提供了他创立儿童心理发展理论的重要基础。1929 年到 1954 年皮亚杰在日内瓦大学任科学思想史教授，兼卢梭学院助理院长，同时他还担任日内瓦国际教育署局长，到 1967 年卸任。到 1932 年，皮亚杰已发表了诸如《儿童的语言和思维》、《儿童的判断和推理》、《儿童的世界概念》等 5 本论述儿童心理的专著。这些著作使他蜚声海内外，成为国际著名的儿童心理学权威。同时，皮亚杰在 1929—1939 年的十年期间，坚持研究数学、物理和生物学中主要概念的形成和历史，并在卢梭学院以较大规模从事儿童的动作和思维活动的研究，进行了一系列的实验。1932—1971 年皮亚杰任日内瓦大学教育科学学会会长。1937 年皮亚杰在巴黎举行的国际心理学会议上提出了关于儿童的具体运算和运算的整体结构的论文。1938—1951 年皮亚杰受聘洛桑大学实验心理学和社会学教授。1939 年—1951 年日内瓦大学聘其为社会学教授。1940 年起任日内瓦大学卢梭学院（现改称教育学院）院长兼实验心理学讲座和心理实验室主任。瑞士成立心理学会，他连任学会主席三年。1939—1945 年间，皮亚杰从事两方面研究：儿童到成年期的知觉发展和儿童的时间、运动和速度概念以及与这些概念有关的行为的发展。1952—1964 年皮亚杰任巴黎大学发生心理学教授。1954 年在加拿大举行的第十四届国际心理学会议，被选为国际心理学会主席。1955 年起，任日内瓦"发生认识论"国际研究中心主任，直至 1980 年卸任。他创立的"发生认识论"主要研究作为知识形成基础的心理结构（即认识结构）和探讨知识发展过程中新知识形成的机制。该中心集合各国著名学者共同研究儿童认识的发生与发展问题，据 1970 年报道，已出版 22 卷专著。皮亚杰于 1967 年所发表的《生物学与认知》，总结了他一生从事研究工作的成果。1971—1980 年皮亚杰被日内瓦大学聘为荣誉教授。

鉴于皮亚杰的杰出贡献，美国心理学会在皮亚杰 73 岁时（1969 年）授予他"卓著科学贡献奖"。1972 年，皮亚杰撰写了《教育的权利》一文，主张教育学的根本任务，是在于让儿童得到全面性的发展，使每个儿童都能有完善的人格。他在荷兰获得荣誉地位相当于诺贝尔奖的"伊拉斯姆士"奖金。同年皮亚杰退休，自职位上退休后，回到瑞士的山上静养；但是皮亚杰并没有因为退休而放弃研究工作，他终其一生都致力于发展"发生认知论"——将哲学基础的认知论建立在科学之上。1977 年国际心理学会授予皮亚杰"爱德华·李·桑代克"奖，这是心理学界的最高荣誉。1980 年在瑞士去世，享年 84 岁。皮亚杰一生探索不止，留给后人 60 多本专著、500 多篇论文，他曾到过许多国家讲学，获得几十个名誉博士、荣誉教授和荣誉科学院士的称号。

（二）构筑结构主义通论的恢弘气魄

1968 年的《结构主义》一书是皮亚杰对于结构主义派别加以检验批判，从而建立起"结构主义通论"的主要著作。面对结构主义哲学运动中越来越复杂的观点，皮亚杰认为，"如果把当代各种科学中和越来越时髦的流行讨论中的结构主义所具有的不同涵义加以比较，似乎还是有可能来做一次综合的尝试的。"他认为，所有的结构主义者都希望一个结构本身是自足的，理解一个结构无需与它本身无关的任何因素，同时，结构都具有必然性和普遍性。他的发生学结构主义便可以把这一切统一起来。皮亚杰的发生学结构主义主要观点如下：

1. 认为结构主义是 20 世纪科学认识顶峰的总结，皮亚杰认为结构主义把数理逻辑形式推广应用到一切科学领域。因为一切科学，纯理论科学和现象科学，其目的是要从理论提升为数理方程式的系统，或先以建立控制论的模型作为中心阶段，这样表达起来的科学法则，才具有明白的可理解性，不容研究主体的影响，而有高度的科学性和克己性。为此科学家等要去发现结构，然后再把其形式化。

2. 结构就是包含着一些规律、成为系统的一个转换系统。这样一个系统，有自我整体，能起到自己解释自己作用的性质，不要向外界找别的外在成分来帮忙。所以结构具有如下特性：其一：整体性质，凡是结构主义者都把成分的结合看成聚合体与看作组成结构的整体这两种观点对立起来，把整体性作为公认的结构特点之一。但是在谈到整体性的产生问题上，结构主义内部有相当的意见分歧，这一问题包含若干个方面，其一是产生的方式，其二是产生的过程。在方式上，有涌现论的主张——只要成分汇合在一起，就立即产生了整体。他们虽然认识到一个整体并不是诸多先决成分的简单总和，但是，他们把整体看作先于成分，或者看作是这些成分发生接触的同时产生的。皮亚杰则认为这种思想把结构组成的规律及其性质问题丢到一旁去了，把结构主义的任务简单化了。而原子联想主义的错误，则在于把结构混同于由元素简单相加而成的集合体，并企图把结构还原为它的组成元素，而没有看到结构的整体性是不能由其元素本身的特性来说明的。在批判结构的整体性形成方式问题上，针对上述两种错误，皮亚杰主张，应该采取一种一开始就讲究关系的态度，即运算结构主义立场。这种立场重视的是成分之间的关系，或者说成分的组成程序或过程，它既不要人断定成分和整体谁先谁后，也不要人必须接受这样的整体而又说不出所以然，在整体性产生的过程上，"涌现论"者属于"预成论"的先验主义思想，他们否认结构整体性的形成过程的时间性。皮亚杰则认为，因为结构是由若干转换规律所组成的体系，它不是静止的"形式"，它是与结构的转换性相联系的。结构的整体性研究是一种系统分析，有些具有时间性，有的则是非时间性的。

其二是结构具有若干转换规律。这些规律从性质上来说是起造结构的作用的。结构的整体性来自它的组织规律，这种组织规律创造结构，这种造结构和被构成的双重作用，构成一个转换系统，正说明转换概念的成功性。转换表明，结构不是一个静止的整体，而是包含有变化的。在转换规律的支配下，整体的守恒不但不与各种要素的各种变化相矛盾，相反，结构的整体性正需要由这种变化而体现出来。皮亚杰认为，一切已知的结构，从最初级的数学"群"结构到规定亲属关系的结构……都是一些转换体系。但是，这些转换可以是非时间性的，也可以是时间性的。例如数理结构转换就是非时间性的，而社会结构的转换则往往是时间性的。

其三结构有自身调节作用。结构作为由转换规律组成的一个系统，有自身满足的性质，就是说，一个结构内在固有的各种转换是不会在这个结构的边界之外进行的，而且经过转换所产生的成分，总又属于这个结构，并且只要是成分，就得有这个结构所有的那些规律。所有结构有某种程度的封闭性和守恒性，这是因为结构自身调节作用而带来以上这些性质。由于转换是在一个整体之中进行的，因此，一个结构所固有的转换不会越出结构的边界之外，只会产生总是属于这个结构并保存该结构的规律的成分。正是在这个意义上，结构把自身封闭了起来。结构的守恒性和封闭性需要自身调整性，而自身调整性又产生了结构的守恒和封闭。结构的自我调节性揭示了结构的形成与转换的内在机制。皮亚杰认为，一旦某种知识的领域被归结为一个自我调节的结构时，人们就会不可遏止地感到是发现了该领域最内在的动力源泉。皮亚杰把自我调节分为两种：一种只是在原有的结构中发挥作用，在平衡的状态下使结构得到自身的守恒与稳定，并不超出原有结构的界限；另一种自我调节则参合新的建构，并把原有的结构作为与结构整合到一个更大的结构中去，从而在一个新的、更大的范围内使结构保持自身的守恒与稳定。在不同类型的结构中，自我调节的形式、层次不同。最高层次的是非时间性的逻辑数学的自我调节，这是一种完善的自我调节。其次是一个时间性的不具有严格的逻辑数学性质的结构的自我调节。最低层次的最简单结构的自我调节是节奏机制的调节。

3. 皮亚杰认为，通过各种特殊的结构主义立场的研究，应该认识到科学的结构主义，并不是科学学说，一种哲学理论，而是一种方法论，数学结构和逻辑结构表现在伽洛瓦最早发现了"群"结构，"群"结构具备了转换规律和自我调整性，体现了一般结构主义的理想。现代物理学越来越显示出结构的重要性，测不准关系、洛伦兹变换等使我们了解到结构和主体之间有着不可分割的联系。心理学、语言学、哲学等领域，都表现出结构主义是一种方法，而不是一种学说。

4. 从结构主义研究的本身精神来说，只能在各种学科之间的协调研究中才能得出合适的结论——主张以不同学科的研究交融来进行分析。

在结构与主体的关系上，皮亚杰批评了那种认为有了结构就没有主体的地位的说法。是他指出，这里所说的不是个别主体而是认识论上所说的主体，即在同一水平上所有主体的共同认知核心。在认识层次上要掌握结构，必须要经过不断地消除中心作用——消除主体本位主义影响、使不同主体之间不断协调和建构具有互反性的过程，才能得到普遍性结构。皮亚杰认为，科学的转换规律系统（结构），从一方面说，是认识真理，有不变个别主体共有的存在价值；但从另一方面看，认识因受主体认识水平的限制，不可能找到一劳永逸的真理，还会受到未来的主体的修正补充，甚至推翻重组。所以，皮亚杰认为要到认知活动生活的动力学本身中去寻找它不可否认的向性（vection）存在的理由。

5. 皮亚杰认为，不存在没有结构过程的结构，不管是抽象的结构过程，还是发生学的有时间性的结构过程，这是比较不同科学领域而得出的结论。

6. 既然结构主义并不排除认识主体，结构是与发生论不可分的，那么结构也不排除功能概念，在结构有自身调节作用中，就说明有功能的地位。

（三）认知结构发生演化的结构主义揭示

皮亚杰用其结构与功能相统一，结构主义与建构主义相统一、心理学方法与其他科学方法相统一的方法，结合儿童心理学的研究，形成了其科学认识论的基本思想。这种认识论，从纵的方面看，阐明了人的认识（从个体发生论和种系发生论上看）是通过建构过程形成的，有其历史和功能。从横的方面看，他阐明了认识是成整体的，是些等级不同的结构。这种思想集中表现在《发生认识论原理》一书中。

首先，皮亚杰提出了认识开始于中介。他认为，"认识既不能看作是在主体内部结构中预先决定了的——它们起因于有效的和不断的建构；也不能看作是客体的预先存在着的特性中预先决定了的，因为客体只是通过这些内部结构的中介作用才被认识的，并且这些结构还通过把它们结合到更大的范围之中（即使仅仅把它们放在一个可能性的系统之内）而使它们丰富起来。"① 个体原来具有的格局（Schema）来同化刺激，即把刺激纳入原有格局，经过同化，实现建构过程。从而使认识得以发展。他既反对认识的预成论，又反对经验论。"一方面，认识既不是起因于一个有自我意识的主体，也不是起因于业已形成的（从主体的角度来看）、会把自己烙印在主体之上的客体；认识起因于主客体之间的相互作用，这种作用发生在主体和客体之间的中途，因而同时既包含着主体又包含着客体……"②

在认识发生中，"一开始起中介作用的并不是知觉……而是可塑性要大得多的活动本身"。③ 通过活动实现三种水平的同化，其一是在物质上把环境的成分作为养料，同化于体内的形式。其二是在感知运动阶段，同化的作用在于形成感知运动智力，即把自己的行为加以组织。其三是把经验的内容同化为自己的思想形式，从而形成逻辑智力。同化不能使格局改变或创新，它只能使格局有自我调节作用。

其次，皮亚杰指出，个体受到刺激或环境的作用时，具有调节能力。这种调节能使原有格局变化和创新，以适应环境和刺激的作用。调节因素是个体内在的，调节过程也是自觉的、内在的。

通过同化和调节两种作用和机能，使个体的格局由一种平衡状态发展为另一种平衡状况，从而实现认识结构的不断发展。这一发展实质上就是一个较低水平的平衡状态，通过机体与环境的相互作用，经历同化、调节机制，发展为一个较高水平的平衡状态。这种发展就是心理智力的发展。

第三，皮亚杰认为，"认识的获得必须用一个将结构主义（Structurism）和建构主义（Constructivism）紧密地连续起来的理论来说明，即是说，每一个结构都是心理发生的结果，而心理发生就是一个较初级的结构

---

① ［瑞士］皮亚杰：《发生认识论原理》，王宪钿等译，胡世襄等校，北京：商务印书馆，1981 年版，第 16 页。

② ［瑞士］皮亚杰：《发生认识论原理》，王宪钿等译，胡世襄等校，北京：商务印书馆，1981 年版，第 21 页。

③ ［瑞士］皮亚杰：《发生认识论原理》，王宪钿等译，胡世襄等校，北京：商务印书馆，1981 年版，第 22 页。

转化为一个不那么初级的结构。那么，认识的心理发生究竟如何实现这一结构的不断转化过程呢？皮亚杰详细分析了从动作转化为概念化思维的各个阶段。

第一阶段是感知运动水平。皮亚杰认为，在儿童早期的活动中，既显示出在主体与客体之间完全没有分化，也显示出一种根本的自身中心化，可是这种自身中心化又由于同缺乏分化相联系，因而基本上是无意识的。因此，儿童只有在以后的阶段通过自由地调节自己的活动来肯定其自身的存在。"不论这些最早出现的活动是多么地简单，我们还是能够看到其中一个将随时间的推移而越来越变得明显的过程在起作用，这个过程就是把从客体本身得出的或者——这是重要的——从应用于客体的活动格局得出的抽象结合起来，以建构新的联结。"① 从感知运动水平往后发展，主客体的与日俱增的分化，使得协调在两个层次、两种机制中起作用，其一是"把主体的某些活动或这些活动的格局联合起来或分解开来；对它们进行归类、排列顺序，使它们发生相互联系。"②

第二方面的协调是"与客体之间的相互作用有关"，这种"协调则从运动学或动力学的角度把客体在时空上组织起来，其方式跟使活动具有结构的方式相似；同时，这第二类的协调合在一起就形成下述那些因果性结构的一个起点，这些因果性结构是已经有了明显的感知运动上的表现的，其往后的发展也是与第一类型结构的发展同样重要的"。③

第二阶段前运演思维阶段的第一水平。由于"感知运动智力的格局还不是概念"，因此，真正的思维尚未形成。但是，"随着语言、象征性游戏、意识等等的出现，情况就显著地改变了：在某些情况下，在那些保证主客体之间存在着直接的相互依存关系的简单活动之上，增添了一种内化

---

① ［瑞士］皮亚杰：《发生认识论原理》，王宪钿等译，胡世襄等校，北京：商务印书馆，1981 年版，第 26 页。

② ［瑞士］皮亚杰：《发生认识论原理》，王宪钿等译，胡世襄等校，北京：商务印书馆，1981 年版，第 26 页。

③ ［瑞士］皮亚杰：《发生认识论原理》，王宪钿等译，胡世襄等校，北京：商务印书馆，1981 年版，第 27 页。

了的并且更为精确地概念化的新型活动。"① "内化就是概念化，也就是把活动的格局转变为名副其实的概念，那怕是非常低级的概念也好（事实上我们只能称这种概念为'前概念'）"。② "随着表象思维向前进展的程度，思维与其客体之间的时空两方面的距离都相应增加。"③ 这就为概念的产生奠定了基础。在同化性转换作用下逐步实现了"从活动到思维或从感知运动格局到概念的过渡"。④ 皮亚杰认为，前运演思维阶段第一水平是儿童从两岁左右到四岁之间完成的。这一阶段"在主客之间唯一存在的中介物仍然仅仅是一些前概念和前关系。并且赋予客体的唯一因果关系仍然是心理形态的，完全没有从主体的活动中分化出来。"⑤

第三阶段是前运演阶段的第二水平。皮亚杰认为，儿童从五到六岁期间，开始解除自我中心化，"以及通过我们称之为'组成性功能'的东西，来发现某些客观的关系。"组成性功能是有指向性，它"代表着一种不完全的逻辑结构，这种结构最适宜于说明活动及其格局所显示出的依存关系，只是还没有得到运演所特有的那种可逆性和守恒"。⑥ 但是，"组成性功能在很多程度上离不开作为主客体间中介联结的活动来表现依存关系"，⑦ 这一点与逻辑、因果关系密切相关。"从逻辑开始，我们看到概念

① ［瑞士］皮亚杰：《发生认识论原理》，王宪钿等译，胡世襄等校，北京：商务印书馆，1981 年版，第 29 页。

② ［瑞士］皮亚杰：《发生认识论原理》，王宪钿等译，胡世襄等校，北京：商务印书馆，1981 年版，第 32 页。

③ ［瑞士］皮亚杰：《发生认识论原理》，王宪钿等译，胡世襄等校，北京：商务印书馆，1981 年版，第 30 页。

④ ［瑞士］皮亚杰：《发生认识论原理》，王宪钿等译，胡世襄等校，北京：商务印书馆，1981 年版，第 35 页。

⑤ ［瑞士］皮亚杰：《发生认识论原理》，王宪钿等译，胡世襄等校，北京：商务印书馆，1981 年版，第 36 页。

⑥ ［瑞士］皮亚杰：《发生认识论原理》，王宪钿等译，胡世襄等校，北京：商务印书馆，1981 年版，第 38 页。

⑦ ［瑞士］皮亚杰：《发生认识论原理》，王宪钿等译，胡世襄等校，北京：商务印书馆，1981 年版，第 35 页。

化活动之间的协调产生了一个重要的进步：儿童此时稳定地区分个体和类"，^① 但是，还没有掌握组成推理的基本形式。

第四阶段是具体运演阶段的第一水平。皮亚杰认为，儿童"七岁到八岁这个年龄一般标志着概念性工具的发展的一个决定性的转折点；儿童迄今已对之感到满足的那些内化了或概念化了的活动，由于具有可逆性转换的资格而获得了运演的地位，这些转换改变着某些变量，而让其他的变量保持不变。"^② 由于逐步的分化和渐进的协调作用，根本性的创新使运演发生了质的变化，这一运演阶段，思维已具备前瞻性和回瞬性，是一种"完整的"调节，而不再是简单的"调节"，同时，这一水平上的运演具有系统的闭合性。

第五阶段是具体运演阶段的第二水平，这个阶段是儿童发展的九、十岁阶段在"这个阶段的新异之处在逻辑下关系或者说空间关系的领域内表现得特别明显。"^③

第六阶段是形式运演阶段，是儿童在十一二岁时开始形成的。"在这个阶段，运演从其对时间的依赖性中解脱了出来，也就是说从儿童活动的前后心理关系中解脱了出来——在这种前后关系中运演的蕴含特性或者说逻辑特性也具有因果性的方面。正是在这个阶段，运演最后具有了超时间性，这种特性是纯逻辑数学关系所特有的。"^④ 即纯形式化的运演。"形式运演的主要特征是它们有能力处理假设而不只是单纯地处理客体。"^⑤ 即形式运演能够对运演进行运演。"就是这个对运演进行运演的能力使得认识

①［瑞士］皮亚杰：《发生认识论原理》，王宪钿等译，胡世襄等校，北京：商务印书馆，1981年版，第38页。

②［瑞士］皮亚杰：《发生认识论原理》，王宪钿等译，胡世襄等校，北京：商务印书馆，1981年版，第38页。

③［瑞士］皮亚杰：《发生认识论原理》，王宪钿等译，胡世襄等校，北京：商务印书馆，1981年版，第47页。

④［瑞士］皮亚杰：《发生认识论原理》，王宪钿等译，胡世襄等校，北京：商务印书馆，1981年版，第51页。

⑤［瑞士］皮亚杰：《发生认识论原理》，王宪钿等译，胡世襄等校，北京：商务印书馆，1981年版，第52页。

超越了现实，并且借助于一组合系统而使认识可以达到一个范围无限的可能性。"① 至此，"运演就不再像具体运演那样限于一步一步地建构了。"主体认知的思维建构就真正形成了。

皮亚杰认为，个体认识的发生过程，凝结和浓缩了人类认识的发生过程。因而，表面上皮亚杰的认识发生论是以个体为研究对象的，但实质上是以此揭示类的共性的。

不仅如此，皮亚杰还对于认识发生的生物生理学进行了研究，考察了主体的自我调节的生理基础，批判了天赋论、经验论等的错误。

皮亚杰的认识论以淋漓酣畅的文笔和翔实可靠的素材，结合心理学、生理学的研究，用发生学结构主义的方法，对于人类认识形成过程的研究，是当代认识论研究中重大成就之一，对于我们研究微观认识论具有十分重要的借鉴意义。

---

① ［瑞士］皮亚杰：《发生认识论原理》，王宪钿等译，胡世襄等校，北京：商务印书馆，1981 年版，第 16 页。

第八章　石里克、卡尔纳普《逻辑经验主义》
的实证原则与意义标准

一、版本目录及内容结构

《逻辑经验主义》是维也纳学派的创始人石里克和卡尔纳普等人系列哲学文集，集中反映了他们在分析哲学，特别是语言逻辑分析领域捍卫科学合理性的经验实证主义意义标准的核心思想。本书于1989年被洪谦、江天骥先生译为中文。是进入卷帙浩繁的逻辑经验主义论著的精粹集成捷径入门著作。

二、科学意义的实证原则

石里克（Moritz Schlick）领导的"维也纳小组"的创立，标志着逻辑经验主义的开端，到了鲁道夫尔·卡尔纳普时，这场国际性的哲学运动已经形成深远的影响。这与它把哲学的发展与科学的发展密切联结在一起的思维方法不无相干，正如赖欣巴赫所说，我们时代的真正哲学是跟实证科学一起发展起来的，只有当我们把眼光转向作为构造科学概念之一种结果的特殊的哲学思维形式以及转向诸科学的精神装置的时候，才能发现这种哲学。新哲学不想依靠抽象的思辨，或纯粹的沉思，或以往多数哲学家所采纳的理性分析来解决这些认识论问题，新哲学相信它只要密切结合科学和数学研究就能解决自己的问题。但是，不能不能将新的科学哲学的方法与科学自身的方法混为一谈。到卡尔纳普时，这种独特的研究视阈已凝结为一种新的形式和风格。"维也纳学圈的任何其他成员的哲学论题和表述形式都没有像卡尔纳普的哲学论题和表述形式那样被如此经常地和逻辑经验主义的哲学等同起来。在其 1935 年移居美国后的若干年中人们更发展了这样一种解释模式，它将维也纳学圈的哲学面貌直接等同于卡尔纳普的论题和理论的面貌，并以关于卡尔纳普的观点和分析的发展的叙述取代了对维也纳学圈的发展的叙述。一系列作者给予卡尔纳普的这种特殊地位一方面与他在他属于石里克学圈时期实际上所起的重要作用有关，另一方面也与他此后作为一名哲学家所赢得的高度评价有关。"[①] 事实上逻辑经验主义不仅有一套整体的理论和一些重要的学术组织，而且培养了一大批科学哲学家。他们的卓越成就影响了后继科学哲学的发展。包括波普尔的批判理性主义、库恩的历史主义以及夏皮尔的科学实在论等，都是在批判、吸收逻辑经验主义的思想基础上发展起来的。因此，虽然 20 世纪 60 年代以后该学派已瓦解，但是，它起了开思想之先河的历史作用，它的方法和思想仍然在继续和发展着，它的历史功绩是不可磨灭的。逻辑经验主义产生于 20 世纪 20 年代，其关于科学合理性的思想特征深受当时的科学思想和哲学倾向的影响。维也纳学派的许多成员都具有良好的数学和自然科学的基础和学科背景，由此决定了他们对于科学合理性问题的探讨不是一种纯粹哲学的思辨和空洞的抽象，而是从科学认识论和方法论的事实出发，寻觅科学与哲学的亲和力。同时也是应对反归纳主义的挑战，密切结合自然科学，尤其是数学和物理学的最新成就，通过概率逻辑的实证方法来捍卫归纳主义的阵地。

三、用数学和物理学的新成就维护科学的归纳主义基础

由于十九世纪与二十世纪之交，自然科学的研究，特别是物理学的研究从宏观领域向微观领域的深入，遇到的根本问题是在宏观低速领域起作用的经典力学在微观高速领域失灵，那么，现代科学的合理性何在？现代科学的认识论基础是什么？科学理论的经验基础有无普遍性？以及现代科

---

① ［奥］鲁道夫·哈勒：《新实证主义——维也纳学圈哲学史导论》，韩林合译，北京：商务印书馆 1998 年版，第 223 页。

学与近代科学有无相关性和共同性等一系列问题，一夜之间迸发出来，人们大有应接不暇之感。在如何应对这些问题上，逻辑经验主义做了大量卓有成效的工作。

首先，逻辑经验主义试图通过现代数学概率论与数理逻辑相结合的手段，把归纳逻辑形式化、公理化，从而维护现代科学的经验主义基础，维护科学的归纳主义合理性原则。

概率逻辑（probabilistic logic）是归纳逻辑的一种现代类型，它的特点是运用现代的逻辑与数学工具，主要是运用数理逻辑与概率理论对归纳逻辑、归纳方法进行形式化、数量化的研究，可以说概率逻辑是形式化、数量化的归纳逻辑。

在逻辑上，由于演绎逻辑引入形式化和数学的方法，到 20 世纪初已较为完善，罗素和怀特海在 1910 年完成的《数学原理》一书，可以看作是数理逻辑完善到一定程度的一项成果。

在哲学史上，休谟曾对归纳提出非难，以培根、密尔为代表的古典归纳主义面临着严峻的挑战，实证主义、逻辑经验主义为了应付休谟提出的"归纳问题"，并能对科学理论给出相应的解释，便将归纳命题的证明问题改为"确证"（confirmation）问题，并以概率值作为确证的量度，于是 20 世纪 20 年代出现了概率逻辑，剑桥的哲学家 W·E·约翰逊最早研究过概率逻辑问题，但一般公认 J·M·凯恩斯提出了概率逻辑的第一个公理系统，J·尼柯德、F·韦斯曼、H·杰弗里斯、G·H·莱特和 H·赖欣巴赫等人，都为建立概率逻辑做过很有意义的工作，其中最有影响的是逻辑经验主义的鼻祖之一的卡尔纳普在 40 和 50 年代的工作。

概率逻辑系统大多数在结构上有如下共同特点。一般是先给出一个概率演算的公理系统，然后对形式的概率定义和系统给出类似对形式系统给出的语义解释，再以此对归纳推理加以处理，其中所用到的概率演算工具主要是贝叶斯定理和贝努利定理。

凯恩斯在 1921 年给出的概率逻辑系统中，将命题 a 及其命题 h 间的概率关系 p 记作 a/h = p，该系统给出的初始定义有 19 条，并有 7 条公理。但这个系统不够严格。莱特在 40 年代给出的概率演算公理系统共有 6 条公理。①命题 p 对于另一命题 h 的概率度是唯一的，用 p/h 表示；②$0 \leqslant p/h \leqslant 1$；③若 h－p，则 p/h＝1；④若 h→p，则 p/h＝0；⑤$p > g/h \times g/p > h = g/h \times p/g > h$；⑥$p \wedge q/h = h/h + q/h - p \wedge q/h$，其中⑤⑥分别为乘法定理和加法定理。贝叶斯定理和贝努利定理可以由上述公理的引论中得出。对于概率公理系统所给出的解释，凯恩斯用集合间的关系即证据集和假设集间的关系解释概率度。在他所给出符号 p（a/h）＝1/b 中，概率 1/b 为集合 a、h 之间的关系。但由于他对这种关系的涵义处理不清楚，因而存在解释上的严重缺点。莱欣巴赫利用相对频率解释概率，认为作为证据的命题序列 A 与作为假设的命题序列 B 之间存在着概率蕴涵关系，并用 A 表示之，作为初始符号引入的，故（p（A，B）＝p）＝df（A∂B）。为表示概率值，他指出，一归纳推理的命题是成立的，实质上是指有关命题序列存在着一定的概率极限值，亦即满足一定的概率值。在他看来，归纳推理是一种与概率度相关的渐近认定（posit），其取值与多值逻辑相关，但在给出某种公界值的条件下可化归为二值逻辑。卡尔纳普在 50 年代强调区分概率 1 与概率 2。前者为逻辑概率即归纳概率或确证度，用 C 函数表示，C（h，e＝p表示，证据 e 对于假设 h 的确证度，其值为概率 p；后者为概率的频率解释，但他并不采纳。他对概率给出的是一种语义解释。他遵循演绎逻辑的方法，先给出带等词的一阶逻辑系统 L，再在取自然数上或 N 上，将用以完全描述给定个体域取值由它所满足的状态描述确定（这句话意思不清晰），并以量度函数 M 量度，这样，C 由 M 确定，即 C（h，e＝M（h∧e）/M（e），当 M（e）≠0，否则 C（h/e）无定义。因此，归纳命题是指 e 对 h 的部分蕴涵。

由此表明，卡尔纳普是彻底地用演绎逻辑与外延方法处理归纳逻辑问题的，在对概率公理系统的解释方面，还有一种主观解释，这是与归纳过程中必然存在主观因素相关的。

其次，逻辑经验主义用哥德尔不完全定理回击了反归纳主义者在科学合理性问题上的求全责备。

哥德尔于 1931 年在其《〈数学原理〉及其有关系统中的形式不可判定命题》这篇讲师论文中证明的不完全定理（incomplete theorem），对于捍卫科学合理性的归纳主义基础更是具有十分重要的意义。哥德尔不完全定理是现代归纳主义的科学方法论特别是科学证明的方法上的一个里程碑式的成果。其内容如下：

设有一个以皮亚诺自然数论为其子系统的、自身协调的（即不自相矛盾的）形式系统，暂记作 U；在形式系统中凡不含自由变元的公式叫做语句；如果语句 A 和¬ A 在某形式系统内均不可证，则 A 就叫做该形式系统的不可判定语句。不完全性定理说，任何一个上述的系统 U 都必有一个不可判定语句 A。依照排中律，A 和¬ A 之间必有一个是真语句，故不完全定理可改为：任何上述的系统 U 都有一个真语句是不能推出的。如果一个系统对任何语句 A 能够推出 A 或¬ A，则这个系统叫做完全系统，这样不完全性定理又可改述为：任何一个上述的系统 U 必是不完全的。

根据不完全性定理的证明过程，还可以推得下列结论：如果包含皮亚诺自然数论为子系统的形式系统 U 是协调的，则"U 是协调的"这个事实的算术公式不可能在系统 U 内证明，这个结果叫做第二不完全性定理。它也是证明论中很重要结果。

注意：虽然证明关系、可证性、协调性等等是可以算术化的，但由不完全性定理却可推得，真假性是不能算术化的，亦即不可能找到一个算术公式 tr（a）使得 tr（a）成立，当且仅当以 a 为编号的公式 A 为真，也就是说，在系统 U 内下列公式 tr（a）A（这里 a 为 A 的编号）是不可证的。

19 世纪物理学在力、热、光、电领域取得了辉煌成就，物理学家们怀着无比自豪的心情进入 20 世纪。著名物理学家约里在上个世纪末，曾对向他求教的普朗克说，物理学的整个体系已足够牢固、可靠、完善。但是，物理学晴朗天空的远处，尚有两朵小小的令人不安的乌云，这就是经典物理学无法解释的热辐射实验和迈克尔逊——莫雷实验。紧接着，多事之秋的世纪之交，电子的发现、x 射线和黑体辐射现象的发现，一下子把经典物理由宏观低速世界的科学权威，引向了微观高速领域的神秘困惑中。经典物理学的理论在微观世界中究竟是否适应？怎样理解物理学理论的科学性？宏观低速运动领域与微观高速运动领域有无共同规律？如此等等的问题摆在科学家、哲学家、特别是科学哲学家面前。

为摆脱上述困惑，哥德尔通过不完全定理，寻找一条通往现象学之路，试图用本质直观的现象学方法，应对现代科学对于理性主义的挑战。现象学就是洞察真理显明性的科学，其方法不是归纳和演绎，而是"一种原初给予的看，一种本质直观"（categorical intuition）方法。胡塞尔认为，人的认知总是具有意向性（intentionality）的，是关于某物的认知，意识（consciousness）也总是关于某物的意识，一种意识行为总是直接指向某个特殊对象或事件状态的，我们的信念和认知行为都是在给定时间的关于某些对象和某些概念的范畴（categories）的，这些范畴称为"本质"（essences）。本质是预设在关于对象的认识中的，在各种不同的实在内容和变动不居的意向内容中直接直观地把握（grasp）不变的本质就是所谓的本质直观。这种本质直观是一种原初给予的看（see），但不是感官意义上的看，实际上是在看概念，看本质。本质直观是具有多种形式的一种行为，因而它是类似于感性知觉的东西，而非类似于想象的东西，原则上无须理智的抽象过程就可以通过一次直观把握本质。胡塞尔常以红纸为例阐明个别直观和本质直观的实质性区别。假定我们的目光朝向作为感性直观被给予之物的一张红纸，它并不是直接指向这张纸的红色，也不是指向红的程度，而是直接指向红本身，在进行这种目光转向时，红本身就原本的直接给予了我们，我们便直接把握了红本身的特殊统一。正如在《纯粹现象学和现象学的哲学观念》中胡塞尔所描述的："我具有关于红的一个或多个个别直观，我抓住纯粹的内在，我关注现象学的还原。我截断红在被超越的统摄时所意味着的一切。现在我纯粹直观地完成了一般的红或特殊的红的意义，个别性不再被意指，被意指的已不是这个红或那个红，而是一般的红。"[1]真理的"显明性"（明证性）（Evidenz, evident）即"对真理的体验"，严格意义上的显明性称为"对真理的相应性感知"。一方面，显明性以原初的被给予方式为依据；另一方面，显明性的客观相关物就是"真理的存在，或者说就是真理"。胡塞尔特别区分了两个级次的显明性，个体

----

[1] ［德］胡塞尔：《纯粹现象学通论》，转引自倪梁康：《现象学及其效应》，北京：三联书店1994年版，第77页。

直观的显明性是"断言的显明性"（assertorische Evidenz）；本质直观的显明性是"确真的显明性"（apodictische Evidenz）。前者是对个别事物的假定性判定，这类显明性不是纯粹的；后者是我们对事物本质的洞见，现象学所要达到的正是后者。[①]

基于对这些数学工作进行深刻的哲学反思，哥德尔强调直觉的重要。他认为，数学真理与经验真理之间具有本质的区别，"与经验命题不同，数学命题的真依赖于命题中包含的概念的意义。"但是，不能因此而认为数学命题不断言任何经验事实，否则也会认为自然律同样不断言任何经验事实，因为人们从任何自然律推出经验事实的过程离不开数学。然而数学的"概念内容"（conceptual content）确实有别于科学的"事实内容"（factual content），它在某种意义上依赖于数学直觉，这种直觉或许可以说是约定加上一种相关的经验知识，所以，数学概念仍然是建立在实在论基础上的。为了证明数学（甚至仅限于古典数论）的一致性，为了寻求解决数学基础核心问题的更强有力的无穷公理，必须求助于哥德尔的数学实在论或现象学实在论认可的抽象对象，求助于具体的感性直观不可达的抽象概念或意义，必须超出具体直觉基础上的希尔伯特的有穷数学结构，诉诸比康德直观、布劳威尔直觉更具洞察力的等级越来越高的抽象直觉。不完全性定理既为胡塞尔的现象学提供了数学依据，同时也受到了现象学的哲学支持。因为不完全性定理与胡塞尔关于意义和意义的澄清、关于哪些对象是存在的，以及什么是本质直观的观点是不矛盾的。同时，不完全性定理告诫人们，为了突破数学形式系统的局限，对于不能从演绎角度理解的数学本质（一种把握抽象概念的本质）的直观是绝对必需的，现象学正是指出了通达这种本质的途径。这就超越了早期逻辑经验主义，特别是卡尔纳普取消一切超验实在的形而上学预设的经验主义防线。

第三，逻辑经验主义根据爱因斯坦的相对论论证经典力学与相对论力学的对应性，进一步论证科学合理性的归纳主义基础的可靠性。

1905 年相对论（狭义）创立，爱因斯坦在《论动体的电动力学》一

---

① 参见胡塞尔：《纯粹现象学通论》，德文版，第 331—335 页。

文中大胆地提出两条基本假设：第一，对于任何惯性系，一切自然定律都同样适用。"物理体系的状态据以变化的定律，同描述这些状态变化时所参照的坐标系究竟是用两个在互相匀速移动着的坐标系中的哪一个并无关系。"[①] 这就是相对性原理。第二，对于任何惯性系，自由空间中的光速都是相同的。这就是光速不变原理。"任何光线在'静止的'坐标系中都是以确定的速度 V 运动着，不管这条光线是由静止的还是由运动着的物质发射出来的。"[②]

根据这两条原理，爱因斯坦导出了两个惯性系之间相对速度为 v 时的时空变换关系：

$$x' = \frac{x - vt}{\sqrt{1 - (\frac{v}{c})^2}}$$

$$y' = y$$

$$z = z'$$

$$t' = \frac{t - vx/c^2}{\sqrt{1 - (\frac{v}{c})^2}}$$

在这个变换中，时间与空间不再彼此独立，而是密切相关的。速度的合成也不再是简单地相加减。当 $v < c$ 时，$\frac{v}{c} \sim 0$，$x' = x - vt$，$t' = t$。洛仑兹变换就变成伽利略变换。

根据洛仑兹变换，经典物理学是相对论物理学在极限情况下的近似表现。换言之，相对论力学中包含了经典力学，但经典力学则不能代替相对论力学。相对论力学比经典力学更准确。

爱因斯坦从相对论的基本原理和洛仑兹变换中得出了相对论的一系列结论。例如，同时性的相对性原理。它是说两个独立事件 A 与 B 在一个惯

---

① ［美］爱因斯坦：《爱因斯坦文选》第 2 卷，许良英等译，北京：商务印书馆 1977 年第 1 版，第 87 页。

② ［美］爱因斯坦：《爱因斯坦文选》第 2 卷，许良英等译，北京：商务印书馆 1977 年第 1 版，第 87 页。

性系中看是同时出现的，在另一个惯性系看则并不同时；在这个惯性系看A 在 B 之前出现，在那个惯性系看 B 出现在 A 之前。又如尺缩钟慢效应、物体的质量随速度变化、质能联系等结论。其中许多结论很快被科学发展所证实。

第四、逻辑经验主义结合量子论和量子力学说明经典物理与现代物理的互补性，从而维护科学合理性的归纳主义基础。

20 世纪初物理学发展中的另一重大的突破是量子论和在此基础上建立的量子力学。量子论是从研究光波运动和热辐射现象开始的。19 世纪光的波动学说占统治地位，微粒说无人问津。但是，人们在后来研究短波（紫外线）时，发现了与经典物理学大相径庭的结论，即当辐射的波长无限小时，可获得无限大的能量，这种情况被称为"紫外光灾难"。在这种情况下，原来从事热力学研究的普朗克转而从事黑体辐射的研究。他大胆地提出了一个与经典物理学的连续性观念根本不同的假设：物体在发射辐射和吸收辐射时，能量是不连续的，而是以一定数量的整数倍跳跃式地变化；正像物质由一个个原子组成，能量也是由一份份"能量原子"构成。他把每一份能量叫"能量子"或"量子"。用数学公式表达为：$\varepsilon = h\upsilon$，h 为普朗克数量，υ 为频率，ε 为能量。

与此同时，光电效应的研究和解释为量子论的创立也奠定了坚实的基础。量子论的创立，使人们认识到微观粒子，进而整个物质世界，都具有波粒二象性。这就动摇了经典物理学的大厦，开创了一门专门研究微观世界运动规律的统一理论——量子力学。

奥地利物理学家薛定谔、德国物理学家海森堡以及波恩、狄拉克等，都为量子力学的创立与发展做出了贡献。量子理论创立以后，要求人们正确处理经典理论与量子理论、连续与间断等的关系。丹麦物理学家玻尔首先提出了对应原理，这原本是一条关于量子理论过渡到经典理论的原则。按照这条原则，原子现象的量子理论在极限情况下，应该给出与相应的经典物理学相同的结果。

上述数学、物理学的发展成果，为逻辑经验主义提供了重要的基础和自然科学认识背景。

四、继承经验主义和实证主义的思想传统

首先，逻辑经验主义，也称逻辑实证主义，继承了传统实证主义的思想，它是 20 世纪的实证主义，是实证主义的第三代。

传统实证主义的哲学思潮由法国哲学家孔德所开创。实证主义哲学思潮是在自然科学从宏观走向微观世界的过渡时期，第一个登上现代哲学舞台的流派。实证主义哲学在孔德那里已形成其基本原则：试图走超党派的"中间"哲学路线，实质上在实证主义原则、统一科学的方针指引下，走了主观经验论的路线。孔德认为，事物只呈现为变化不完的表面"现象"，其内部并无绝对的本质与因果性。人们只能凭主观经验去感觉事物的"现象"。那么，究竟如何去感觉事物呢？怎样的感觉是正确的，怎样的感觉是错误的？孔德认为，一切理论都必须从主观经验得到"实证"，否则就是"假"理论而被推翻。怎么"实证"？孔德认为，"实证"的知识应是"现实的"、"有用的"、"确实的正确的"、"建设的"、"相对的"。他认为，神学哲学是"空想"，形而上学是"虚构"，只有实证哲学才是"科学的"。孔德的实证主义在 19 世纪 30 年代掀起了第一个高潮。而穆勒于 19 世纪 60 年代使实证主义到达新的高峰。

密尔（曾译穆勒）以逻辑学作为手段，具体地实现了实证哲学的要求。他认为，"逻辑是一块中立的土地"。唯物主义和唯心主义"在这里可以相聚，握手言欢"。实质上，在密尔那里，逻辑已经不是反映客观事物本质和规律的认识手段，而是整理"心理学的现象"的实证工具。他认为，公理和真理只是"观念联合"，是"精神的基本规律"。最后，密尔的《功利主义》是把实证主义应用到社会伦理领域、建立实证的人文社会科学的一次重要尝试。

斯宾塞在 19 世纪 80 年代前后掀起了实证主义的另一个高峰。斯宾塞表面上带有温和的面目，提出"力的一元论"，认为人只能凭感觉经验去认知事物的现象，至于现象内在的本质人是不可能认识的。本质就是"力"，它是"绝对不可知的实在"。超越于唯物唯心的"综合哲学"是人类建立一个统一科学体系的希望所在。它由《第一原理》、《生物学原理》、

《心理学原理》、《社会学原理》、《伦理学原理》五个部分构成。

上个世纪之交，马赫的经验批判主义把实证主义发展到新的高潮。马赫认为："并不是物体产生感觉，而是要素的复合体（感觉的复合体）构成物体。"① 在马赫看来，世界的真正要素不是物（物体），而是颜色、音声、压力、空间、时间（即我们通常称为感觉的那些东西），即"感觉的复合"。而空间和时间是感觉系列的调整了的或者协调了的体系。这就使马赫陷入相对主义的泥坑。马赫认为"设想世界上只有我和我的感觉存在"这样的思维是最"经济"的。"思维经济原则"就其宣布因果性和实体都被废弃而言，与主观感觉论一脉相承。但就其发展了思维中辩证法的某些方面而言，对于科学的发展有一定的重要作用。爱因斯坦曾说"马赫的经济原理"对于他创立相对论的思维过程有过重要的启发。

20 世纪前期，实证主义哲学发展到最高水平，而石里克、维特根斯坦、卡尔纳普、莱欣巴赫等，都继承和发展传统实证主义的思想。他们大凡主张用科学的实证原则就可以达到拒斥形而上学的目的。石里克认为，科学是"真理的追逐"，而哲学则是"意义的追逐"，"哲学就是那种确定或发现命题意义的活动。哲学使命题意义得到澄清，科学使命题意义得到证实。科学研究的是命题的真理性，哲学研究的是命题的真正意义。"② 卡尔纳普说："除个别的专门科学问题之外，可以看作真正的科学问题的，只有科学逻辑的分析问题，即对它们的句子、概念、理论等等进行逻辑分析的问题。我们把这个问题的总体称之为科学逻辑。"③ "假说一演绎方法，或解释归纳法，曾受到哲学家和科学家们很多的讨论，但它的逻辑性质常常被误解。由于从理论到观察事实的推论常常为数学方法所实现，有些哲学家就以为，理论的建立可以通过演绎逻辑得到解释。这一见解是不能成立的，因为理论之被接受，并非以从理论到事实的推论为基础，而是相

---

① ［奥］马赫：《感觉的分析》，洪谦等译，北京：商务印书馆 1986 年第 2 版，第 23 页。

② ［瑞士］石里克：《哲学的转变》，转引自洪谦主编：《逻辑经验主义》上卷，北京：商务印书馆 1982 年版，第 9 页。

③ 转引自洪谦主编：《西方现代资产阶级哲学论著选辑》，北京：商务印书馆 1964 年，第 287 页。

反，是以从事实到理论的推论为基础的；这个推论不是演绎的，而是归纳的。所给与的是观察材料，观察材料构成确立的知识，理论则是通过确立的知识被证为有效的。"① 意大利科学哲学家 M. 佩拉在《归纳法与科学发现》一文中，抨击了承认假说具有"先验功能"的观点，重新强调科学的归纳模式。他认为："假说是一个解释性方案，为了对一定事实给出一个描述，对特殊问题给出一个特殊答案，它被审慎地提出来。因此，假说在经验方面起作用，它是同事实有关的、后天的、经验的，当这些事实被查明之后就开始产生效果。"② 佩拉提出的归纳模型的图式是：

$$O\ldots\ldots\ H_p\ldots\ldots\ O_c\ldots\ldots\ H_c$$

"对任何新提出的理论，人们可以提出两个公认的、方法论上的要求：它应该产生它终于要代替的理论，而把后者作为一个结果或第一次逼近，同时也作为一个特例。第一个要求无非是等于要求新理论解释以前的理论所取得的成功。第二个要求相当于要求新理论是更一般的和可独立检验的。"③ 氧化学说推翻了燃素说。"但是燃素说者的实验结果并不因此而完全被排除，相反地，这些实验结果仍然存在，只是它们的公式被倒过来了，从燃素说的语言翻译成了现今通用的化学的语言，因此它们还保持着自己的有效性。"④ "然而被热素说所统治的物理学却发现了一系列非常重要的热学定律，在这里，特别是（让·巴·约）付立叶和萨迪·卡诺为正确的见解开拓了道路，而这种正确的见解本身不过是把它的前驱发现的定律倒过来，翻译成自己的语言而已"。⑤ "当我们将来更多地知道化学能的本质，知道原子运动本身的类别，当力学的规律在这里也得到运用的时候，那么关于化学结构的学说就会像从前的一些化学理论那样衰落了。但

① [德] 赖欣巴哈：《科学哲学的兴起》，伯尼译，北京：商务印书馆1983年版，第178页。

② [意] M.佩拉：《归纳法与科学发现》，载《科学与哲学》1983年第4期第72页。

③ [英] 约瑟夫·阿盖西：《在微观与宏观之间》，《英国科学哲学杂志》14卷（1963），第26页。

④ [德] 恩格斯：《自然辩证法》，北京：人民出版社1984年版，第33页。

⑤ 转引 [苏] 什托夫：《科学认识的方法论问题》，张碧晖等译，北京：知识出版社1981年版，第191页。

是，同这些理论中的大多数理论一样，它的衰落不是为了使它消失，而为的是在改变了的形态下进入到新的和更加广泛的观点的范围中。"①

其次，逻辑经验主义的产生及其发展，试图进一步解答休谟怀疑论的挑战。实证主义产生和发展中始终面临休谟对于因果关系的挑战。休谟认为，一切关于事实知识的推理均建立在因果关系的基础上，而真正的因果关系应该在作为因的事件和作为果的事件之间存在一种必然的联系。如果没有必然的因果联系，一切关于事实知识的推理就都是无效的。但是，在经验中我们并不能找到必然的因果联系。如何批驳休谟这一动摇人们知识的基础的挑战呢？实证主义坚持了经验归纳的基本传统，但是，从孔德到密尔，直至马赫，都始终没有真正解决"归纳问题"。罗素明确地提出"归纳问题"，如何靠经验归纳去说明全称判断的正确性，如何"证实"全称判断的真假？这个问题仍然成为困惑逻辑经验主义的一个关键问题。也是造成逻辑经验主义由兴盛到衰退的历史性难题。

综上所述，由于逻辑经验的产生和发展所依据和伴随的近代科学传统和哲学思维氛围的各自特征，决定了逻辑经验主义在科学认识的思维方法和科学活动的研究方法中，必然在理论上要着力于如下几个方面的探究和发展，这些方面也在规定着逻辑经验主义的发展方向。

五、用证实原则的意义标准夯实科学合理性的归纳主义根基

逻辑经验主义关心的三个根本问题是：什么语句或命题是有意义的？这是意义的标准问题，也是区分科学与非科学陈述的标准问题。如果一个命题是有意义的，它的意义是什么？这是命题的经验内容问题。判定一个有意义命题的真值的标准是什么？这是科学陈述，特别是科学理论陈述的评价问题，也是科学理论或科学假说的评价与选择问题。

按照逻辑经验主义，科学命题的意义，是由证实它的方法决定的。对此，石里克在《意义和证实》一文中已经明确地提出，"一个命题的意义，就是证实它的方法"。因此，如果一个命题不可能有任何方法去证实，那

---

① ［德］恩格斯：《自然辩证法》，北京：人民出版社 1984 年版，第 33 页。

么它就没有意义。"意义标准"和"证实原则"是逻辑经验主义在方法论上"拒斥形而上学"的基本手段。

首先,逻辑经验主义者认为,只有那些能够用逻辑分析或经验证实的方法确定其真假的命题才是有意义的命题,否则就是无意义的命题。换言之,如果一个命题能够用逻辑分析的方法加以证明,那么这个命题就是一个逻辑真理;如果一个命题能够被经验证实,这个命题就是有经验意义;如果一个命题既不能用逻辑分析的方法加以证明,也不能用经验观察的方法加以证实,那么这个命题就是无意义的命题,就必须加以拒斥。这就从根本上排斥了属于形而上学的认识对象。

其次,在逻辑经验主义看来,一切命题可以分为两类,一类是分析命题,另一类是综合命题。所谓分析命题是"因意义而真的命题",即只要我们知道命题中每个词项的意义,我们就可以确定它是真的(或者是矛盾的),它的真假不依赖于世界中的任何事实。或者如后来蒯因所说,分析命题要么是逻辑真理,要么通过同义词替换可以变成逻辑成理。它们只有形式上的意义,而没有经验意义,它们对现实世界不说任何东西。数学命题和逻辑命题属于分析命题。综合命题的真假,不能由分析它们意义来确定,而必须依赖经验观察。例如"这朵玫瑰花是红的",就可以用经验观察证实其真假。

逻辑经验主义认为,形而上学之命题虽然在外表上或者像综合命题或者像分析命题,但是它们既不能被经验证实,也不能被逻辑证明,因而这类命题是"假冒命题"(pseudo – proposition,不同于与真命题相对的假命题),必须加以拒斥。

那么,逻辑经验主义以意义标准、证实原则能否彻底的拒斥形而上学呢?下面我们通过意义标准与证实原则的贯彻过程中所遇到的困难及其后继者的修正和完善去说明这一点,并欲通过这一点看到意义标准和证实原则的发展和变化。

逻辑经验主义曾设想过各种不同的办法来贯彻意义标准和证实原则,其中比较重要的有:

1)强的可证实性的要求

2）弱的可证实性的要求

3）可证伪性的要求

强的可证实性的要求表示，一个句子具有经验上的意义，当且仅当，它不是分析的，而它又能够至少在原则上能够被我们用观察证据完全证实。换句话说，句子 S 有经验意义，当且仅当有这样一个有穷的观察句集合 O_1，O_2，……O_n，如果这些句子是真的，那么 S 必然是真的。

这一强的证实性要求遇到了一定的困难，主要表现在全称命题的证实问题上，如"一切人都会死"。对此，有的逻辑经验主义者干脆主张，全称命题没有经验意义，但事实上在科学中有很多全称命题是有意义的定律。由此可见，强的证实要求并不能真正解决证实方法的要求。

于是，有的逻辑经验主义者主张用弱的可证实性的要求来代替强的可证实性的要求。在弱的可证实性要求下，不要求一个命题能被经验完全证实，只要求被经验部分地证实。一个句子具有经验意义，当且仅当，它不是分析的，而它又能够，至少在原则上能够被我们用观察证据确证为是或然地真的。如何确证观察证据的或然率呢？这就是逻辑经验主义后来作为证实原则的重要方法的概率逻辑。

但是，这里仍然存在问题，有没有一条明确的规则来决定，在什么情况下我们应该接受一个命题，在什么情况下我们不应该接受一个命题呢？即概率逻辑的值达到多少时，可以确证……？对此，卡尔普纳说："并没有一般的规则来限定我们的判断。像这样一个（综合）命题（语句）的接受或拒绝永远含有一个约定成分。"这就等于承认要决定一个命题有无意义，单凭经验确证是不够的。

于是，艾耶尔提出了一种辅助假说的方法：如果从句子 S 与适当的分析性的辅助假设句子的合取句能够推导出单从辅助假说不能推导出来的观察句，那么 S 就是有意义的。即

设 S 是要证实的句子，N 是分析性的辅助假设，O 为观察句，则：$S \land N \rightarrow O$

例如：句子 S：一切金刚石都比玻璃硬。

辅助假设：如果一切金刚石都比玻璃硬，那么用一块金刚石划这块玻

璃，这块玻璃上应该有一条痕纹。

观察句：这块玻璃上有一条痕纹。

后来有人提出了可证伪性的要求，大意是：对于一个全称命题，我们虽然不能用归纳的方法完全证实它，但是我们却可以用演绎的方法判定性地证伪它。

没有非白的天鹅

有非白的天鹅（真）

没有非白的天鹅（假）

但是，可证伪性的要求虽然适用于全称命题，却不适用于存在命题。如对于在有的星球上存在着比人还高级的生命——可证伪性（要求）标准就不能适用。

由于逻辑经验主义在意义标准的证实过程中遇到了不可回避的困难，于是卡尔纳普把证实概念用确证代替，这样经验主义的原则就变成了：一切综合陈述都是以经验为基础的。卡尔纳普区分四种说法，从最严格到最宽泛的排列是：一、完全的可检验性（即一切综合陈述必须是完全可检验的）。二、完全的可验证性；三、可检验性；四、可验证性。这四种情况都要求在语言中出现的主谓语都是根据可观察的东西而来，或能够还原为这种可观察的东西的谓词。因此，逻辑经验主义的意义标准，可以表达如下：为了能把一个综合陈述看作是经验上有意义的，必要而充分的条件是：这个陈述属于经验主义语言，因此也就是属于那种按照精确的句法规则建立起来、其全部陈述都是可以被验证的语言。

由于意义标准的最终问题是经验主义的语言问题，因此，逻辑经验主义的第二大方法就是科学理论的语言结构法。

卡尔纳普提出了一套关于科学理论结构的看法，其中心是理论概念和经验观察之间的关系问题，是以精细的逻辑工具和间接的方式确定理论名词和理论句子的经验意义。

（一）主要概念

一是观察语言 L_0，包括逻辑常词和描述常词，描述常词也称为观察词

汇 V_0，它们用来表示事物的观察属性（如"大""小""红"等）和事物之间的可观察关系（如"A 大于 B""C 在 D 前面"等等）。观察语言必须满足一定的要求，比如原始描述名称的可观察性，非原始描述名称的可显定义性和可还原性，等等。

二是理论语言 L_T。也包括逻辑常词（如真值函项联结词）和描述常词 V_T，用来指称不可观察的事件，或事件之间不可观察的关系。

三是对应规则和部分解释

对应规则 C 是一些公设，把 V_T 中的一些名词和观察词汇 V_0 联系起来，使其获得经验的意义。要注意的是，并非 V_T 的每一个名称都有一条对应规则和 V_0 相联系。V_T 中的名称分为两部分，一部分离可观察东西领域近一些，它们凭借 C 和 V_0 发生联系。另一部分名称是靠理论中的公理和这部分名称相联系，从而获得一种间接的，不完全的解释。以前经验主义认为全部的 V_T 都可以还原为 V_0，这一要求是做不到的。因此，理论语言通过对应规则和观察语言发生联系，从而获得经验解释，这被称为部分解释。

（二）科学理论的结构

亨普尔把科学理论结构比喻为保护杂技团演员的"安全网"。坚实可靠的大地是观察层次，支撑杆是对应规则，网是理论系统，网线是公理。这里的要点在于：并不是每一个网结都有支撑杆与地相接，但整个网是安全的，因为其余的网结是间接地被固定了的。

（三）理论语言何以在科学结构中有经验意义

规定了作为科学分析之手段的主要概念的含义后，如何把其应用于科学理论的结构框架中去，即如何在理论公设系统、公理和观察层次之间的联系上运用对应规则建立联系，这种联系如何才是有效、客观、科学的呢？这些问题的首要条件是形成科学理论的理论名词的意义标准、理论句子的意义标准等问题。只有把这些条件讨论清楚，科学理论的语言结构法就迎刃而解。

首先讨论理论名称的有意义性标准。对于这一问题，尽管在逻辑经验主义的形成和发展过程中争论很多，而且涉及到科学理论结构的核心问题，但是作为逻辑经验主义的典型理论代表人物卡尔纳普却给出了精确的用形式化语言表达的定义，其大意如下：理论名词要有经验的意义，必须满足下列几大条件：1，不违反理论公设系统的句法规则；2，所有的名词都由与可观察事件有可预测关系的概念组成。

这一定义使得一些理论名词的意义可以根据其他理论名词的意义而得到，这样就形成一条理论名词的链环，使得理论名词可以离开直接观察越来越远，而仍然保持意义。

其次，关于理论句子的有关意义性标准，卡尔纳普的定义是：1，句子的每一描述常词是符合名词的意义标准的，2，句子符合理论系统的形成规则。对于第一点，在前一段已讨论过，第二点所说的理论系统的形成规则，可以因具体学科而异。

对于卡尔纳普规定的意义标准，也遭到了一些后来学者的反驳，用卡尔纳普的意义标准所构成的科学理论结构系统，也同样遭到批判。其集中表现是逻辑经验主义关于观察名词和理论名词的区别问题。在作出区别时，卡尔纳普的拥护者把观察词说成是指称可以直接观察的东西，而直接可观察的东西的标志是：观察句子的真理性可以借助于至多使用了一些简单工具的较少的观察就可以获得的。阿钦斯坦批判说，这并不足以作出观察词和理论词的区别，如果观察词在原则上只能用来指称可观察的事物，就根本没有观察词，因为观察词总能够不改变其意义而用于不可观察的东西，就像牛顿用"红色"来假设光是由红色粒子组成一样。

费格尔认为，观察依赖于概念结构，观察与理论的区别是大成问题的。观察与理论的区别也遭到了历史学派的否定。汉森明确主张观察充满了理论，具有不同认识知识背景和不同理论模型的人，在同一场合看见不同的东西。费耶阿本德的主张，与逻辑经验主义的见解相反，是观察报告寄生在理论上，我们的理论决定了对可观察语言的解释。

对应规则和部分解释的概念也遭到了各种批评。至此，科学理论的语言结构法作为逻辑经验的经典方法，整个面临危机，蒯因的整体论更加剧这种危机。

蒯因认为语言结构法的困难根源于这种方法只注重单个句子的意义标

准的讨论，蒯因认为，把陈述当成具有意义的单位是太小了，具有经验意义的单位应该是整个科学，他说："我们关于外部世界的陈述不是单个的，而是作为一个共同体系面对感觉经验的法庭的。"① 据此，蒯因提出了一个科学认识的整体论模式：

科学知识的整体是一个人工构造物，它只是在边缘同经验紧密接触，其次是普遍性逐渐增加的自然定律，愈到中心，就愈是远离经验，比如像数学、逻辑学和哲学本体论的命题等。在这个体系中，各门科学的界限是模糊不明确的，不存在严格的区别，特别是不存在分析—综合的二元性，各门科学的差别只在于普遍性程度，系统的最外层与经验发生矛盾时不是导致单个陈述的改变，而是引起内部的调整。到底调整那个部分以适应事实，可以有较大的选择自由。即使边缘部分的陈述与经验发生尖锐的矛盾，也可以通过对整个系统的大幅度调整，甚至修改属于中心地位的逻辑规律，而容纳这一陈述。另一方面，系统中没有任何部分是免受修改的。人们在对修改作选择时，不是由经验来决定，而是遵循实用主义的原则，即是，使修改尽量少，并追求简单性。

蒯因的整体论模式显然是对科学的观察层次和理论层次这种界限分明的二分法的否定。他的整体论思想的深层含义在于揭示"哲学与科学是连续的"，"有些哲学家把哲学理解为以某种方式从科学中分离出来，并提供一种建立科学的牢固基础的学问，但我认为这是一种空想。大多数科学都比哲学'坚实'，甚至比'最坚实的'哲学还要'坚实'。我认为哲学与科学是连续的，甚至是科学的一部分。从最广义上说，科学是包括历史学、工程学和纯数学的一个幅度很大的连续体"② "在自然科学中，有一个等级的连续统一体，从报告观察的陈述到那些反映例如量子力学或相对论的基本特征的陈述。我最终的观点是：本体论，甚至是数学和逻辑的陈述

---

① W. V. Quine, "Two Dogmas of Empiricism," in Quine, *From a Logical Point of View*. Cambridge, Mass.: Harvard University Press, 1953, p.41.

② [英] 麦基编：《思想家》，周穗明、翁寒松译，北京：三联书店1987年版，第242—243页。

组成了这个连续统一体的延续部分。"①

整体论作为一种科学方法，在 30 年代逻辑经验论的代表人物纽拉特的思想中已经初露端倪，他认为，一个句子的真假，不是由与世界上的东西或情况作比较来确定，而是看它与已经存在的句子的总体是否一致来作比较。一个句子可以融贯一致地纳入一个句子系统，就说它是真的。如果句子与系统不一致，我们应该否定这个句子而不是怀疑系统的真实性。只有在没有办法的情况下才对系统作改变和调整，使其与一个新句子融洽。

亨普尔在后期也支持整体论，他认为，由还原句引导的链条来判断单个词句的意义是不合理的，认识的意义必须系予整个系统。他论证说，对于一个命题不能用观察来直接检验。比如用仪器检验一个物理学的假设，设计这个实验就涉及到若干物理理论，而仪器的制作和使用也包含一系列的理论，并且还要加上仪器的各个部分处于正常状态的假设。如果实验的观察结果与假设不相符合，我们不是轻易就抛弃假设，而是要重新细致地检验仪器是否出了毛病，甚至可以怀疑仪器设计原理和其他辅助的理论假设。因此，一个实验不仅是检验一个假设，而且是检验了这个假设和一套附加假设的总体。

此外，亨普尔还认为经验的意义并不是要么全有要么全无的，系统中的认识是一个程度的问题。可以按照与经验接通的程度把系统的意义排成一个等级序列，开始是一观察词汇，中间是一些与理论有密切关系的陈述，最后是一些很难与经验发生联系的陈述。不能把系统划分为有意义和无意义的。对不同的理论系统有下面各种综合尺度：一、明晰性和精确性；二、形式简单性；三、解释和预见能力；四、理论确证的程度。

卡尔纳普最后也接受了整体论，此后有很多科学哲学家也接受和支持整体论，他们看到了整体论使人们注意到了科学方法论的某些价值的重要方面。也有人认为这种方法不是十分正确的，比如，考察牛顿力学时，其中的科学定律和"第一推动力"是可以分开的。此外，按整体论方法，把自然科学理论作为一个整体也不恰当，比如，天文学上的黑洞命题似乎波

①　W. V. Quine: *The Ways of Paradox and Other Essays*, Columbia University Press, 1976, p. 211.

及不到分子遗传学。

　　分析命题与综合命题的区别与逻辑经验主义的证实原则有密切联系，它甚至还是逻辑经验主义关于观察——理论区别的基础。在证实原则发展变化过程中，艾耶尔把它重新表述为："如果一个陈述本身是一个观察陈述，或者它与其他一些观察陈述的合取推导出至少一个观察陈述，那么这个陈述是直接可证实的。如果一个陈述满足以下条件，那么它就是间接可证实的：首先，它与其他一些前提的合取推导出一个或多个可直接证实的陈述来，而由那些前提单独推导不出这些可直接证实的陈述来。第二，那些前提所包含的陈述要么是分析陈述，要么是直接可证实的陈述，要么是可独立确定为间接可证实的陈述。"于是有经验意义的标准就表述为：一个陈述是有经验意义的，当且仅当它不是一个分析陈述并且它要么是直接可证实的要么是间接可证实的。①

　　逻辑经验主义者主张，命题包含了两种可以严格区别开来的成分，一是语言成分或形式成分，二是事实成分，比如"布鲁图斯杀死恺撒"，它的真假取决于历史上是否发生过这件事。但是，如果把"布鲁图斯""杀死""恺撒"的次序加以变更，我们就要对命题的意义另作理解，或者不可理解。一种极端的情况是：命题的事实成分缩小到零，那么命题的真假就凭它的形式，也就是凭分析其组成部分的意义来决定，这时它就是一个分析命题。

　　蒯因的整体论思想的前提，是他对分析陈述与综合陈述区分和对分析性概念本身不信任。蒯因把公认的分析命题划分为两种类型，第一种如："没有一个不结婚的男人是结婚的。"这叫做逻辑上真，因为如果我们懂得其中逻辑常词的意义，不管怎样理解"男人""不结婚的"等描述词的意义，它都是真的。第二类如："没有一个单身汉是结婚的。"我们把"单身汉"和"不结婚的男人"当成是同义词，通过同义词替换，这个命题就成了第一类的逻辑上的真命题。蒯因的攻击点恰恰就选在这里，凭什么标准来决定两个概念是同义的？

---

① A. J. Ayer: *Language, Truth and Logic*, London: Victor Gollancz Ltd, 1946, p.13.

蒯因驳斥了逻辑经验主义者关于同义性的种种说法：比如，根据字典判断两个词的同义性；用另外的词解释一个词，因而它们是同义性的；在人工语言系统中定义词和被定义词是同义的；通过外延一致的可替换性来达到认识同义性等。蒯因说，这些方法统统是以先已存在的同义性为前提的。比如，靠查字典来确定同义性就是本末倒置的，因为编字典的人是从经验观察中发现人们以往同义地使用一些词。他的同义词定义是已知情况的记载，不能作为同义性的根据。蒯因的结论是：由于分析的概念是建立在不清楚的、成问题的"同义性"概念的基础上，因此分析综合命题的严格区分是站不住脚的。对于蒯因的批判，逻辑经验主义者大都不接受，他们最多只是采取了一些修正方法使其分析—综合区别法更精确化、明晰化。

卡尔纳普、纽拉特等人主张，一切自然科学的知识都可以用物理语言来表述，而且只有物理语言才足以充当表达任何科学论断的统一科学的语言。

物理主义和统一科学的主张并不要求把各门科学都统一到物理学中，也不要求把所有的规律都还原为物理定律。它是说，物理语言是普遍适用的、统一的语言，一切科学陈述都可以翻译为物理学陈述。"物理主义的论题说的是，物理主义的语言是科学的统一的语言，这也就是说，每一门科学的分支领域中的语言可以在内容上忠诚地翻译为物理主义的语言。由此可以得出这样的结论：科学是一个统一的系统，在这系统中，不存在根本不同的对象领域，即不存在自然科学和精神科学的分裂；这就是统一科学的论题。"① 卡尔纳普认为"物理主义语言的最重要优点之一，就在于这种语言具有主体间的交流性，也就是说，它原则上能够使所有使用这种语言的人都观察到这种语言所描述的事件。"② 这个看法包含两层意思：一、所谓物理学的陈述，是说科学的记录句子可以表示为确定的时空点的数量

---

① Rudolf Carnap, *Logische Syntax der Sprache*, Zweite Auflage, Wien, 1934, S. p. 248.

② ［美］卡尔纳普：《卡尔纳普思想自述》，陈晓山、涂敏译，上海：上海译文出版社 1985 年版，第 81 页。

描述；二、每种句子都可以翻译为物理语言，但反过来却不一定。比如，可以用时空点及数量关系来描述"供求"、"工资"、"价格"等经济学概念，但却不能用经济学术语描述"力""电场"等概念。因此物理语言是普遍适用的。

卡尔纳普在详尽地证明物理语言的普遍适用性基础上，强调在逻辑经验主义的方法论中，用量化的物理语言揭示命题的意义和建构科学理论的经验主义框架结构，乃是一种基本的科学分析的方法和证明方法。

逻辑经验主义不关心本体论问题。他们强调的科学理论的物理主义量化语言和现象主义命题等，不是说世界的本体构成最终是物质或是感觉，而是讨论哪种语言、哪种命题更有利于科学地描述世界。"统一科学"也不是说世界的统一性，而是一个关于"各门科学的规律和语词之间的逻辑关系的问题"。逻辑经验主义所主张用物理主义语言来统一科学，这种语言理论属于人工语言立场，其主要表现是鲁道夫·卡尔纳普的《世界的逻辑构造》和 A·J·艾耶尔的《语言、逻辑与真理》等著作。维持根斯坦前期也持人工语言立场，对维也纳学派及整个逻辑经验主义产生了很大影响，甚至人们把其称之为分析哲学的精神之父。但他后期则主张日常语言分析。

在语言分析问题上，鲁道夫·卡尔纳普首先提出语言的规划服从宽容原则。他指出哲学语言分析的任务是作规划或者说构造。而规划是指考究一个系统的一般结构，这个系统的各个不同方面，在各种可能性、理论上无限多的可能性之中作选择，使得各种特点相互适应，而所得出的总的语言系统满足某些给定的需要。在语言规划的过程中，要服从"宽容原则"，即人人都可以自由选择适合他自己目的的语言。这是"语言形式的约定性原则"决定的。卡尔纳普所谓的约定原则在于强调，不能制定语言选择的禁令条例。他认为，语言是构造起来的，不同的语言适合不同的目的和需要。人们应当加以研究和比较的各种语言形式，不仅包括历史地给予的语言形式，例如自然语词语言或者历史地提出的数学符号语言，而且也包括人们可能想构造的任何新形式。从我们的观点看来，这种构造新语言的可能性是至关重要的。哲学分析的对象是科学语言，而科学语言则是人工语言。人工语言的主要表征在于意义精确以及按照逻辑语形学构造，符号逻辑的语言就是如此。

用人工语言可以进行严格的逻辑演算。科学知识在于用语言去把握和表达自然现象中的逻辑形式，是逻辑算法。只有人工语言才能具有完全的逻辑性，才是逻辑演算。卡尔纳普认为，说一种语言，即一般地指任何种类的演算，即是说一个关于所谓表达式（即任何种类元素或者说所谓符号的有限有序系列）的形成规则和变形规则的系统。因此，只有符号语言，才在形式上具有能够进行逻辑演算的属性。

那么，从形式上来说，怎样的语言才能构成科学的人工语言呢？卡尔纳普在《语言的逻辑语形》一书中对此进行了系统地论述。

卡尔纳普提出了元语言和对象语言两个层次的区分。首先是作为我们研究对象的语言，卡尔纳普称其为对象语言，其次是我们用以谈论对象语言的语形形式的语言，卡尔纳普称其为语形语言。

卡尔纳普认为，哲学的任务在于对作为人工语言的科学语言作逻辑分析，为科学语言建立逻辑语形，使之成为人工语言，成为形式化的语言。

而所谓一种语言的逻辑语形，则是指关于这种语言的形式的理论——关于支配它的那些形式规则的系统陈述以及对这些规则导出的推论的阐发。一个理论、一条规则、一个定义或类似东西被称为形式的，如果其中既不涉及符号（例如语词）的意义，也不涉及表达式（例如语句）的意义，而单单唯一地涉及表达式所由构成的符号的种类和顺序。所以语言分析就是要把科学语言的语义分析与逻辑分析结合起来。卡尔那普认为，语言的逻辑和句法有共同的地方，其一是句法研究语句，而逻辑也只有研究语言表达式而不是判断，才能达到精确。其二是在各种语言表达式中，逻辑主要也研究语句，为语句制定规则。其三是句法规则是形式规则，逻辑规则也是形式规则。所以，"语言形式理论"都是指语言的逻辑，也即是逻辑语形。

从逻辑语形学的立场出发，卡尔纳普主张，哲学应代之以科学逻辑，而拒斥形而上学。他认为，形而上学研究那些经验科学领域所没有的虚构对象，所以都是一些假问题。科学应该研究对象问题，哲学研究逻辑问题。卡尔纳普认为，除了各别科学的问题，就只剩下对科学、它的语句、词项、概念、理论等等的逻辑分析的问题是真正的哲学问题。我们将称这个问题复合体为科学逻辑。……一旦哲学被净化掉全部非科学因素，就剩下科学逻辑。……科学逻辑取代现今被称为哲学的那一大堆纠缠不清的问题。卡尔纳普要求人们在十分广的意义上理解"科学逻辑"这个词，即理解为包括所有下述问题的领域：通常所称的纯粹和应用逻辑、具体科学或作为整体的科学的逻辑分析、认识论、基础问题等等（就这些问题不包含形而上学，也不涉及规范、价值、超验等等而言）。

卡尔纳普认为，科学语言的形成规则是物理的、数学的函数关系。这种规则形成的科学语言的变形是在宽容原则下进行符号演算的。同时，科学语言的语句形式也分为对象语句和语形语句两种形式。对象语句陈述某些物理对象的经验性质，也称为事实语句、经验语句和综合语句。而语形语句关涉语言的构造，或者更确切地说，关涉它们的形式结构，因此是形式语句或分析语句。形式语句用来表达定义，说明不同假设的逻辑关系。由于科学逻辑不研究对象问题，所以对象语句就不是它的内容，它的所有语句都应当是语形语句。科学逻辑的一切语句都是逻辑语句。哲学语言是元语言，科学语言是对象语言。而科学语言包含对象语句和语形语句，元语言则只包含语形语句。元语言对于对象语言的对象语句的讨论，只限于分析它们的语形性质，而不涉及它们包含的认识内容。人们日常的实质说话方式不仅掩盖语形语句，使之变得隐晦而又含糊，而且严重地误导了哲学家的思维，使他们陷入形而上学。因此，人们必须当心按语词语气的日常应用使用实质说话方式的危险，切记它的语句的独特性质。特别当其于实质说话方式的语句下重要结论或提哲学问题时，明智的做法是把它们译成形式方式，确保它们免除含糊性。只有物理主义的形式化的人工语言，才能克服实质说话方式的自然语词语言的含糊性和语形结构之不完善的缺陷。

卡尔纳普创立了人工语言的理论体系，真正实现了维特根斯坦发现的"语言转折"。这一语言分析理论不仅包含语言形式上的分析，而且包含语言意义上的分析。

在人工语言的意义理论上，典型的代表思想是塔尔斯基的逻辑语义学和卡尔纳普的《意义和必然》。塔尔斯基曾创立模型论语义学，他又主张逻辑语义学。他认为，语义概念意义的含糊不清导致了许多无谓的哲学论争，尤其导致语义悖论，例如著名的"说谎者悖论"。这一悖论的症结在于没有给真理概念从语义学上下一个严格的定义。因此，给真理概念下语义学定义，排除语义悖论，成为他创立的逻辑语义学的出发点。

塔尔斯基指出，语义概念表达"某些表达式和这些表达式所'指云的'对象之间"的关系。而"真的"这个概念则和它们不同，它不是表达关系，而是表达某些表达式的一种性质。而定义真理的问题同语义学基础密切相关。语义悖论产生的原因之一是自然语言没有精确规定的形式结构。因此，为了从避免悖论着眼来解决真理概念定义问题，就必须把握语言的形式结构。他用数理逻辑的形式方法来解决语言意义问题，即建立语言意义的逻辑理论。据词看来，真理定义问题只有对于那些结构已得到精确规定的语言，才获得精密的意义，才能严格地加以解决。"而"现在，仅有的带规定结构的语言是各种演绎逻辑系统的形式化语言。所以逻辑语义学只可用于对人工语言的意义进行分析，而人工语言（即物理主义语言）可以推广到广泛的领域，它是所有科学、哲学的真理性的共同语言。

卡尔纳普发展了塔尔斯基的语义学，使语言意义问题成为分析哲学的核心问题。在《意义和必然》中，卡尔纳普提出内涵—真值语义学思想。他首先提出了系统语义学的新概念，以此建构其内涵—真值语义学思想体系。

第一个基本概念是"状态描述"（state description）。S_1〔指某种语言〕中的一个语句类，它对于每个原子语句都包含这语句或其否定，但不包含这两者，也不包含其他语句，称为 S_1 中的一个状态描述，因为它显然给出了这个体域的关于由该系统的谓词表达的全部性质和关系的一个可能状态的完全描述。所以说，状态描述表示莱布尼茨的可能世界或维特根斯坦的可能事态。卡尔纳普从逻辑原子主义出发，把世界看成原子事态或状态的总和，同时用语言（元语言）建立对它们的描述——状态描述。这样，意义现在就成为对象语言的表达式和状态描述之间的逻辑关系。

第二个基本概念是"真值条件"。卡尔纳普认为，真理定义也就是真值条件。即语言表达式和谓词之间的逻辑关系，满足怎样的条件时才具有真值，才是有意义的。卡尔纳普把真值定义表达为一系列规则的总和，这些规则的总和就是真值条件。其中包括原子语句的真值规则，以及由之导出的关于借助逻辑联结词（析取词、合取词、蕴含词等）构成的复合语句的真值规则。在语句真值问题上，卡尔纳普不是直接赋予语句真值，而是利用语句的谓词结构来赋予其真值。例如，S_1 中的由一个谓词继之一个个体常项而构成的一个原子语句是真的，当且仅当这个体常项所指云的个体具有这个谓词所指示的性质。真值条件作为一系列规则的总和，还包含标示规则（rule of designation）。它是语言描述常项的语义表达式的形成规则，语言包括三类符号，其一是逻辑项的符号，其二是非逻辑的即描述的变项的符号，其三是描述常项的符号。第一类符号具有确定的逻辑意义，第二类符号的意义有待于代入的常项来决定。所以，语义分析主要在于确定第三类即描述常项的符号的意义。而描述常项的语义表达必须遵守一定的规则，即标示规则。

第三个基本概念是"分析语言和综合语言"。卡尔纳普明确区分了两种语言，"哲学家常常区分开两种真理：某些陈述的真理是逻辑的、必然的，根据于意义，而其他陈述的真理是经验的、偶然的，取决于世界的事实。下面两个陈述属于第一类：

（i）'菲多是黑的或者菲多不是黑的。'

（ii）'如果杰克是单身汉，那末他是未婚的。'

这两种情形里，只要理解陈述就足以确定其真理性；不涉及（语言以外的）事实的知识。"[①] 它们属于分析语言，其意义可以根据语义规则就可确定。而对于综合语言，语义系统中只有形成规则和标示规则对之适用，真值规则和变程规则并不适用，因为它们的真理性还要根据于经验事实来确定。看来，逻辑语义学可以确定分析语言的意义，而不能解决综合语言的意义。

第四个基本概念是"分析真理和逻辑真理"。卡尔纳普认为，分析语

---

① ［美］卡尔纳普：《意义公设》，转引自洪　谦主编：《逻辑经验主义》（上卷），北京：商务印书馆 1982 年版，第 183 页。

言表述的命题的真理性，统称为分析真理，分析真理等同于广义的逻辑真理。但是"狭义的逻辑真理"则仅指重言式。

第五个基本概念是"意义公设"。卡尔纳普认为，对于广义的分析语句，只要分析其真值条件和语义规则就可以确定其意义。但对于狭义分析语句，仅仅这样就不够了，还需要确定谓词之间在意义上的逻辑关系。意义公设就是确定这种关系的。意义公设把握的是谓词这种表达式之间的逻辑关系，因此它们本身也是逻辑的东西，而不是综合的、经验的，即意义公设不涉及事实。逻辑学家自由选择他们的意义公设，支配他们的不是他们关于世界事实的信念，而是他们对于意义的意向，即使用描述常项的方式。这符合他所倡导的宽容原则作为分析语言的意义判据。（宽容原则是对各种不同的的语言系统的宽容，并不是一个意义标准）

有了上述基本概念和原则，卡尔纳普关于分析语言的意义理论就完全揭示清楚了。除此之外，他还研究了综合语言的意义问题。他把综合语言划分为观察语言和理论语言，认为观察语言的意义判据是"可证实性"（verfiability），即"当且仅当一个语句是可证实的，它才是有意义的，而它的意义即是它的证实方法"。而所谓证实，就是用观察和实验来检验。后来他又把其改为"确证"（confirmation）。

理论语言通过"对应原则"（correspondence rule）与经验事实相联系，从而确定其意义。对应原则旨在赋予理论语言以经验意义，从而坚持和维护经验主义立场。

逻辑经验主义者试图用逻辑语形学到语言意义理论的手段，建立一套严格的人工语言符号系统，以此作为哲学分析的主要手段，从而使哲学成为科学的逻辑体系，并以此拒斥形而上学。

第九章　维特根斯坦《逻辑哲学论》、

《哲学研究》的意义理论

分析哲学是一种哲学思潮，而不是某种个别的哲学流派。其起源于罗素和摩尔所倡导的一种与思辨哲学的方法相对立的分析哲学的方法。这种方法已渗透到当代欧美许多哲学流派领域，特别是科学哲学领域这一分析的研究方法更为盛行。因此，分析哲学成为 20 世纪一种广泛的哲学运动。

维特根斯坦的《逻辑哲学论》、《哲学研究》是英美分析哲学的经典代表作。

一、版本目录及内容结构

（一）《逻辑哲学论》是维特根斯坦在 1918 年第一次世界大战当兵期间写作的

1921 年出版最早德文版出版：Logisch-Philosophische Abhandlung。根据 G. E. Moore 的建议，为了表示对斯宾诺莎的 Tractatus Theologico-Politicus《神学政治论》的敬意，其拉丁语标题用了："Tractatus Logico-Philosophicus"。

（二）2007 年韩林合中译本修订版目录

第一章　世界结构之分析

　　一·一　世界、事实；逻辑空间、事态

　　一·二　基本事态和基本事实

　　一·三　对象

二、《逻辑哲学论》命题节选

1　世界就是所有为真的一切。

（The world is everything that is the case）

1.1　世界是所有事实，而非事物，的总和。

（The world is the totality of facts, not of things）

1.11　世界是由事实所决定的，并且由全部事实所决定。

（The world is determined by the facts, and by these being all the facts.）

1.12　因为事实的总和既断定了什么是真的，也断定了什么不是真的。

（For the totality of facts determines both what is the case, and also all that is not the case.）

1.13　逻辑空间中的事实（所有为真的）就是整个世界

（The facts in logical space are the world）

1.2　世界可以分解为事实

（The world divides into facts。）

1.2.1　任一事实或者为真，或者不为真，其他所有事实皆然。

（Any one can either be the case or not be the case, and everything else remains the same.)

2 那些为真的事实，是由原子事实组成的。

(What is the case, the fact, is the existence of atomic facts.)

2.01 一个原子事实是多个对象（或实体，事物）的组合。 （object!!）

(An atomic fact is a combination of objects (entities, things.)

2.011 事物的一个基本性质就是，它可以成为某个原子事实的一个组成部分

(It is essential to a thing that it can be a constitute part of an atomic fact)

2.013 每个事物都是，正如假设的那样，处于一个由可能的原子事实空间之中；我可以想象这样的空间为空，我却无法想象一个无原子事实空间可依的事物。

(Everything is, as it were, in a space of possible atomic facts; I can think of this space as empty, but not of the thing without the space.)

2.014 对象包含了事务的全部状态的可能性（？）

(Objects contain the possibility of all states of affairs)

2.02 对象是简单的（基本的）

(The Object is simple.)

2.0201 每个关于复杂事物的陈述都可以分解为对其组成部分的陈述，而且能被分解成能完全描述这些复杂事物的陈述。

(Every statement about complexes can be analysed into a statement about their constituent parts, and into those propositions which completely describe the complexse.)

2.021 对象形成了世界的基础。因而它们不会是复合物。

(Objects form the substance of the world. Therefore they cannnot be compound.)

2.022 尽管我们主观想象中的世界和现实的客观世界是不同的，但是它们之间显然有些东西——一种模式——是相同的。

(It is clear that however different from the real one an imagined world may be

it must have somthing—a form—in common with the real world。)

2.023　这种固定不变的模式由对象组成。

(This fixed form consists of the objects)

2.026　只有存在对象，才能有一个固定模式的世界的存在。

(Only if there are objects can there be a fixed form of the world)

2.03　在原子事实中，对象如一条锁链相互连接。

(In the atomic fact objects hang one in another, like the links of a chain)

2.031　在原子事实中，对象以某种确定的方式相连。

(In the atomic fact the objects are combined in a difinite way)

2.032　原子事实中对象相互连接的方式即是原子事实的结构

(The way in which objects hang together in the atomic fact is

the structure of the atomic fact)

2.034　事实的结构存在于原子事实的结构之中

(The structure of the fact consists in the structures of the atomic facts)

2.04　存在的原子事实的总和即是世界

(The totality of existent atomic facts is the world)

2.05　存在的原子事实的总和也确定了那些原子事实不存在

(The totality of existence atomic facts also determines which atomic facts do

not exist)

2.1　我们为自己产生事实的图画。

(We make to ourselves picturesof facts)

2.12　那图画是现实的模型

The picture is a model of reality.

2.13　对象（现实世界中的）对应于那图画中的各元素。

To the objects correspond in the picture the elememts of the picture.

2.131　那图画中的各元素代表对象（现实世界中的）

The elements of picture stand, in the picture, for the objects.

2.14　那图画的存在是由于这样一个事实：它的各元素之间以某种固

定方式相结合。

The picture consists in the fact that its elements are combined with one another in a difinite way.

2. 141　那图画即是一个事实

The picture is a fact.

2. 15　那图画的各元素以某种固定方式相结合，代表了事物（现实世界的）也是如此相结合的。

那图画的各元素的结合方式称为该图画的结构，该结构也称为该图画的表达模式。

That the elements of the picture are combined with one another in a difinite way, represents that the things are so combined with one another. This connexion of the elements of the picture is called its structure, and the possibility of this structure is called the form of representation of the picture.

2. 1511　这样，那图画与现实就联系起来了。那图画就逼近现实了。

Thus the picture is linked with reality; it reaches up to it.

2. 1512　它就象是现实按比例缩小的图形。

It is like a scale applied to reality.

2. 16　事实要想表达为图画，该图画和它之间必定要存在某种共同之处。

In order to be a picture a fact must have somthing in common with what it pictures.

2. 17　为了能够代表现实——正确或错误的——图画必须与现实保持一致的东西，是它的表达模式。

What the picture must have in common with reality in order to be able to represent after its manner—rightly or falsely — is its form of representation.

2. 172　那图画却无法表达它自己的表达模式。它只是将其径直显现出来。

The picture, however, cannot represent its form of representation. It shows it forth.

2.18　为了能够代表现实——正确或错误的——无论何种模式的图画，它必须与现实保持一致的东西，是逻辑结构，即：现实世界的模式。

What every picture, of whatever form, must have in common with reality in order to be able to represent it at all—rightly or falsely—is the logical form, that is, the form of reality.

2.181　如果那表达模式是逻辑的模式，那么那图画也可以称为一幅逻辑图。

If the form of representation is the logical form, then the picture is called a logical picture.

2.182　每一副图也是一幅逻辑图。（另一方面，并非每副图都是空间图）

Every picture is also a logical picture. (On the other hand, for example, not every pivture is spatial)

2.19　逻辑图可以描述现实世界。

The logical picture can dipict the world.

2.2　那图画与它所描述的具有相同的逻辑表达模式

The picture has the logical form of representation in common with what it pictures.

2.21　那图画与现实或者一致，或者不一致；它或者正确，或者错误；或者为真，或者为假。

The picture agrees with reality or not; it is right or wrong; true or false.

2.22　那图画通过表达模式来描述世界，独立于它的真假。

The picture represents what it represents , indeponty of its truth or falsehood, through the form of representation.

2.221　那图画表达的是它的实际意思。

What the picture represents is its senses.

2.222　它的实际意思与现实相符或者不相符，从而它为真或者为假。

In the agreement or disagreement of its sense with reality,

its truth or falsity consists.

2.223　要想知道图画是真还是假，必须将其与现实世界进行比较。

In order to discover whether the picture is true or false we must compare it with reality.

3　事实的逻辑图画就是思想。

The logical picture of the facts is the thought.

3.01　所有真的思想的总和就构成了整个现实世界一幅图画。

The totality of true thoughts is a picture of the world.

3.02　所有能被想象的也是可能的。

... What is thinkable is also possible.

3.03　我们不能想象出不合逻辑的东西，因为那样一来我们将不得不进行不合逻辑的思维。

We cannot think anything unlogical, for otherwise we should have to think unlogically.

4　思想是有意义的命题

The thought is the significant proposition.

4.01　命题是现实的图画。命题是我们想象的现实的模型。

The proposition is a picture of reality.

The proposition is a model of the reality as we think it is.

4.1　一个命题给出了一个原子事实的存在或是不存在。

A porposition presents the existence and non-existence of atomiac facts.

4.11　真命题的总体就是整个自然科学。

The totality of true propositions is the total natural science.

4.112　哲学的目标就是澄清思想。

哲学不是一个理论，而是一种活动。哲学工作就是去阐明。

哲学的结果不是一些"哲学命题"，而是使命题清晰。

The object of philosophy is the logical clarification of thoughts. Philosophy is not a theory but an activity.

A philosophy work consists essentially of elucidations.

The results of philosophy is not a number of "philosophy propositions", but to make propositions clear.

4.113　哲学划定自然科学可以争论的范围。

Philosophy limits the disputable sphere of natural science.

4.114　它应

三、崇尚语言分析的方法

分析哲学是现当代西方哲学的一种思潮，而不是某种个别的哲学流派，由于他们崇尚分析方法的共同趋向而得名。该哲学思潮起源于罗素和摩尔所倡导的一种与思辨哲学的方法相对立的分析哲学的方法。罗素在其学术自传《我的哲学的发展》一书中，直言不讳地说："自从我抛弃康德和黑格尔的哲学以来，我一直寻求通过分析去解决哲学问题；并且我仍然相信，唯有凭借分析才能取得进步。"① 事实上，自罗素和摩尔以降，分析哲学的方法已渗透到当代欧美许多哲学流派领域，特别是科学哲学领域这一分析的研究方法更为盛行。罗素坚信"只要可能有哲学知识，哲学知识非要靠这样的方法来探求不可；我也毫不怀疑，借这种方法，许多古老的问题是完全可以解决的。"② 分析哲学成为 20 世纪一种广泛的哲学运动。在现代西方哲学的两大传统——欧洲大陆哲学传统和英美分析哲学传统中，分析哲学在英美哲学中居于核心地位，甚至有人主张它是英美哲学的全部。

（一）彰显语言是思想之家

1. 哲学的任务在于澄清意义，而不是探索真理。

传统哲学赋予自身包罗万象的知识总汇或人类全部知识总结概括的神圣职责，因而在对象世界的无限性与人的感觉经验的有限性矛盾冲突时，传统哲学不得不诉诸于思辨理性或悟性承诺的方法构造人类知识的全面体

---

① Bertrand Russell, *My philosophical Development*, George Allen & Unwin, London,1959, p.14.
② ［英］罗素：《西方哲学史》下卷，何兆武、李约瑟等译，北京：商务印书馆 1976 年版，第 395 页。

系。分析哲学家则主张，哲学不可能为人类知识提供完善的理论体系，而仅仅在于通过对于已有知识体系的语言逻辑结构、意义等的分析，从而澄清哲学问题，划分哲学与科学、科学与伪科学的界限。早期分析哲学家以现代逻辑的技术作为哲学分析的工具，提出哲学的基本任务是对于理论和命题及语言进行分析，从而澄清其意义，而科学的任务则是通过经验观察和归纳建构科学理论，并通过科学实验检验之，从而发现真理。维特根斯坦说："哲学的目的是从逻辑上澄清思想。哲学不是一门学说，而是一项活动。哲学著作从本质上来看是由一些解释构成的。哲学的成果不是一些'哲学命题'，而是命题的澄清。可以说，没有哲学，思想就会模糊不清：哲学应该使思想清晰，并且为思想划定明确的界限。"① 那些脱离经验的思辨命题是没有意义的伪命题，它既不是科学命题，更不是哲学命题，只能造成人们思想上的混乱。因此哲学分析的目的在于澄清知识体系的意义，在于一次一次地处理问题，而不是发现真理。有无意义成为真命题与伪命题的分水岭。而意义在蕴藏在语言中。

2. 意义蕴涵在理论的语言结构中

分析哲学视理论的语言逻辑分析为其澄清意义的基本途径，所以分析哲学与语言哲学又密切相关。由此人们常以分析哲学的这一特征，称 20 世纪西方尤其是英美哲学的语言转向。但是，由于对于构成哲学命题的语言形式的理解不同，分析哲学又可以划分为人工语言派和日常语言派两系。人工语言分析方法的创始人是弗雷格和罗素，罗素和怀特海合著的《数学原理》被公认为是人工语言派系的经典之作，维也纳学派的逻辑经验主义属于人工语言流派。而维特根斯坦的后期思想和摩尔的哲学思想方法则是日常语言流派的代表。

语言转向中的"转向"表达，来源于康德《纯粹理性批判》的启发，康德在该书第二版序言中，把他的哲学视域的转向比喻为"哥白尼式的革命"。（在康德以前，传统哲学的认识论，仅仅涉及人类的意识如何反映对

---

① ［奥］维特根斯坦：《逻辑哲学论》，贺绍甲译，上海；上海译文出版社 1990 年版，第 24 页。

象世界。尽管自笛卡尔以降，我思故我在的命题使得近代实现了认识论转向，近现代哲学以思维为原则。但是，康德以前的认识论，包括笛卡尔在内，几乎从不怀疑思维意识的确然性。康德哲学的批判理性方法，正是以主体的思维能力为检讨对象的，特别是在面对有穷经验与全称命题的矛盾时，提出先天综合判断是如何可能的？）人们把分析哲学通过语言分析从而澄清意义的变化，称之为语言转向。根据罗蒂论文集《语言转向》的考证，"语言转向"一词是早期分析哲学的代表人物、维也纳学派的成员伯格曼提出和使用的。"所有的语言哲学家都通过谈及适合的语言谈及世界。这就是语言转向，即基本的方法论上的策略，在这一点上日常语言的哲学家和理想语言的哲学家都赞同。同样基本的是，他们之间在有关'语言'是什么和什么样的语言才是'适合'的问题上，存在意见分歧。一个哲学家当然可以进行这样的转向。但问题是他为什么应该进行这样的转向。为什么这不仅仅是令人讨厌的兜圈子？我将提出以下三个理由。其一是词要么日常地使用，要么哲学地使用。这一区分在方法论上忧为重要。然而前语言转向的哲学家不进行这种区分，他们仅哲学地使用词。显然，这样的使用是不理智的。这些用法需给予常识的说明。……其二是前语言转向的哲学中存在的诸多悖论、荒唐性和晦涩性来源于不区分说和关于说的，这样的错误和混乱比人们所设想的更难避免。其三是对于某些东西来说，任何可设想的语言只能显示它们。与其说这些东西不能用文字表达，不如说人们能正确地谈论它们的方式仅仅是谈论语言（语言的句法及其解释）"①

自伯格曼以降，分析哲学家们开始在语言中寻觅思想的意义。他们都承认语言与哲学之间存在着密切的关系。传统哲学对于形而上学问题这种虚假问题的热衷是其语言的混乱造成的，只要通过语言批判就可澄清传统哲学问题，从而消解形而上学。

分析哲学家认为，人类认识之所以可能的重要根据在于人类语言和世界之间有着逻辑的同构性，因此，人类语言的界限就是我们的世界的界

---

① Richard Rorty(ed.), *The Linguistic Turn*, The University of Chicago Press,1967, First Phoenix Edition, 1970, p.9.

限。说能够说的事情，对于不能说的事情一定要保持沉默。事实和真理都是人类语言学中表达的东西，语言的句法形式或命题形式决定了什么是事实。即使世界本身存在事实和真理，也是通过澄清语言显现出来的。因此，当建构或采用一种语言系统时，就意味着我们承诺与这种语言系统与世界的事实和真理的对应关系。由此决定了分析哲学将哲学认识论问题转化为对于语言逻辑的分析问题。

3. 弗雷格对于语言分析的奠基

弗雷格作为现代逻辑之父，开创了人工语言分析流派的先河。罗素、维特根斯坦（前期）和卡尔纳普这三位早期的分析哲学运动的领袖人物，在思想方法上都得益于弗雷格。罗素在其和怀特海合著的《数学原理》第一卷序言中坦言："在逻辑分析的所有问题上，我们主要是从弗雷格那里获得教益。"[①] 维特根斯坦的《逻辑哲学论》的前言中陈述："我只想提到，我受惠于弗雷格的巨著和我的朋友伯特兰·罗素先生的著作，它们在颇大程度上激发了我的思想。"[②] 事实上，维特根斯坦早期遇到有关数学基础的难题时，不仅写信向弗雷格先生求教，而且于 1911 年专程到德国当面请教弗雷格。维也纳学派的领袖人物卡尔纳普，可谓得了弗雷格的真经，他把在弗雷格课堂上学到的数理逻辑的思想方法后来带到美国，从而真正实现了分析哲学中心由欧洲向美国的转移。

弗雷格在耶拿大学数学系执教的四十年，虽然著述不多，但每一篇论著都是言简意赅，具有高度的原创性。早期的《概念文字：一种模仿算术语言构造的纯思维的形式语言》（1879），开创了现代符号逻辑的先河。1884 年的《算术基础》提出区别心理的东西与逻辑的东西、主观的东西与客观的东西的思想，矛头直接指向当时逻辑和数学领域的心理主义，提醒人们千万别忘了概念与客体之间永远隔着一道鸿沟。弗雷格主张，逻辑是数学的基础，数的概念在逻辑上可以被定义为类的概念，而类则被视作概

---

① A. N. Whitehead / B. Russell, *Principia Mathematica*, Vol. I, Cambridge, 1910, p. VIII.

② ［奥］维特根斯坦：《逻辑哲学论》，贺绍甲译，北京：商务印书馆 1996 年版，第 23—24 页。

念的外延。这是数学研究中逻辑主义的基本主张。弗雷格所发表的其他论文，诸如《函数和对象》、《论意义和意谓》、《论概念和对象》、《思想》等，不仅是语言哲学和逻辑哲学的经典之作，而且为分析哲学的意义理论奠定了基础。

弗雷格首创了一套以命题逻辑和谓词逻辑为基础的人工语言体系。为了使数学理论公理化，为了完善数学证明的推导过程，弗雷格在《概念文字》一书，要构造一种纯思维的形式化的人工语言体系，这种语言是对于算术的符号系统的一种模仿，是一种符号逻辑的系统。由于日常语言的多歧义和句法结构的不严格性、不明确性，我们必须寻找一种科学规范的人工语言。这就是概念文字的人工语言，它就象显微镜，可以探幽入微，"是为一定的科学目的构想出来的辅助工具"，[①] 不仅是对于象人的眼睛一样的日常语言的补充，而且可以澄清日常语言的歧义和误用，进一步消解形而上学和伪哲学问题。这种新工具对于科学和哲学认识的作用，远比发现个别事物更重要。

弗雷格首先澄清什么是一个句子的实质性内容，以及句子的内容和对于句子的判断之间的区别。他认为命题逻辑所关注的是对句子的实质性内容的判断，从而超越传统逻辑的命题表述中明确区分主谓词的理论。弗雷格指出，尽管"在普拉蒂亚希腊人击败波斯人"和"在普拉蒂亚波斯人被希腊人击败"两种表述在修辞上确有区别，但句子的实质内容是一样的。弗雷格认为，一个句子只要实质内容相同，不论它的语法形式有何差异，都可以用同一个字母来表示。符号逻辑正是把命题之间的关系用字母之间的关系表示的体系。

弗雷格进一步澄清了一个句子的内容和对这一内容的判断之间的区别。"一个提问句和一个判断句包含同样的思想；但判断句还包含另一种东西，即判断。而疑问句也包含另一种东西，即一种疑问。因此，必须把判断句中的两种东西区分开来，一种是它和与其相应的疑问句所共有的内

---

① ［德］弗雷格：《弗雷格哲学论著选集》，王路编译，北京：商务印书馆1994年版，第3页。

容；另一种是判断。前者就是思想或至少包含着思想。由此就可以在没有确定一个思想是真的情况下表达它。在一个判断句中，这两种东西是如此紧密地结合在一起，以至很容易忽视它们的可分离性。"① 一个句子的实质内容和对这一内容的判断是两回事。只有句子的实质内容才可以被判断，一个单独的词的内容无法判断其真假。以此为基础，弗雷格构造出其命题逻辑的公理化系统。

弗雷格以逻辑规则具有客观性的基本立场，超越传统哲学的心理主义。他通过"严格区分心理的东西和逻辑的东西、主观的东西和客观的东西"② 的方法，批判心理主义混淆逻辑本身与从事逻辑推理的心理活动的错误，从而捍卫数理逻辑的客观基础。尽管数和逻辑规则的存在与物的存在具有不同的特点，但决不能把其理解为人的主观表象。它的存在不依赖于人的主观意识。

主张语言意义的单位是句子而不是单个的词，因为词的意义是逻辑语用赋予的。这一基本主张为分析哲学从逻辑语义学向逻辑语用学、逻辑语形学等不断分化发展。

弗雷格通过深入区分概念与对象的关系、概念的等级，以及意义与指称的关系等，基本上奠定了分析哲学，尤其是人工语言分析流派的理论体系的坚实基础。

4. 分析哲学运动的多样化发展

分析哲学在近一个世纪的发展中，代表人物很多，思想演化及分支派别也十分复杂。即使人工语言分析和日常语言分析两大流派各自内部，不同哲学家本体论立场、认识论出发点和方法论原则的分歧也很大。

但是其不同于其他哲学流派的共性特点仍然很明显，这不仅表现在语言逻辑的分析方法上，而且他们始终与自然科学有着密切的联系，重视实证方法"……实证主义是关于人类认识活动的一套规则或评价标准：它告

---

① Gottlob Frege , *Kleine Schriften* , Darmstadt：Wissenschaftliche Buchgesellschaft,1967, S. 346.

② Gottlob Frege , *Die Grundlage der Arithmetik. Eine Logisch – mathematische Untersuchung über den Begriff der Zahl* , Breslau, 1884, S. 23.

诉我们关于世界陈述中的哪些内容是属于知识的范围，并为我们提供可以用来区分能够与不能合理地提出问题的准则。因而，实证主义是一种规范的态度，关涉我们如何使用'知识'、'科学'、'认识'、'信息'等术语……"①，作为人工语言流派典型代表的逻辑经验主义，实质上是马赫实证主义的"现代化和普遍化"。因此诚如前文所云，分析哲学与科学哲学在外延和内涵上往往相重合。不仅在代表作上，往往分析哲学的重要人物同时又是杰出的科学家、数学家、语言学家和逻辑学家，而且分析哲学在内容上、观点上直接就是科学观、方法论。他们的宗旨在于用一种科学的语言逻辑分析方法，建立起一套像科学命题、科学理论体系一样能够接受经验事实检验的哲学体系，从而推动哲学的重大革命。因为在分析哲学家们看来，两千多年来，哲学仍然跳着悠闲的三步曲在原地转圈子，而科学却不断突飞猛进，两者明显反差的原因在于，其一是科学的理论是可以被检验的，而哲学理论则不然。其二由于科学的语言是可以互相交流的，而哲学的语言则往往不被人们的经验所理解。其三是由于科学的方法是确实可靠的，而哲学的方法却玄虚混乱。因此，必须发扬科学的精神，批判思辨哲学那种君临科学的傲慢态度，而把哲学的任务确定在对理论进行逻辑分析，研究语言及其构成意义命题的规则，从而完善科学方法。由此可见，分析哲学的任务之一在于反对思辨哲学和形而上学。

分析哲学前期的发展中心在欧洲，摩尔很早就提出了日常语言分析方法，维也纳学派的经验实证方法和物理主义语言结构法在三、四十年代已经很盛行。但是在维特根斯坦于40年代改变了他的前期思想后，日常语言分析流派一跃占领了统治地位。希特勒肆虐欧洲以后，维也纳学派宣告解散，分析哲学的中心转移到了美国。在美国，实用主义与分析哲学的结合似乎具有必然性，奎因的思想是这种逻辑必然的典范，其《经验主义的两个教条》一方面固然打击了逻辑经验主义的两大理论基石：其一是对分析命题和综合命题的区分，其二是彻底的还原论思想；但是另一方面，他又强调现代逻辑的作用，发扬了经验主义的传统，并将之引进实用主义之

---

① ［奥］维特根斯坦：《逻辑哲学论》，贺绍甲译，北京：商务印书馆1996年版，第42页。

路，实现了分析哲学和实用主义的融合。① 奎因把逻辑经验主义与美国本土的实用主义相结合，创立了新实用主义，意味着分析哲学又有了新的发展。

（二）人工语言分析和日常语言分析

日常语言分析流派的主要阵地是牛津剑桥，主要有摩尔、魏斯曼和威斯顿和后期维特根斯坦。由于牛津哲学家深受亚里士多德哲学传统的影响，十分重视对概念和理论的逻辑分析；加上牛津哲学非常重视文学和语言学研究的学术传统，使得牛津哲学家们把日常语言分析放到哲学研究的重要位置。这样以来接受来自剑桥以维特根斯坦为代表的思想方法就成为十分容易的事情。这也是牛津学派成为日常语言分析哲学中心的缘由。牛津学派十分重视逻辑语用的研究，并且与逻辑经验主义相反，充分肯定形而上学的作用，强调从形而上学中吸取合理成分。

分析哲学家一般都主张，哲学的一项重要任务是"语言分析"，对于语言的逻辑结构、意义等的分析，是澄清哲学问题、划分科学与伪科学的界限的重要依据。所以分析哲学与语言哲学又密切相关。但是，由于对于构成哲学命题的语言形式的理解不同，分析哲学又可以划分为人工语言派和日常语言派两系。罗素和怀特海合著的《数学原理》被公认为是人工语言派系的经典之作，维也纳学派的逻辑经验主义属于人工语言流派。而维特根斯坦的后期思想和摩尔的哲学思想方法则是日常语言流派的代表。

维特根斯坦作为语言分析哲学的领袖，在格言式的代表作——《逻辑哲学论》一书开宗明义，"这本书讨论哲学问题，并且表明，我相信，这些问题之所以提出来，是因为误解了我们语言的逻辑。本书的全部意义可以概括如下：凡是可以说的，都可以说清楚，而对于我们不能够说的，必须保持沉默。"所以，他要"为思想划定一条界线，或者不如说不是为思想，而是为思想的表述划定一条界线；要划定思想的界线，我们必须能够思想这个界线的这一边和那一边。"这一界线只能在"思想上表述"，即在

---

① 参见王树人、叶秀山主编：《西方哲学史》第八卷，江怡：《现代西方哲学》（下），南京：江苏人民出版社。

"语言"中划定。这一界线的这一边是有意义的真命题，而另一边则是"无谓的"伪命题，所以哲学就是语言逻辑分析，即"语言批判。""哲学不是理论，而是活动。""哲学的结果不是某些数量的'哲学命题'，而是使命题明晰。"[①]

既然哲学即语言批判，那么是否意味着哲学不关照世界呢？维特根斯坦认为并不是如此，但是，他与罗素一样，主张世界不是由事物而是用事实构成的，每一个事实都是由语言逻辑表达出来的。维特根斯坦在格言式的《逻辑哲学论》中指出：

1　世界是所发生的一切情况。

1.1　世界是事实的总和，而不是事物的总和。

1.11　世界为诸事实所规定，为它们即全部事实所规定。

1.12　因为事实的总体规定那发生的事情，也规定那所有未发生的事情。

1.13　在逻辑空间中的诸事实就是世界。

1.2　世界分解为事实。

1.21　每项事实可以发生或者不发生，其余的一切则仍保持原样。

2　发生的事情，即事实，就是诸事态的存在。

2.01　事态是对象（事物）的结合。

2.011　事物的本质在于能够成为事态的组成部分……

2.02　对象是简单的。

2.021　对象构成世界的实体。因此它们不可能是复合的。

2.022　显然，一个想象的世界，无论它怎样不同于实在的世界，必有某种东西——一种形式——为它与实在的世界所共有……[②]

在这一部分的全部命题中，维特根斯坦从根本上要区分"事实与非事实"。由此构成他的哲学的本体论框架。即世界的存在就是"事态的总

---

① ［奥］维特根斯坦：《逻辑哲学论》，郭英译，北京：商务印书馆1985年版，第44页。
② ［奥］维特根斯坦：《逻辑哲学论》，贺绍甲译，北京：商务印书馆1996年第1版，第25—27页。

体"。而"事态相互是独立的","从一种事态的存在或不存在,不能推论出另一事态的存在或不存在。"人们用图像来反映、描述上述由存在的事态的总体构成的世界,这种图像存在于人类语言中,这种图像,是逻辑式的,而非画像式的。那么怎样的语言逻辑才能描绘这种由相互独立的原子事实构成的世界呢?换言之,怎样的语言逻辑命题才是有意义的?维特根斯坦强调:

2.1　我们给我们自己建造事实的图像。

2.11　图像描画逻辑空间的情况,即事态存在或不存在。

2.12　图像是实在的一种模型。

2.13　在图像中图像的要素与对象相对应。

2.131　在图像中图像的要素代表对象。

2.14　图像的要素以一定的方式相互关联而构成为图像。

2.141　图像是一种事实。

2.15　图像的要素以一定的方式相互关联,这表明事物也是以同样的方式相互关联的……①

这里他宣称,原子事实构成世界,基本命题描绘原子事实,基本命题的总和就是自然科学的总和。因此自然科学只是经验的组织,它由基本命题及其"真值函项"的复合命题组成。其中复合命题的真假取决于组成它的基本命题的真假。但是,在复合命题中有两类极端的例子,一类是"永真的"命题,即在所有可能的情况下,它都是真的,如"重言式"命题。另一类是"永假的"命题,即在所有可能的情况下,它都是假的,如"矛盾式"命题。这两类极端的命题对事实不作任何断言。这两类命题都是"无谓的",即无意义的。维特根斯坦认为,数学命题和数理逻辑的命题都是对于世界的符号描述,都不对世界作任何经验事实描述,但可以根据这些命题推出另一些命题。所以不能说数学和逻辑命题是"无谓的"。

在命题体系中,除了描绘事实的自然科学命题和重言式的数学和逻辑

———————————

① ［奥］维特根斯坦:《逻辑哲学论》,贺绍甲译,北京:商务印书馆1996年第1版,第29页。

命题以外的那些命题，就是"形而上学"命题。它们只是一些"无谓"的言语。维特根斯坦认为，哲学家们的大多数问题和命题的由来是我们不了解我们语言的逻辑。通过逻辑分方法就可以取消"形而上学"，或防止人们提出任何形而上学的命题或问题。正确的哲学方法应该是这样：除了可以说的之外，就什么也不说；可说的就是自然科学的命题，也就是某种和哲学不相干的东西，然后，当某人要说什么形而上学的东西的时候，就总得向他指明，他对命题中的某些记号并没有赋予任何意义。这种方法不会使旁人满意，他不会觉得我们是在教他哲学，但这是唯一严格正确的方法。

哲学的正当任务不是炮制理论，而是澄清思想和语言，划清可说的与不可说的东西的界限。哲学不是学说，而是活动，哲学工作的本质在于阐释。纽拉特指出，主张对于"人们不能说的事情，人们必须沉默"，至少在语法上是讲不通的；这似乎是说存在某种我们不能谈论的东西。我们宁愿说，如果我们真正想彻底避免形而上学的态度的话，我们就应该沉默，但不是对某样东西沉默。这样维特根斯坦就难免走向承认"确实有不可表述的东西"的神秘主义。

维特根斯坦的思想在三四十年代发生了很大的变化。特别是《哲学研究》的发表，意味着他用一种全新的方法处理语言的意义问题，即由早期在《逻辑哲学论》中主张的逻辑分析的方法研究语言、命题的意义，转移到注重生活实践，注意语言的日常用法，强调日常语言分析方法，从而使摩尔早年主张的分析哲学的日常语言流派得到长足的发展。

《哲学研究》提出了意义即用法的观点，认为语言是一种生活形式，语言游戏与家族相似。从而放弃了以逻辑分析语言、揭示其真实结构的方法。而主张从观察人们使用语言的实际活动入手，首先考察了使用语言的简单情况。他举例说，"我派某人去买东西。我给他一张写着'五个红苹果'的纸条。他把纸条交给店主，这位店主打开标有'苹果'的抽屉，再在一张表上寻找'红'这个词，找到与之相对于的颜色样本；然后他念出接着说出基数数列——我假定他能背出这些数——直到'五'这个词，念每一个数字就从抽屉中拿出一个与色样颜色相同的苹果。——人们正是用这样的和与此类似的方式来运用用词的。——'但是，他怎么知道在何处用何种办法去查'红'这个词呢？他怎么知道对于'五'这个词他该做些什么呢？'——好吧，我假定他会像我所描述的那样去行动。说明总要在某个地方终止。——但是，'五'这个词的意义是什么呢？——这里根本谈不上有意义这么一回事，有的只是'五'这个词究竟是如何被使用的。"① 维特根斯坦说："我将把这一切，包括语言和使用语言的行为，称为'语言游戏'。"语言游戏的基本特征之一就是丰富性和多样性。如"提问、致谢、咒骂、问候、祷告——把语言中的工具以及这些工具的使用方式的多样性，把词和句的种类的多样性，同逻辑学家们（包括《逻辑哲学论》的作者）所谈论的有关语言结构的东西进行比较，那是很有趣的"。②

既然词和句子都具有多样性，那么语言中词和句子的意义如何呢？维特根斯坦提出了"意义即用法"的观点，说明语言中词和句子的意义完全是由其用法决定的。他把词比作工具，以说明它们的功用是完全不同的。"想一想工具箱中的工具：有锤子、钳子、锯子、起子、尺子、熬胶的锅、胶、钉子和螺钉。——词的功能就像这些东西的功用一样，是多种多样的……"③而"一个词的意义就是它在语言中的使用"④。一个词究竟是什么？这个问题类似于棋中的一个棋子是什么？正像只有在已经知道了如何用一个东西来做一些事之后，问它的名字才有意义的一样，"一个名称的意有时是通过指向它承担者来说明的。"⑤

语言游戏的最根本的因素是遵守规则，但一个人不可能私自地遵守规则，"我们所说的'遵守一条规则'是仅仅一个人在他的一生中只能做一

---

① ［奥］维特根斯坦：《哲学研究》，李步楼译，商务印书馆1996年第1版，第3—4页。

② ［奥］维特根斯坦：《哲学研究》，李步楼译，北京：商务印书馆1996年第1版，第18页。

③ ［奥］维特根斯坦：《哲学研究》，李步楼译，北京：商务印书馆1996年第1版，第9页。

④ ［奥］维特根斯坦：《哲学研究》，李步楼译，北京：商务印书馆1996年第1版，第31页。

⑤ ［奥］维特根斯坦：《哲学研究》，李步楼译，北京：商务印书馆1996年第1版，第31页。

次的事情吗？——这当然是对'遵守规则'这个表达式的语法所作的一种注解。""仅仅一个人只单独一次遵守规则是不可能的。同样，仅仅一个报告只单独一次被报告，仅仅一个命令只单独一次被下达，或被理解也是不可能的。—遵守规则，作报告，下命令，下棋都是习惯（习俗，制度）。"① "因此，'遵守规则'也是一种实践。而认为自己在遵守规则并不就是遵守规则。因而人们不可能'私人地'遵守规则：否则，认为自己在遵守规则就同遵守规则是一回事了。"② "遵守规则类似于服从命令。人们是被训练这样做；人们是以特定的方式对命令作出反应的。"③ "但是对于这种命令和这种训练，这个人以这种方式作出反应，而另一个人则以另一种方式作出反应，情况会怎么样呢？在这种情况下究竟谁做对了呢？……"④ 所以，"当我遵守规则时，我并不选择。""我盲目地遵守规则。"⑤ 人们共同的生活方式、风俗习惯，决定了他们在语言规则上的一致性以及遵守规则上的一致性。

由于语言游戏必须遵守规则，而规则是共同的、群体适应的，所以维特根斯坦认为，不可能有"私人语言"。尽管"一个人可以鼓励自己，可以给自己下命令、可以服从自己、责备自己、惩罚自己、对自己提出问题和对之给出回答。我们甚至能够想象只能进行独白的人们；他们的活动伴随着自言自语。——一个观察着他们并倾听他们的言语的研究者可能会成

---

① ［奥］维特根斯坦：《哲学研究》，李步楼译，北京：商务印书馆1996年第1版，第120页。

② ［奥］维特根斯坦：《哲学研究》，李步楼译，北京：商务印书馆1996年第1版，第121—122页。

③ ［奥］维特根斯坦：《哲学研究》，李步楼译，北京：商务印书馆1996年第1版，第122页。

④ ［奥］维特根斯坦：《哲学研究》，李步楼译，北京：商务印书馆1996年第1版，第122页。

⑤ ［奥］维特根斯坦：《哲学研究》，李步楼译，北京：商务印书馆1996年第1版，第128页。

功地将他们的语言翻译成我们的语言。① "然而我们是否也能想象这样一种语言，一个人可以用这种语言记下或说出他的内在经验——他的感觉、情绪以及其他——以供他私人使用？—我们就不能用我们的日常的语言来这样做吗？——但是我的意思并不是这个。这种语言单词所指的应该是只有说话的人知道的东西，是他的直接的私人感觉。因此，另一个人是不可能懂得这种语言的。"② 维特根斯坦认为，这种个人才懂的符号、语言是不可能的。

语言游戏过程中各种语词之间的联系共同之点，就像一个家族的成员之间的各种相似：身材、相貌、眼睛、颜色、步态、性情等等，往往以同样的方式重叠交叉。人们从语言游戏中学得的词的意义，一定有一个意义的家族。

《哲学研究》中仍然坚持要治疗形而上学问题。维特根斯坦认为，形而上学 "这些问题产生于对于我们的语言形式所作的错误解释。它们具有深刻性这一特征。它们是深刻的不安；它们的根子就像我们的语言形式一样深深地扎在我们之中，它们的意义就像我们语言的重要性一样重大。"③ "当哲学家使用一个词——'知识'，'存在'，'对象'，'我'，'命题'，'名称'——并力图把握事物的本质时，人们必须经常地问自己：这个词在作为它的老家的语言游戏中真的是以这种方式来使用的吗？"④ 我们所做的是把语词从形而上学用法带回到它们的日常用法。"哲学不应以任何方式干涉语言的实际使用；它最终只能是对语言的实际使用进行描述。"⑤

---

① ［奥］维特根斯坦：《哲学研究》，李步楼译，北京：商务印书馆 1996 年第 1 版，第 133 页。

② ［奥］维特根斯坦：《哲学研究》，李步楼译，北京：商务印书馆 1996 年第 1 版，第 133 页。

③ ［奥］维特根斯坦：《哲学研究》，李步楼译，北京：商务印书馆 1996 年第 1 版，第 72 页。

④ ［奥］维特根斯坦：《哲学研究》，李步楼译，北京：商务印书馆 1996 年第 1 版，第 72 页。

⑤ ［奥］维特根斯坦：《哲学研究》，李步楼译，北京：商务印书馆 1996 年第 1 版，第 75 页。

"哲学只是把一切都摆在我们面前，既不作说明也不作推论。——因为一切都一览无遗，没有什么需要说明。因为，隐藏着的东西，乃是我们不感兴趣的。"① 思辨地、空洞地使用语言，必然使我们产生混乱，这种混乱是语言像机器一样空转而非真正工作时产生的。哲学中形而上学的病就是因语言而产生的，所以分析 "哲学是一场战斗，它反对的是用我们的语言作为手段来使我们的理智入魔。"②

通过日常语言及其使用的分析，澄清语言的意义，以此治疗哲学病，这是维特根斯坦后期语言分析思想的主旨。维特根斯坦前后期思想变化巨大，但有一点是不变的，即主张哲学是意义分析活动。

---

① ［奥］维特根斯坦：《哲学研究》，李步楼译，北京：商务印书馆 1996 年第 1 版，第 76 页。

② ［奥］维特根斯坦：《哲学研究》，李步楼译，北京：商务印书馆 1996 年第 1 版，第 71 页。

第十章 波普尔《科学发现的逻辑》
《猜想与反驳》的辩护理论

一、版本目录及内容结构

(一) 中译本目录

(二) 波普其人其著

卡尔·波普尔 (Karl Raimund Popper),英国自然科学和社会科学哲学家,批判理性主义的创始人。1902 年 7 月 28 日出生于奥地利维也纳一个犹太血统的知识分子家庭。他自幼受到家庭的良好教育,兴趣广泛。1919

年，他曾一度信仰共产主义，不久因革命遭受挫折而改变，1928 年获哲学博士学位。他早年就开始与维也纳学派交流思想，并接受其影响，但又是最早批判该学派的科学哲学家之一。1933 年维也纳学派的《科学世界观丛书》发表了他的处女作《研究的逻辑》，但他却拒绝该学派归纳的经验主义和发展的历史主义。在此其间，他完成了博士论文，并开始在中等学校教数学和物理。1937—1945 年和 1945—1969 年，他分别在新西兰坎特伯雷大学学院和伦敦大学教授哲学。1945 年，他定居英国，后加入英国籍。1970 年，他退休，1964 年，他受封为爵士。他是英国皇家学会成员和英国科学院成员。

波普尔与世界上著名的哲学家诸如罗素、维特根施坦、爱因斯坦、珀尔等人都有交往，他最推崇的哲学家是柏拉图、斯宾诺莎、康德和休谟。在科学哲学上，他自认受康德和罗素的影响。他的主要著作有：《开放社会及其敌人》（1945）、《历史决定论的贫困》（1957）、《科学发现的逻辑》（1959）、《猜测与反驳：科学知识的增长》（1963）、《客观——一个进化论的观点》（1972）、《自我及其大脑》（与约翰·艾克尔爵士合著，1978）等。

（三）《科学发现的逻辑》基本内容结构

本书主要讨论知识理论的两个基本问题：划界和归纳问题。作者论证科学与非科学的划界标准不是可证实性而是可证伪性，科学的方法不是归纳法而是演绎检验法。书中提出的有关科学的性质和方法以及科学知识增长的独创性论点，对科学哲学、认识论、逻辑学、方法论以及科学史、自然科学、医学、设计理论、社会科学均有影响。一些著名科学家都认为他的方法符合科学研究的实际。

《科学发现的逻辑》集中地显现出，波普尔关于科学与非科学分界问题的主张受到了爱因斯坦及其相对论的影响。波普尔认为可证伪性是科学不可缺少的特征，凡是不可能被经验证伪的问题，如本体论问题、形而上学问题、数学和逻辑上的重言式命题、宗教、神学和占星术都属于非科学。

二、查汝强、邱仁宗中译本节选

第一章　对于若干基本问题的考察

一个科学家，不论是理论家还是实验家，都提出陈述或陈述系统，然后一步一步检验它们。说得具体一些，在经验科学的领域里，他们构建假说或理论系统，然后用观察和实验，对照经验来检验它们。

我想，对这个程序作出逻辑的分析，也就是说，分析经验科学的方法，就是科学发现的逻辑，或者说知识的逻辑的任务。

但是，"经验科学的方法"是些什么？我们所说的"经验科学"又是什么？

1. 归纳问题

按照流行的观点（本书反对这种观点），经验科学的特征是它们运用所谓"归纳方法"。按照这种观点，科学发现的逻辑等同于归纳逻辑，即这些归纳方法的逻辑分析。一般把这样一种推理称作"归纳的"，假如它是从单称陈述（有时也称作"特称陈述"），例如对观察和实验结果的记述，过渡到全称陈述，例如假说或理论。从逻辑的观点来看，显然不能证明从单称陈述（不管它们有多少）中推论出全称陈述是正确的，因为用这种方法得出的结论总是可以成为错误的。不管我们已经观察到多少只白天鹅，也不能证明这样的结论：所有天鹅都是白的。

归纳推理是否证明为正确，或者在什么条件下证明为正确，被称作归纳问题，归纳问题也可以被表述为如何确立根据经验得出的全称陈述真理性的问题，经验科学的假说和理论系统就是这样的全称陈述。因为许多人相信这些全称陈述的真理性是"根据经验得知的"；但是，显然，观察或实验结果的经验的记述，首先只能是单称陈述，不能是全称陈述。因此，人们说从经验得知一个全称陈述的真理性，意思常常是这样：我们能用某种方法把这个全称陈述的真理性还原为一些单称陈述的正确性，而这些单称陈述根据经验得知是真的；这就等于说：全称陈述是以归纳推理为基础的。因此，问是否存在已知是真的自然定律不过是用另一种方法问归纳推理在逻辑上是否证明为正确。

……

归纳原理易于产生矛盾，这在 Hume 的著作里，已经说清楚了；那里还说到：即使有可能避免这种矛盾，也是很困难的。因为这个归纳原理本身也必须是一个全称陈述。假如我们试图认为它的真理性来自经验而得知，那么，导致引入归纳原理的同一个问题就再一次产生了。为了证明这个原理，我们就必须运用归纳推理；而为了证明这些归纳推理，我们就必须假定一个更高层次的归纳原理；如此等等。这样，想把归纳原理建基于经验之上的试图就破产了。因为这样做必定导致无穷后退。

……

我自己的观点是：这里概述的归纳逻辑的各种困难是不可克服的。现在很流行这样一种学说：归纳推理虽然"严格地说"是不"正确的"，但能达到某种程度的"可靠性"或"概然性"。我认为，在这一种学说里同样存在着不可克服的困难。按照这种学说，归纳推理是"概然推理"。Reichenbach 说："我们将归纳原理描述为科学借以判定真理性的手段。更确切地说，我们应该说：它的作用是判定概然性。因为科学并不能到达真理或谬误……科学陈述只能达到一系列不同程度的概然性，这种概然性不可达到的上限和下限就是真理和谬误。"

三、用批判理性主义的证伪方法为科学的经验归纳基础辩护

（一）坚持科学哲学就是科学逻辑

在科学哲学的众多流派中，一个共同的观点，就是公认科学知识是科学哲学的研究对象。但是对于科学知识是什么，他们的看法却大不相同。由此决定了他们对于科学哲学主要研究哪些问题，或者科学哲学是什么，彼此的看法存在很大分歧。逻辑经验主义把科学哲学看作"经验科学知识论"，即认为科学哲学是认识论的主要部分或分支。他们企图用"科学的逻辑"来代替传统认识论，用"形式的说话方式"来代替实质的说话方式。这样"科学的逻辑"就是用形式的说话方式来研究关于经验科学知识

的问题。试图建立一套人工语言符号系统，以实现认识论命题的形式演算。他们集中研究科学的逻辑结构。在逻辑经验主义者看来，一个完整的经验科学知识论，应该包括三个问题。其一是知识的基础问题。他们试图建立统一科学，因为他们主张不仅每门科学都有其基础，而且各门科学之间也有共同的基础。其二是理论的结构问题。在构成一门科学的概念和陈述之间的有系统的联系这一理论的结构中，一方面是公理系统的解释（interpretation）问题，另一方面是说明（explanation）的逻辑。这是理论的结构问题的两个重要方面。其三是理论的确认程度问题。这三个问题是逻辑经验主义研究科学的逻辑结构的三个基本问题。由此决定了逻辑经验主义认为，科学哲学就是科学逻辑。

而证伪主义者波普尔则把科学哲学叫做"科学发现的逻辑"，即科学哲学研究科学知识的发展，而不是研究科学知识的结构。波普尔把一个通过严厉检验的科学假说叫做"发现"，他并不关心科学假说如何产生，而只关心科学假说如何检验。在这一点上同逻辑经验主义相同。他主张，"认识论的中心问题历来是而且现在仍然是知识的增长问题。而研究知识增长的最好途径是研究科学知识的增长"。[①]

（二）提出证伪主义方法论

波普尔把科学哲学归结为科学方法论，又把科学方法论归结为证伪主义方法论。这种方法论的原则是：必须这样地设计科学方法的其他规则以便它们不致保护科学中任何陈述免于证伪。证伪主义者试图制定科学家在其研究或发现过程中应当遵守的规则，他们认为，只有符合这些规则的科学行为才是合理的。

关于科学方法的研究，贯穿于全部科学哲学的历史发展中。20 世纪的现代归纳逻辑中的主要论争，基本上是数理统计理论中的贝耶斯派和非贝耶斯派之间的论争。逻辑经验主义应用了概率逻辑的方法，在科学理论的证明方法上有一定的发展。其他流派也十分重视科学方法的研究。

---

① ［英］波普尔：《科学发现的逻辑》，查汝强、邱仁宗译，科学出版社 1986 年第 1 版，第 15 页。

卡尔·波普尔表面上反对逻辑经验主义的实证原则，实质上是以证伪方法维护逻辑经验主义的合理性理论。正如他自己所说："维也纳学派最吸引我的也许是科学'态度'，或者正如我现在宁愿称它为理性态度。""正是在这种总的态度方面、启蒙的态度方面，以及对哲学的批判观点方面——对哲学不应该是什么以及它应该是什么的观点——我仍然认为我与维也纳学派以及它的精神之父贝特兰·罗素是非常一致的。这也许说明为什么我有时会被维也纳学派的成员例如卡尔纳普看作是他们的一员，并且认为我过分强调我同他们的分歧。"① 实际上，在波普尔那里，科学的合理性的发展就是通过证伪而解决难题从而使科学理论的经验内容不断积累的过程。"一种科学理论，一种解释性理论，只不过是解决一个科学问题的一种尝试，也就是解决一个与发现一种解释有关或有联系的问题。"② 它是"从问题（P1）到试探性理论（TT）再到消除错误（EE）到新问题的出现（P2）"这样一个由不断猜想和证伪而实现的发展过程。

波普尔认为，科学理论的合理性就在于其可证伪性。那些既不能被经验证实，也不能被证伪的命题是伪科学命题。宗教命题和形而上学命题就是如此。波普尔明确反对逻辑经验主义用实证原则和意义标准来判决科学与形而上学的划界的理论。他说"鲁道夫·卡尔纳普曾一再试图表明，科学同形而上学的分界也就是有意义同无意义的分界，但是他失败了。原因在于，实证主义关于'含意'或'意义'［或者可证实性或归纳的可确证性等等］的概念不适合于分界，因为形而上学尽管不是科学，却不一定没有意义。不管怎样用有没有意义来分界，都会使界限同时既太窄又太宽：这样的分界会违反它本来的一切意图和声明，连科学理论也会因为无意义而被排除，同时却又无法排除那种被称为'理性神学'的形而上学。"③ 波普尔建议"应当把理论系统的可反驳性或可证伪性作为分界标准。"按照

---

① K. Popper, *Unended Quest: An Intellectual Autobiography*, Glasgow: Fontana, 1976, pp. 88 – 89.

② ［英］波普尔:《猜想与反驳》，傅季重、纪树立等译，上海:上海译文出版社，1986 年版，第 317 页。

③ ［英］波普尔:《猜想与反驳》，傅季重、纪树立等译，上海:上海译文出版社，1986 年版，第 361 页。

我仍然坚持的这个观点，一个系统只有作出可能与观察相冲突的的论断，才可以看作是科学的；实际上通过设法造成这样的冲突，也即通过设法驳倒它，一个系统才受到检验。因而可检验性即等于可反驳性，所以也同样可以作为分界标准。"① 波普尔的证伪主义科学观"以批判态度为自己最重要的特征"，他主张，在这种评判体系内，"一切真正的检验实际上都是有意的反驳。只有当一种理论成功地顶住了这些反驳的压力，我们才能声称它已为经验所确证或确认。"② 波普尔认为，科学的方法论原则只不过是一种约定，是一种科学的游戏规则和规范，它仅仅要求"科学程序的其他规则必须这样来设计，它们并不保护科学中的任何陈述不被证伪。"③ 所以，理论遭遇反驳的过程也正是接受检验的过程，并且遭受的反驳愈强烈，理论被检验的程度就愈高。"一种理论愈是精确，愈易于遭到反驳，也就愈使人感兴趣。它既然愈是大胆，也就愈少概然性。但是更易于检验，因为我们可以使检验更精确、更严格。如果它经受住了严格的检验，它将由这种检验所更好地确证或更好地验证。因此可确证性［或者可验证性或可确认性］必将随着可检验性的提高而提高。"④ 他从相对论力学对于经典力学的革命的启发中，坚定了其证伪主义的科学发展观，犹如他的自传所云："1919 年 5 月，爱因斯坦关于日食的预言，被两个英国探险队成功地验证了。由于这些验证，一个新的引力理论和一门新的宇宙学，不仅仅作为一种可能性，而且作为对牛顿引力理论的一次真正的改革——更好地接近真理而突然出现了。"而对于这一新理论，"爱因斯坦本人的明确陈述：如果他的理论在某些检验中遭受失败，那么他就认为它的理论是站不住脚的。"波普尔说，"这才是真正的科学态度。它与那种经常声称要为自己喜爱的

---

① ［英］波普尔：《猜想与反驳》，傅季重、纪树立等译，上海：上海译文出版社，1986 年版，第 365 页。

② ［英］波普尔：《猜想与反驳》，傅季重、纪树立等译，上海：上海译文出版社，1986 年版，第 365 页。

③ K. Popper, *The Logic of Scientific Discovery*, London：Hutchinso, 1959, p.54.

④ ［英］波普尔：《猜想与反驳》，傅季重、纪树立等译，上海：上海译文出版社，1986 年版，第 366 页。

理论找到'证实'的教条态度是截然不同的。因此，在 1919 年末，我得出了一个结论：科学的态度就是批判的态度，这种态度并不去寻找证实，而是去寻找判决性的检验；这些检验能反驳被检验的理论，虽然这些检验决不能证实它。"① 理论的科学性、合理性就在于其可证伪性。从这个意义上来说，波普尔的证伪实际上也是一种证实的方法。

（三）捍卫科学的客观性

波普尔同其他逻辑经验主义者一样，坚信科学真理的客观性和科学的合理性进步的必然性。"我相信连续性增长是科学知识的理性特点和经验特点所必不可少的；科学一旦停止增长，也必将失去这些特点。正因为连续增长，科学才成为理性的和经验的；也就是说，科学家只能从这样的增长中区别各种现有理论，从中选择较好的一种，或者在没有合乎要求的理论时提出他们为什么抛弃现有理论的理由，并由此提示一种合乎要求的理论所应遵循的条件。"波普尔所讲的科学的进步，"并不是指观察的积累，而是指不断推翻一种科学理论、由另一种更好的或者更合乎要求的理论取而代之。"② 那么，根据什么标准选择和确定一种理论的合理性呢？波普尔认为应按照理论的预测力和解释力来确定，即"凡是告诉我们更多东西的理论就更为可取，就是说，凡是包含更大量的经验信息或内容的理论，也即逻辑上更有力的理论，凡是具有更大的解释力和预测力的理论，从而可以通过把预测事实同观察加以比较而经受更严格检验的理论，就更为可取。"③ 即是说，科学理论的进步在于理论的经验内容越来越丰富，或者是科学理论的可检验性程度越来越高。这一进步是通过从问题到问题的过程实现的。其中每"一种科学理论，一种解释性理论，只不过是解决一个科

---

① K. Popper, *Unended Quest: An Intellectual Autobiography*, Glasgow: Fontana, 1976.
② ［英］波普尔：《猜想与反驳》，傅季重、纪树立等译，上海：上海译文出版社，1986 年版，第 308 页。
③ ［英］波普尔：《猜想与反驳》，傅季重、纪树立等译，上海：上海译文出版社，1986 年版，第 311 页。

学问题的一种尝试，也就是解决一个与发现一种解释有关或有联系的问题。"① 所以，任何科学理论在本质上都是一种假说。"在一个理论系统内，我们可以区别属于两种普遍水平的陈述。普遍性水平最高的陈述是公理；较低水平的陈述能由它们演绎出来。较高水平的陈述相对于从它们演绎出来的较低水平的陈述来说，总是具有假说的性质：它们能为这些不那么普遍的陈述之被证伪所证伪。但是，在任何假说的演绎系统中，这些不那么普遍的陈述本身仍然是［在这里所理解的意义上］严格全称陈述。因此，它们也必定具有假说的性质。"甚至"某些单称陈述也是假说，因为［依靠一个理论系统的帮助］可以从它们演绎出结论，使这些结论的被证伪可以证伪这些单称陈述。"② 所以，科学的结构是非归纳的，"要证实一个自然律只能用经验来肯定这定律可以应用到的每一个个别事件，并发现每一个这样的事件都真正地与这些定律相符合，很清楚，这是一项不可能完成的工作。"③

但不能因此而将波普尔误解为实用主义或工具主义，恰恰相反，波普尔承认科学真理的客观存在，科学是理性的事业。他主张科学的真理性在于"合乎事实"。尽管"作为与事实相符的客观意义上的真理及其作为调节因素的作用，可以比作永远或差不多永远掩蔽于云雾缭绕之中的山峰。"④，它甚至使人们怀疑能否到达主峰，但正是这种怀疑的观念中"包含着客观真理的观念"，这就足以使我们相信"科学的任务是探索真理"⑤在科学研究中"只有成为问题——困难而丰富的问题、具有一定深度的问

---

① ［英］波普尔：《猜想与反驳》，傅季重、纪树立等译，上海：上海译文出版社，1986年版，第317页。

② K. Popper, *The Logic of Scientific Discovery*, London: Hutchinso, 1959, p. 75 – 76.

③ K. Popper, *The Logic of Scientific Discovery*, London: Hutchinso, 1959, p. 75 – 76.

④ ［英］波普尔：《猜想与反驳》，傅季重、纪树立等译，上海：上海译文出版社，1986年版，第323页。

⑤ ［英］波普尔：《猜想与反驳》，傅季重、纪树立等译，上海：上海译文出版社，1986年版，第328页。

题——的答案,真理或对于真理的猜想才同科学有关。"① 所以在科学探索过程中出现的诸多问题,促进进了我们对于符合事实意义上的科学真理的揭示,同时也促进了科学事业自身的合理性进步。

(四) 论证科学知识增长理论

波普尔科学知识的合理增长,必须满足三个要求,其一是"一种新的理论应当从某种简单的、新的、有力的统一观念出发,这种观念是迄今尚无联系的东西之间[如行星和苹果]或事实之间[如惯性质量和引力质量]或新的'理论实体'之间[如场和粒子]的某种联系或关系[如万有引力]。"② 其二是"我们要求新理论应当可以独立地受到检验。这就是说除去对所有那些新理论事先计划要解释的待阐释者的解释,新理论必须具有可加以检验的新结论[最好是一种新类型的结论],必须引出一种对迄今还不曾观察到的现象的预测。"③ 上述两个条件满足了,就象征着新理论潜在的进步,但一个好的理论的现实进步,还必须满足第三个要求,即"我们要求这种理论应通过某些新的、严峻的检验。"④

波普尔不仅承认科学真理的客观性,而且有益地探索了科学发现和科学知识进步的合理性。由于波普认为科学是通过不断地批判和证伪假说而进步的,所以他称自己的哲学为批判的理性主义。

波普尔的科学合理性理论和逻辑实证主义一样,思维的兴奋点仅仅在于"辩护的前后关系"(the context of justification),即仅仅重视科学知识证明的合理性,而忽视对于科学发现的合理性的研究,即忽视"发现的前后关系"(the context of discovery)的揭示。虽然他的第一本著作——《科

---

① [英]波普尔:《猜想与反驳》,傅季重、纪树立等译,上海:上海译文出版社,1986年版,第329页。

② [英]波普尔:《猜想与反驳》,傅季重、纪树立等译,上海:上海译文出版社,1986年版,第344页。

③ [英]波普尔:《猜想与反驳》,傅季重、纪树立等译,上海:上海译文出版社,1986年版,第345页。

④ [英]波普尔:《猜想与反驳》,傅季重、纪树立等译,上海:上海译文出版社,1986年版,第346页。

学发现的逻辑》给人的直观印象是试图探索发现的"前后关系"但其实质内容则充其量是关涉"科学知识的增长"问题，即"知识的理性重建"问题，而不是关注科学发现的合理性。他认为应该把"构想新观念的过程与逻辑地检验它的方法和结果截然地区分开来，把知识的逻辑与知识的心理学对立起来"，"每一个科学发现都包含'非理性的因素'或柏格森的'创造性的直觉'，不存在什么得出新观念的逻辑方法或这一过程的逻辑重建。"[①] 唯其如此，在科学发现的合理性上，波普尔确实难逃非理性主义的嫌疑，尽管他曾使用发现的逻辑的概念，但事实上他在否认科学发现的合理性，正如劳丹所说，"卡尔·波普尔虽然写了一本叫《科学发现的逻辑》的书，但这本书正是否认这个题目所指称的东西的存在。"[②] 所以，波普尔和逻辑实证主义一样，他们想重建而且能够重建的理性，仅仅是科学证明的逻辑，而不是发现的逻辑。他们都认为科学发现是心理学而不是逻辑和哲学问题。波普尔直言不讳地说："假如要重建的是灵感的激起和释放的过程，那么我将不认为它是认识逻辑的工作。这种过程是经验心理学要研究的，而不是逻辑要研究的。假如我们要理性重建随后的检验，那就另当别论了。[③]

综上所述，整个逻辑实证主义运动，甚至包括波普尔的批判理性主义在内，在科学合理性的问题上，由于重视"辩护的前后关系"的思维偏向，决定了他们用经验事实对科学理论的静态逻辑结构的证实。尽管其中涉及"元科学"的名词、命题、理论和方法的诸问题，但都是一种存在性的事实，而不关涉它们的发生和形成过程的合理性。

---

①　K. Popper, *The Logic of Scientific Discovery*, London：Hutchinso, 1959, p. 31,32.

②　T. Nickles[ed], *Scientific Discovery, Logic, and Rationality*, Dordrecht：Kluwer, 1980, p. 173.

③　K. Popper, *The Logic of Scientific Discovery*, London：Hutchinso, 1959, p. 31.

第十一章　库恩《科学革命的结构》的
"范式"更替理论

一、版本目录及内容结构

（一）中译本目录

序

I. 导言：赋予历史的一种作用

II. 走向常规科学

III. 常规科学的本质

IV. 常规科学即解难题

V. 规范的优先性

VI. 反常和科学发现的涌现

VII. 危机和科学理论的涌现

VIII. 对危机的反应

IX. 科学革命的性质和必然性

X. 革命是世界观的改变

XI. 革命是无形的

XII. 革命的解决

XIII. 由于革命而进步

（二）库恩其人其著

托马斯·塞缪尔·库恩（Thomas Sammual Kuhn，1922—1996），1922

年 7 月 18 日出生于美国俄亥俄州的辛辛那提市的一个殷实的实业家家庭里。17 岁进入哈佛大学学习,专业是物理学。本世纪初的物理学革命在物理理论上引起的变革,经常使年轻的库恩激动不已。他刻苦地学习物理学理论,始终保持着优异的学习成绩。1943 年,年仅 21 岁的库恩获物理学学士学位,从而开始了他的研究生阶段的学习。当时在库恩的心目中只有一个目标:当一名理论物理学家,完全没有想到要成为一名科学史家或科学哲学家。1946 年,库恩获理学硕士学位,成为一名物理学家的理想只差一个台阶要攀登了,他已开始着手准备物理学博士学位论文了。

然而,在 1947 年,发生了一件十分寻常,但是却对库恩一生的学术生涯产生决定性影响的事情。当时库恩被邀请参加一期为社会科学家举办的讲述物理学发展的讲座,他暂时中断了正在进行的博士论文的准备工作,转而仔细地研究了伽利略,牛顿,乃至亚里士多德等人的力学理论。这使他第一次对科学史有所了解,然而出乎意料的是,这种对过时的理论和实践的了解,竟彻底推翻了他以前对科学的本质和获得成就的某些基本想法。因为在科学史的研究中,库恩发现,无论是新的,还是旧的力学理论体系,在它们的那些历史时期,都能解决一些实际的问题。但是,它们对相同的观察事实的解释竟没有相似之处。亚里士多德的力学体系与牛顿的体系的关系是这样,牛顿体系同爱因斯坦的体系的关系也是如此。所以库恩认为,传统的关于科学本质的进步性质以及知识的不断积累增长的观点,不管怎样的言之成理,却不能说明历史研究中所呈现出来的实际情况。但是,这些观点历来都是许多科学问题讨论中的基本原则,因此库恩强烈地感到,有必要彻底揭穿它们貌似有理的假象。这样一来,库恩的专业计划就必须改变,从理论物理转到科学史。当时哈佛大学的校长,著名科学史家 J. B. 柯特南对库恩的这一发现和研究兴趣给予了热忱的指导和鼓励,使得库恩更加相信自己发现的意义和专业的抉择。

此后,库恩一方面继续准备博士论文,另一方面把相当一部分时间用到了科学史的研究上。1949 年,他在哈佛大学获哲学博士学位。

1948 年库恩取得哈佛学会初级会员资格,这使他能有一个为期三年的自由学习时期。在此期间他读了法国著名科学史家 A. 柯依列 (Koyre)、美国逻辑学家 W. V. O. 蒯因、瑞士心理学家让·皮亚杰等人的著作。这种多学科的丰饶的土壤促使他那颗探索科学知识增长规律的种子破土而出。

1951 年波士顿洛厄尔研究所邀他演讲，他在演讲中表述了其正在形成之中的科学观。

自 1951 年起到 1956 年，库恩留在哈佛大学任助理教授，讲授普通教育和科学史。1957 年发表了他的第一部主要著作《哥白尼：西方思想发展史中的行星天文学》。在这本著作中，库恩较为详细地分析了哥白尼提出"日心说"这一科学史事件对于力学和科学思想史所产生的变革性作用，说明了这一变革能够发生的科学史内在和外在的必备条件。

1958—1959 年间库恩应邀去加利福尼亚州的一个行为科学高级研究中心工作。在这里他有机会同许多社会科学学者交流思想。在这种交流和沟通之中他终于认清了以后被他称为"范式"的东西在科学研究中的作用。

1958—1964 年，库恩在加州大学柏克利分校任教，并于 1961 年成为该校科学史专业的正教授，讲授科学史。在 1962 年发表了他的最重要的科学哲学著作《科学革命的结构》。这本书的出版引起了科学哲学界的震动，一时间，自然科学界和社会科学界都形成了研究、讨论此书的热潮，从而为库恩赢得了世界性的声誉。这本书也是科学哲学的历史学派的奠基著作，原书只有 180 页，译成中文也只有 12.7 万字，但西方不少人却把它称之为一部"极其严谨的箴言录"。在这本书中，库恩反对那种把科学知识的增长看成直线似的积累，或者不断推翻的增长的观点，反对把科学和科学思想的历史发展过程看成逻辑或逻辑方法的过程。他依据科学史材料，提出了科学和科学思想发展的动态结构理论，第一次明确地使用了这个理论的核心概念"范式"。在这个动态结构理论中，库恩认为科学的实际发展是种受范式制约的常规科学以及突破旧范式的科学革命的交替过程。

这些思想使库恩从专门科学史家转变为科学哲学家。1964 年到 1968 年，库恩在普林斯顿大学任科学史和科学哲学教授，1968—1979 年任派恩（M. T. Pyne）讲座科学史教授。这期间，库恩的德文，英文版的论文集《必要的张力》（1977）以及专著《黑体理论与量子不连续性》（1978）出版。在这些文章里，库恩通过一系列的科学史事件分析，进一步补充了他在《科学革命的结构》一书中对科学革命和范式所下的定义。

1979 年以后，库恩应邀去麻省理工学院进行教学研究工作。一方面他在麻省理工学院所设立的"科学，技术和社会发展中心"讲授"科学知识的增长"等课程；另一方面，在语言和哲学系里为进一步扩展和深化《科学革命的结构》一书的思想而从事科学哲学的研究工作。

库恩在 1968—1970 年间任美国科学史学会主席，是美国科学院院士。1982 年 10 月，在美国费城，美国科学史学会，科学哲学学会，技术史学会和科学的社会研究学会四个学会共同召开的年会上，库恩被授予萨顿勋章。

库恩因患支气管和喉癌于 1996 年 6 月 17 日卒于麻省康桥家中，享年73 岁。其父老库恩是美国的实业家。他生前与妻子珍妮共同生活。库恩有两个女儿，她们分别是住在麻省弗莱明汉的萨拉和洛杉矶的伊利莎白；一个儿子，即家住麻省阿灵顿的纳撒尼尔。他们是库恩与其前妻穆斯女士的孩子。

（三）《科学革命的结构》的基本内容结构

《科学革命的结构》一书中，库恩偏重于把"范式"和"常规科学"这两个概念联系起来考察。所谓"常规科学"，他指的是那些坚定地把一种或许多种已获得的科学成就作为基础的科学研究。这些科学成就为某一学科提出一整套规定，提出一些典型的问题及其解答，它们在许多科学经典名著中得到明确的表述。库恩认为这类著作具有两个特点：一是这些著作的成就足以把一批坚定的拥护者吸引过来，使他们不再进行科学活动中各种形式的竞争；二是这种成就又足以为一批重新组合的科学工作者留下一大堆有待解决的问题。他说："凡是具备这两个特点的科学成就，此后我就称之为'范式'。这是一个同'常规科学'密切相关的术语。我采用这个术语是想说明，在科学实际活动中某些被公认的范例（examples）——包括定律、理论、应用以及仪器设备统统在内的范例——为某一种科学研究传统的出现提供了模型。"

二、范式更替的科学进步理论

鉴于逻辑经验主义（即现代实证论）者仅仅对于科学理论的静态结构作了较为系统、深入的分析，而没有对于科学理论的动态发展过程作出分析和研究，20 世纪 60 年代初，就有了托马斯·库恩（Thomas Kuhn）的《科学革命的结构》一书的出版（1962），它标志着西方科学哲学的另一个派别——"历史学派"开始形成了。

科学哲学中"历史学派"的主要代表人物有库恩、拉卡托斯、瓦托夫斯基、汉森、图尔明等。当代"历史学派"的主要代表人物们，主要以美国波士顿大学（Bston University）的瓦托夫斯基与他人合编的"波士顿科学哲学研究"丛书为理论阵地，出版了许多理论著作，影响很大。瓦托夫斯基本人，迄今仍然担任全美科学哲学联合会副主席，国际科学史与科学哲学学会副主席等职，在美国哲学界很有威望。

历史主义的在科学合理性，特别是科学发展的合理性问题方面的主要著作有：Thomas kuhn 的《哥白尼革命》（1957）、《科学革命的结构》（1962）、《必要的张力》（1977）、《黑体辐射理论与量子不连续性》（1978）；拉卡托斯（1922—1974，匈牙利人）的《论数学发现的逻辑》、《证明与反驳》、《经验主义在数学哲学中的复兴》、《科学与伪科学》、《数学、科学与认识论》、《证伪与科学研究纲领方法论》；瓦托夫斯基的《科学思想的概念基础》（1968）、《费尔巴哈和模型》（1979）等，瓦托夫斯基与 Robert Cohn 主编《波士顿科学哲学研究》丛书。这项工作花费了他很多心血，以此支持了很多历史学派的人物和观点。

"历史学派"的基本观点集中表现在 Thomas Kuhu 的《科学革命的结构》一书中。Thomas Kuhn，美国著名科学史与科学哲学家，先后在哈佛大学、加利福尼亚大学和普林斯顿大学任教授，普林斯顿高级研究院研究员，现在麻省理工学院任"科学、技术与社会"计划的教授。

1962 年《科学革命的结构》一经出版，在全世界范围内引起了强烈的反应，甚或那些不搞科学与哲学的人也十分重视这一理论，这与这一理论密切反映了时代特征不无关系。20 世纪 60 年代，科学认识领域，由于

"老三论"的推广及"新三论"的萌芽诞生，使得科学研究面临一次新的全面综合的任务，各门科学相互渗透、互相影响，日益呈现出整体化的趋势。Kuhn 的科学哲学思想，提出了以综合观为指导思想的科学观，反映了这一趋势和要求。

（一）批判传统科学发展观的"积累说"

在 Kuhn 以前，在科学史观领域，人类广泛相信杜恒的积累观，杜恒认为，科学史就是许多零散科学知识的堆积（积累说），不同科学知识和理论，彼此之间没有联系。

1947—1950 年，Kuhn 在哈佛大学研究理论物理时，发现科学史上的实际史料与自己以前受实证主义影响而形成科学史观很不相同，于是用了七年时间研究科学史，于 1957 年出版了《哥白尼革命》一书，批判了杜恒的"积累观（说）"，用"科学革命"概念指出，科学史上既有"逐步改进"的阶段，也有"激烈变革"的阶段。这为后来全面论述其理论观点奠定了基础。

1957 年《哥白尼革命》一书提出两点创新思想。A. 他主张科学的发展史上，"革命的多数性"，他说："革命的名称是单数的，但它的事件却是多数的。"B. "多数的结构"（Plural Structure），作为多数科学的理论结构都是由两种要素组成：一是以科学观察和理论为主要内容的"科学因素"，另一种包括哲学、历史、社会影响等的"精神历史因素"。

1958—1959 年，Kuhn 应邀到美国行为科学高级研究中心做了一年多研究工作，与许多科学家，特别是心理学家、哲学家和社会学家广泛交往。他发现他们对自然科学的看法与自然科学家有很大不同，特别是重视"人"的因素，强调要研究科学家所受的社会历史影响及其心理特征，强调哲学思潮的重要作用，这就大大加强了他以综合观点研究自然科学史的信心。在这期间他对心理学作了系统研究，特别是皮亚杰对他影响很大。他说："我几乎同时对科学史和皮亚杰的心理学著作开始发生兴趣，此后这两者就在我的内心和我的工作中密切地相互作用。""正如皮亚杰的'儿童'帮助我理解了亚里士多德的物理学。"这一年对库恩十分关键，促使他形成"范式"这一基本概念，为了寻找社会科学家们争论的分歧的根源，"我认清了此后我称之为'范式'的东西在科学研究中的作用。"

1959 年美国犹他州立大学召开了一个"科学人才识别研究会议"，库恩应邀作了长篇发言，后整理成《必要的张力》一文。在这篇文章中，他主张科学研究中有两种思维方式，一种是发散式思维（Divergent thinking），另一种是收敛式思维（convergent thinking），前一种是自由奔放的思考，后一种思考受一定传统的约束。两种思维是"一个钱币的两面"，是"互补"的，不可偏废。"我认为发散式思维与收敛式思维对于科学进步是同样重要的。这两种思维方式必然会发生冲突，因此要善于在两者之间保持一种张力，这种张力正是我们进行最好的科学研究的首要条件。"培养科学人才必须发展这两种思维。针对当时的偏向，更多强调收敛式思维。所谓收敛式思维，就是在某一时代科学界共同约定的一套原则和方法的约束下进行思考。在教科书中往往以典型的例子来培养学生的收敛式思维。正是在这里，库恩第一次提出其理论中的核心词"范式"。

（二）主张科学的重大发展是"科学范式"的革命

托马斯·库恩综合科学的内部论和外部论的合理因素要求既重视科学的内部动因和规律，又考虑哲学、社会、政治、文化诸因素对于科学发展的重要作用。提出其科学发展理论的核心范畴——"范式"（Paradigm），他认为，一个"科学范式"包括三大部分：

A. 哲学性范式——指"基本原则"、"科学信念"、以至"世界观"等。

B. 社会性范式——指各种社会因素对科学的影响，包括历史、经济、文化、民族传统和社会心理等，特别是"科学共同体"的社会和心理特征。

C. 结构性范式——指根据科学史上重要科学成就而确定的定律、规则、方法等，属于科学因素。这是 Kuhn 力图以科学哲学、科学史和社会科学相结合的历史观点去研究科学发展的理论结晶。

库恩认为，科学的发展并不单单是理论同经验一致的问题。其中包括重要的认识问题，还包括社会学问题和心理学问题。在科学的常规发展时期，存在着某种科学传统，"这就是一些历史学家以'托勒密（或哥白尼）天文学'、'亚里士多德（或牛顿）力学'、'微粒（或波动）光学'等为例所描述的传统"。（库恩：《科学革命的结构》，李宝恒等译，上海科技出版社1980年版，第8页。）库恩认为，范式的历史作用正在于这种"收敛性"，使科学界"集中注意狭小范围内中比较深奥的问题"，（库恩：《科学革命的结构》，英文增订第2版，1970年，第20页。）从而取得最大限度的成就。

在Kuhn看来，在各种社会因素中，对于科学发展影响最大的莫过于"科学共同体"。一些有权威的科学家取得了重大成就，于是有一批人逐渐团结在他们周围，遵循他们的观点，发扬他们的风格，形成"科学共同体"，由此支配着一个时期的科学活动。现行范式主要是由"科学共同体"成员约定而提出的。一个范式的生命力固然要靠它解答难题的能力，但Kuhn更强调的是"科学共同体"的社会心理特点及其决定作用，甚至"没有比有关团体的意见一致更多的标准"。而且关于新范式的最初出现，库恩过分强调心理特点，如直觉式灵感之类的作用。

Kuhn认为科学发展是"常规科学"与科学革命相交替、渐变与激变相结合的过程，从而提出了"历史学派"的第一个科学发展模式：

前范式——常规科学——危机——科学革命——新的常规科学……

Kuhn在科学发展观上，不仅提出"革命"概念，而且在发展的动力上，批判了内部论观点的封闭性和外部论者片面夸大社会条件的作用的错误，强调把"科学因素"与"人的因素"结合起来。并且要注意"精神历史"——包括哲学、社会、政治、文化诸因素对科学发展的作用。Kuhn综合了逻辑经验主义和波普尔证伪主义的合理因素，他一方面肯定了逻辑实证主义对于科学理论静态结构的分析，另一方面也肯定了波普尔"永恒的革命"中的批判精神。但是，他认为逻辑经验主义者忽视了科学思想中的矛盾对立，证伪主义者则忽视科学理论的相对稳定。Kuhn则吸收了这二者各自的优点，批判了他们的缺点。在他的历史主义的科学发展模式中，既承认常规科学阶段科学理论的相对稳定性，这一时期科学共同体共同约定的"范式"的总精神规范着一切具体科学研究，一切具体科学思想、理论都不能违反范式。同时，Kuhn 的科学发展模式中并没有把"范式"绝对化。他不仅承认"范式"有不完善的地方，是一个历史范畴。而且在反常事件越来越多时，常规科学以及它赖以存在的"范式"就进入科学危机时期，危机终将导致"科学革命"。"科学革命"中建立起来的新范式与革命前的旧范式是"不可比"的，它们分属截然不同的理论框架。在新范式的支持下，各门学科重新调整自己的理论体系协力完成新"范式"提出的共同任务。这时科学发展又进入相对稳定的"新常规科学"阶段。以后又会出现危机、革命。

第十二章　拉卡托斯《科学研究纲领方法论》的"纲领斗争史"进步观

一、版本目录及内容结构

（一）中译本目录

导言：科学与伪科学

第一章　证伪与科学研究纲领方法论

  1　科学：理性还是宗教？

  2　可错主义与证伪主义

  3　科学研究纲领方法论

  4　波普尔的研究纲领与库恩的研究纲领

附录　波普尔、证伪主义和"迪昂 - 奎因论点"

第二章　科学史及其合理重建

  导言

  1　竞争的科学方法论；合理重建作为历史的指导

  2　方法论的批评比较：以历史检验其合理重建

第三章　波普尔论分界和归纳

  导言

  1　波普尔论分界

  2　对归纳问题的否定解答和肯定解答：怀疑论与可错论

第四章　为什么哥白尼的研究纲领取代了托勒密的研究纲领？

导言

1　对"哥白尼革命"的经验主义的论述

2　简单主义

3　波拉尼派和费耶阿本德派对哥白尼革命的论述

4　科学研究纲领方法论对哥白尼革命的论述

5　扎哈尔的新科学研究纲领方法论对哥白尼革命的论述

6　关于科学史及其合理重建的附录

第五章　牛顿对科学标准的影响

1　辩护主义通向心理主义和神秘主义的大路

2　牛顿的方法论与牛顿的方法

（二）伊·拉卡托斯其人其著

伊姆雷·拉卡托斯是科学哲学的历史学派的另一主要代表人物，1922年生于匈牙利，其母亲、祖母被纳粹杀死于奥斯威辛集中营，他本人曾是匈牙利共产党员。1947年成为匈牙利教育部的高级官员，1950年被捕入狱三年多，1956年逃至维也纳，最后到英国剑桥，一直在伦敦经济学院执教。1974年病逝。他与库恩等人一起，深刻批判了逻辑经验主义，他把科学理论作为一个有结构的整体加以分析，并就如何评价科学理论、理论与实验的关系等问题，特别是关于如何发挥理性的能动作用问题，提出了不少独到的见解。

（三）《科学研究纲领方法论》的基本内容结构

本书由关于科学哲学的历史主义观点的五章组成，通过对于波普尔批判理性主义的证主义方法论和库思的范式革命的科学心理学理论的检讨，系统提出和论证了自己科学研究纲领方法论的思想，并以此解释科学的发展和进步。

二、科学的进步是研究纲领合理斗争的历史

（一）在波普尔和库恩的思想博弈中寻觅出路

拉卡托斯的科学哲学思想有一个曲折的发展过程。早期他受过逻辑实

证主义影响，后拜波普尔为师，深受其科学哲学思想的影响。1967 年后，拉卡托斯的哲学思想有了重大变化，他指出了波普尔的证伪主义和库恩"科学革命"论的局限性。吸取了他们理论的合理因素，并予以改造和发展，提出了自己一套以"科学研究纲领"为中心的理论观点，他先研究数学哲学，后转向科学哲学。

他在很大程度上吸收了波普尔的思想，他与波普尔是伦敦经济学院的同事，经常接触，哲学思想上深受其影响。他说："波普尔思想标志着 20 世纪哲学的一个极重要的发展。就个人来说，我要感谢他的地方是数不清的。他改变了我的生活。当我终于被吸入他那智慧的'剧场'时，我已经近四十岁。他的哲学帮助我同黑格尔哲学观最终决裂，我曾信奉这种哲学观约二十年，更重要的是，它给我提出了许多富于启发性的问题，使我接触到一个研究纲领。当然，探讨一个研究纲领是一种批判性的工作，无怪乎我对波普尔问题的研究往往使我与他对问题的解决发生冲突。"

然而，拉卡托斯在继承和吸收 Kuhn 的历史主义观点和方法的同时，又不满意 Kuhn 把科学发展的过程诉诸于范式的变更，进而是"科学家共同"的社会心理的非理性的承诺的变化所致的非理性主义倾向，他主张科学的发展过程应该是一个理性的过程，因而他接受了波普尔的批判理性精神。

同时，应该注意到拉卡托斯的科学哲学研究，是从数学哲学开始的，他吸收了数学研究中的最新成就。他的《证明与反驳》一书，在数学发展观上有力批判了欧几里德主义，动摇了逻辑主义、直觉主义和形式主义这些现代数学基本流派的基础，强调和维护了数学的经验基础。拉卡托斯吸收了罗素和希尔伯特对欧几里德主义批判的经验。但是，他认为，"罗素—弗雷格方法"的目的，在于试图从无可怀疑的真的逻辑公理出发，演绎出全部数学真理（借助于巧妙的定义）。可惜最终发现这些公理本身是值得怀疑的，因而导致了失败。希尔伯特创立的数学哲学的形式主义流派则认为，数学只是一种可以不问内容如何的"符号游戏"。只要表达数学的逻辑内容的"公式之链"中没有矛盾，这一数学就是可靠的。那么，数学的可靠性是否有经验内容呢？是否任何数学问题都能形式化？如此等等，拉卡托斯强调数学来源于生活经验。他说"数学活动是一种人类活动。这种活动的某些方面可以从心理学上去研究，另一方面可以从历史学上去研究"。数学问题的研究，是他的科学哲学的历史主义观点的重要理论基础。

（二）提出科学研究纲领方法论

鉴于批判理性主义否认科学知识增长的连续性，以及 Kuhn 的"范式"概念的模糊性的缺陷，拉卡托斯提出，科学发展的单元不是"范式"而是"研究纲领"，并且这种"研究纲领"是一种开放的，随着时间延续而发展的动态结构。这就构成了他的历史主义观点的主要内容：

A. 科学研究纲领的构成、发展

科学研究纲领是拉卡托斯继承发展证伪主义思想，并吸收奎因（Quine）整体论原则后提出的新思想。拉卡托斯认为，科学研究纲领由三个相互联系的部分组成：硬核、保护带、正面启发法和反面启发法。就像原子的结构一样。

其中"硬核"是由科学和科学理论中一些最基础、最核心的公理和观点构成，例如机械力学以及整个经典物理学的硬核是牛顿力学三大定律、质量是恒量的先验承诺、万有引力定律等；而相对论力学的硬核则是同时性的相对性原理等。在拉卡托斯看来，在一定的研究纲领中，"硬核"是不容反驳的。但是，"硬核"不是一下子形成的，经历"试探和纠错"的漫长准备过程，"硬核"逐步形成与发展。科学研究纲领中的"硬核"一旦形成，就决定了一定的科学理论系统的本质，规定着一定理论系统的生存和发展。

保护科学研究纲领中"硬核"免受侵犯的是"保护带"，它由科学研究和科学理论中一些辅助假设和初始条件构成。如相对论力学中光速不变原理、光速是宇宙的极限速度的假设等。在"反常"事件出现后，"保护带"便把经验反驳的矛头引向自身，并以自身能够随时调整变化的灵活性，来消除矛盾。从而使纲领本身具有一定的"韧性"，使"硬核"处于安全地带，从而免受经验事实的反驳和攻击。更为重要的是，"保护带"与经验反驳事实的直接撞击，通过"保护带"自身的调节，可以预见和确认新的事实，从而使研究纲领大大前进了一步。

纲领的构成中，除了内部结构的"硬核"和外部结构的"保护带"以外，还有两种启发法——"正面启发法"、"反面启发法"。"启发法"（Heuristic）一词本意是"发现艺术"，拉卡托斯赋予它科学研究纲领的方法论意义。其中"正面启发法"（Positive Heuristic）规定了一个理论的长远的研究方向、研究问题、规划和途径。它是一种积极性的、鼓励性的方法论规定，它鼓励科学家不受当前"反常"情况的干扰，按照纲领的原则进行研究。即使在"反常"较多的情况下，也不会惊慌，而应通过妥善地修改、增删、完善辅助假说等这些保护带，积极地发展而不是急于放弃研究纲领。这种根本性的坚持纲领的研究一旦取得关键性的成就，还可以把"反常"情况转化为有利的经验材料。

而"反面启发法"（Negative Heuristic）则是一种方法论上否定性的禁令性的规定，它一方面禁止把"反常"经验的矛头指向"硬核"，而应引向"保护带"。另一方面则规定了科学家应该如何调整"保护带"，即如何改变辅助假设和初始条件，以便解释反常。

拉卡托斯认为，只有"正面启发法"的积极研究和"反面启发法"的消极应付双向配合，在后面顶住"反常"压力的前提下，使前者的长远研究从根本上消除"反常"，推动科学研究及研究纲领自身的发展。

B. 科学革命就是进步的研究纲领战胜退化了的研究纲领的过程

在拉卡托斯以前，科学发展观上，杜恒的积累观、批判理性主义者波普尔的猜想与反驳模式、Kuhn 的渐变与激变相交替的阶段革命模式等，众说纷纭，莫衷一是。拉卡托斯以其科学研究纲领方法论为基础，提出了其科学研究纲领的进化与退化互相更替的科学发展的动态模式。

拉卡托斯认为，一部科学史就是相互竞争的科学研究纲领的斗争史，科学革命就是进步的研究纲领战胜退化了的研究纲领的过程。因此，理解科学研究纲领的合理性及其进化过程，就成为理解和推动科学研究活动以及科学知识进步的关键。

在拉卡托斯看来，一个研究纲领进步的判断标准有两条，其一是理论进步标准，当后一种研究纲领中的每一个理论都比前一个纲领中理论预见了更多的新颖事实，也就是这一纲领中的理论具有更多的经验内容，那么后一研究纲领就在理论上是进步的。其二是经验进步标准，如果研究纲领中的理论预见的经验事实中有些被实验证实，标明这个纲领在经验上是进步的。对于具体的研究纲领而言，它不仅在理论上进步，而且在经验上也是进步的，才是一个成功的研究纲领。相反，如果一个研究纲领既不能预见新的事物，也不能被经验证实，它就失去了科学资格，就已经退化了。正如拉卡托斯自己所说：如果每一个新理论与其先行理论相比，有着超余的内容，也就是说，如果它预见了某些新颖的至今未曾料到的事实，那么我们把这个理论说成是理论上进步的（或构成了理论上进步的问题转换。如果这一超余的经验内容中有一些还得到了确认，也就是说，如果每一个新理论都引导我们真实地发现了某个新事实，那就让我们再把这个理论系列说成是经验上的进步或构成了经验上进步的问题转换）。最后，如果一个问题转换在理论上和经验上都是进步的，我们便称它为进步的，否则便称它为退化的。拉卡托斯在科学研究纲领的动态发展观上选择了较为宽容的态度，他认为，否定或淘汰退化的研究纲领时，应谨慎小心。首先，不能急于淘汰处于萌芽状态的研究纲领。其次，拉卡托斯对于退化的研究纲领也采取了宽容的态度，他认为，在历史上也有由退化纲领逆向转化为进步纲领的史例。例如，光学史上由惠更斯的波动说战胜牛顿的微粒说，到微粒说在光量子论中获得新生就是一个很好的例证。因此，对待退化中的研究纲领，也不能采取简单否定的态度。

三、后历史主义时期的社会建构论的科学合理性理论

面对后现代主义对于科学理性的消解企图，"建构主义是社会科学家阻止后现代主义潮流的理念，而共建就是建构主义达到这一目的的方法。"[①] 社会建构主义作为后库恩时代的科学哲学流派，是如何解决科学合理性问题的？

---

① Ralph Pettman, *Commonsense constructivism, or, the making of world affairs*, M. E. Sharpe Inc, 2000, p. 13.

在 D. 布鲁尔提出的 "强纲领" 的影响下，Robert. Audi（《the Cambridge dictionary of philosophy》的主编）、Twente University 的 Philip Brey 教授等，都认为社会建构主义受库恩的影响，具有方法论上的明显的相对主义倾向。Robert. Audi 指出，社会建构主义的 "这些观点一般被认为体现在库恩的《科学革命的结构》一书之中，在这部书中，库恩认为科学中的观察和方法具有相当的理论依赖性，拥有不同的理论前提或范式的科学家相当于生活在不同的世界之中。因此库恩提出了一种反对科学实在论的科学观（这种观点认为负荷理论的方法能够给我们以有关独立于理论的世界的知识）和经验主义的科学观（这种观点坚持理论与观察之间的划界）。库恩本人并不愿意承认他的理论所导出的明显的激进社会建构主义的后果，但他的著作已经影响到最近的科学的社会研究，这种研究的倡导者通常怀有相对主义和激进建构主义。另一种影响是来自于 David Bloor 和 Barry Barnes 所提倡的对称性原则，所谓的对称性原则就是，社会学家在解释科学观点的接受时，应遵循这样一个准则：应一视同仁地对待各种科学观点，而不管这些科学观的真假。"①

Philip Brey 指出，"社会建构主义研究明显地利用了方法论的对称性（methodological symmetry）这一原则，或称方法论的相对主义（methodological relativism）（Pinch & Bijker，1987；见 Pels，1996）。一般而论，这个原则是指，对技术的分析应无偏见地对待其分析客体即技术的 "真实" 特性。这就意味着，对于研究技术对象的不同社会组织的不同观点而言，分析者不应偏袒任何一方。这个原则已经在知识社会学中得到确定（Bloor，1976），其理论动机是，在关于科学知识的各种社会学解释中，对'客观世界'在科学争论中的地位给予怀疑论的态度，既是可能的，也是合意的，分析者应一视同仁地对待不同的论点。这种怀疑主义被认为是合意的，因为分析者没有自己的先入为主的世界理念，因而也没有任何自己偏好的评价科学知识的标准。这种怀疑论也是可能的，因为它假定客观世界在评判各种科学争论所祈求的前提性知识中只扮演不重要的角色或根本不

---

① Robert Audi. *The Cambridge dictionary of philosophy*, Cambridge university press, 1999, p. 855.

起任何作用。而社会因素却发挥越来越重要的作用。"① 米切尔等人也持有这样的观点："通过打开技术的黑箱，建构主义方法论试图展示参与技术决定的各种因素。就方法论原因而言，在所有参与技术决定的各种因素中不存在一个享有特权的决定因素。因此，建构主义至少暗含着方法论的相对主义。"②

按照 D. 布鲁尔提出的"强纲领"的要求，"关于科学知识的社会学应当遵守以下四条信条（tenets）。通过这种方式，它就可以体现人们在其他科学学科中认为理所当然的同一种价值观。这四个信条是：一、它应当是表达因果关系的，也就是说，它应当涉及那些导致信念或者各种知识状态的条件。当然，除了社会原因以外，还会存在其他的、将与社会原因共同导致信念的原因类型。二、它应当对真理和谬误、合理性或者不合理性、成功或者失败，保持公正的态度。这些二分状态的两个方面都需要加以说明。三、就它的说明风格而言，它应当具有对称性。比如说，同一些原因类型应当既可以真实的信念，也可以说明虚假的信念。四、它应当具有反身性。从原则上说，它的各种说明模式必须能够运用于社会学本身。和有关对称性的要求一样，这种要求也是对人们寻求一般性说明的反应。它显然是一种原则性的要求，因为如果不是这样，社会学就会成为一种长期存在的对它自己的各种理论的驳斥。这四个与因果关系、客观公正、对称性以及反身性有关的信条，便界定了我们将称之为知识社会学中的强纲领的东西。这些信条决不是新的，但是，它们却表现了一种由我们可以在迪尔凯姆（1938 年版）、曼海姆（1936 年版）以及兹纳尼茨基（1965 年版）那里找到的各种更富有乐观主义和科学主义色彩的格调组成的混合物。"③

由于社会建构主义强调科学知识建构的社会性，使有的学者把"社会建构"思想理解与为福柯的思想如出一辙，认为它完全背离了科学理性的

---

① Http://scholar. lib. vt. edu/ejourals/spt

② K. Meijers. The empirical turn in the philosophy of technology, Elsevier Science Ltd,2000. ,p. 49.

③ ［英］大卫·布鲁尔：《知识和社会意象》，艾彦译，北京：东方出版社 2001 年版，第 7—8 页。

原则，彻底走向后现代主义的非理性和反理性路径。如科学知识社会学家伍尔加就确信科学知识和技术知识不是现存知识的理性或逻辑外推，而是各种社会、文化和历史过程的偶然结果。另一位科学知识社会学家比克（Wiebe E. Bijker）清晰表达了同样的看法："所有知识和所有知识主张都应当看作是社会建构的，换言之，知识主张的起源、接受和拒绝的全部解释都可以从社会世界领域寻求得到，而无需借助自然世界。"①

事实上，由于社会建构论者强调科学知识的生产不是一个自然的过程，社会、文化因素在建构科学知识中的起关键作用，如科尔主张所有的建构主义者都反对把科学仅仅看成是理性活动这一传统的科学观，都采取了相对主义的立场，他们强调科学问题的解决方案是弱势决定，并且削弱甚至完全否定经验世界在限定科学知识发展方面的重要性，都认为，自然科学的实际认识内容只能被看成是社会发展过程的结果，被看成是受社会因素影响的。②；法恩（Arthur Fine）认为社会建构论主张占统治地位的信仰与特定的占统治地位的社会环境有关，任何信仰都不能够按照理性条件加以解释，偶然的社会因素必须与信仰和评价的解释相关。这意味着否定了科学知识的产生、评价和接受由自然的理性因素（逻辑和方法论等）决定，潜在地否定了科学客观性和科学真理的可能性。

拉图尔的理论进路就是如此。即便拉图尔的反对者布鲁尔也承认，拉图尔的工作常常与强纲领一起被贴上"社会建构论"的标签，这给人们留下了两种事业一定是基本相似的印象，然而，实际上这两种进路是根本相反的。③他首先反对传统科学哲学合理性理论，不赞同诉诸于自然世界解释科学内容。在这一点上，他高度肯定了布鲁尔的贡献，承认布鲁尔的对

---

① T. J. Pinch & W. E. Bijker, "The Social Construction of Facts and Artifacts", in W. E. Bijker, Thomas P. Hughes, T. J. Pinch (ed.), *The Social Construction of Technological Systems: New Directions in the Sociology and History of Technology*, The MIT Press, 1987, p. 18.

② ［美］科尔：《科学的制造：在自然界与社会之间》，林建成、王毅译，上海：上海人民出版社，2001年版，第45页。

③ D. Bloor, "Anti-Latour", in *Studies in the History and Philosophy of Science*, V. 30, 1999, p. 81 - 82.

称性原则取代了过去科学哲学的非对称性的解释原则的价值。"传统的护卫者——默顿学派和科学哲学固执地进行防御，毫不妥协地坚持默顿的社会规范，坚持科学的理性重建，激烈抨击库克拉社会建构主义（SSK）的革命性观点。可是，这些辩护并没有能够改变革命的结果，最终 SSK 毫无疑问地取得革命成功。"① 其次拉图尔并未否定社会因素的作用。尽管他不再单纯诉诸于社会因素解释科学内容的变化，转而强调自然因素——扇贝同样在知识形成中发挥重要作用，尽管他形成了与 SSK 和布鲁尔尖锐对立，可是他相当注重社会因素的关键性影响，比如渔夫和研究者在扇贝人工养殖的协商过程中的关键作用。这些人类行动者是网络形成和发展不可或缺的组成部分，是知识形成和网络发展的关键环节。

但是，不管拉图尔的观点和立场如何变化，他始终想成为一个社会建构论者。

社会建构论反对科学方法，SSK 强调与其说科学是在科学方法指导下的活动，不如说是用共同体概念可以解释的实践的思想深刻影响了拉图尔的研究进路；社会建构主义中的女性主义所断言的科学方法论的理论和实践包含着性别偏见，无法解释科学的具体细节，只有使用非科学的性别模式和暗喻才能解释科学的具体情节的思想，SSK 与女性主义一致相信任何认识论的权威都可以按照社会学或者政治术语解释为：知识权威 = 政治权威的思想，SSK 认为科学内容的产生和接受反映了社会利益、意识形态和文化等社会因素的思想，女性主义认为科学内容反映了建构科学内容的利益、意识形态与性别偏见，性别和价值无法避免地与科学的内容和方法联系的思想，迪昂 - 奎因论点和观察渗透理论观点是它们各自的理论依据。SSK 强调迪昂 - 奎因论点表明经验无法判别理论的正确性，即使判决性实验也无法判决性地判别理论的正确与否，因此"我们需要除了物理世界之

---

① B. Latour, "A One more Turn after the Social Turn", in M. Biagioli（ed）:*The Science Studies Reader*, Routledge Inc,1999, p.278.

外，有另一个代理来引导和支持知识构成"① 等等，都对拉图尔的研究理路有重要影响，也正因为如此，使他尽管主观上试图站在社会建构论的立场上，但常常带有浓郁的反理性色彩。

库克拉（Kukla）通过区别了社会建构主义的三种论题，批驳了把社会建构主义同相对主义、反理性主义等同起来的观点。在此基础上，库克拉界定了社会建构主义与哲学相对主义之间关系模式的两种含义：第一，存在一个实体和过程意义上的本体论的相对主义；我们无法思考那些被科学家们看作是客观存在的实体和过程的必然显现的现象；反之，理论实体和过程是被科学家所构成或所建构的；第二种建构主义的相对主义论及科学的理性。按照非相对主义的理性主义，科学决定是否正确，应该付诸普遍的标准，这个标准应控制适当的科学证据的使用，而作为那种关于理性主义的相对主义建构主义否定这样的标准。②

库克拉认为，"语义学的建构主义既独立于认识论的相对主义，也独立于形而上学的建构主义。语义学论题论及语言，而相对论论题论及信念。我们可以通过意会知识的概念把语义学的建构主义同对相对论的否定结合起来，意会知识是指，命题没有决定性的经验内容，我们可能依然没有有关世界的绝对正确的非命题知识。这就是说，即使我们在原则上难以说出下一步将发生什么，我们也可以意会到下一步将发生什么以及我们将如何理智地行为。逆命题也是有效的：相对论并不需要语义学的建构主义。对一个信仰是相对的辩护并不意味着其中不存在绝对的真命题。它仅仅意味着，即使存在绝对的真命题，我们也不能绝对地知道哪一个是真的。从中可以推知，语义的建构主义不独立于形而上学的建构主义。即使命题具有决定性的经验内容，世界也有可能被社会地建构；即使语言是我们描述世界的界限，世界也可能独立于我们的建构活动。我所强调的是，上述讨论仅仅提供了三种建构主义论题相互独立的初步考察的案例。我的观点并不是让人们在这三种建构主义只选其一，而只是说明在这三种理论

---

① D. Bloor, *Knowledge and Social Imagery*, the second edition, Chicago, University of Chicago Press, 1991, p. 16.

② André Kukla, *Social constructivism and the philosophy of science*, Routledge, 2000, pp. 4 – 5.

中存在着复杂的关系。①

　　社会建构主义则重在强调哲学的主体是社会性的，哲学的思想模式是社会性的，哲学的理论结构也是社会性的。他们重视社会建构，但是反对强纲领下的相对主义。正如库克拉自己所说，"我的结论如下：寻求信念的各种社会因果关系的强纲领并不错，但强纲领并不是建构主义，如果我们把各种事实理解为人类活动的产物的话。"②

　　同时库克拉认为，社会建构主义也不能被简单的等同于反实在论，但因为存在着这样一种可能，即把只能相对地为之辩护的信仰同只有一个独立的实体的反建构论结合起来，所以被 Devitt（1991）称之为"羞羞答答实在论"（Fig-leaf realism）。这种实在论认为确实存在一个独立于人类行为的实体，但否认我们对这个实体只能有一种绝对的知识。

　　库克拉通过分析社会建构主义同实在论的事实概念之间的关系，主张区分科学事实、社会事实和日常事实以及物自体事实来捍卫社会建构主义的实在论立场，回击把社会建构主义简单等同于反实在论的错误观点。库克拉认为，科学事实是那些被科学的直觉发现或发明的事实。社会事实是指社会科学所考察的对象。而科学事实和社会事实都是从日常事实中分离出来的。最后一类事实是这样一种事实，这种事实不可能被任何人类所设想的方法论所接触，因而被称之为 noumenal facts。"各种建构主义观点的不同就在于它们对科学事实、社会事实和日常事实的不同的组合之建构本质的肯定或否定。强建构主义就是这样一个观点，我们可能具有的所有事实都是建构的。超强建构主义是一种更为激进的观点，即认为所有的事实都是建构的，不存在独立的实体。强建构主义也许承认有不可知的 noumenal facts 的存在。但超强建构主义则完全否认 noumenal facts 的存在或认为 noumenal facts 也是人类的建构。Devitt（1991）的'羞羞答答的实在论'就是强建构主义和承认存在不可建构的 noumenal facts 这种思想的组合。羞羞答答的实在论者认为，确有独立的世界存在，但人类的知识却不足以建构它。"

---

　　①　André Kukla, *Social constructivism and the philosophy of science*, Routledge, 2000, p. 6.

　　②　André Kukla, *Social constructivism and the philosophy of science*, Routledge, 2000, p. 160.

所谓的 "弱建构主义得因于承认除了有不可建构的 noumenal facts 外，还承认在科学的、社会的和日常的事实中还有或也许有不可建构的事实。科学的建构主义就是认为科学事实是可以被建构的，……如果认为所有的科学事实都是可被建构的，那么这种观点就是强科学建构主义，如果认为有些科学事实就可以被建构的，有些科学事实是不可被建构的或独立的，那么这种观点就是弱科学建构主义。"①

由于流行的观点没有注意区分事实的类型，以及强纲领与弱纲领的建构原则之差异，就容易把社会建构主义等同于反实在论。如 "社会建构主义（social constructivism），它虽有不同形式，但一个共性的观点是，某些领域的知识是我们的社会实践和社会制度的产物，或者相关的社会群体互动和协商的结果。温和的社会建构主义观点坚持社会要素形成（shape）了世界的解释。激进的社会建构主义则认为，世界或它的某些重要部分，在某种程度上是理论、实践和制度的建构（constitute）。"（Robert. Audi. The Cambridge dictionary of philosophy. Cambridge university press，1999. p. 855）"建构主义是这样一个概念，实在是我们制造的，而不是被我们发现的。按照建构主义分析，'人类生来就是注定要与他人一起建构并居住在这个世界上。'对人类而言，世界就是由人类控制的、并可由人类界定的实在。世界的界限是由自然限定的，但一经被人类建构，这个世界就反作用于自然。在自然和社会地建构的世界的辩证关系之间，人类本身是可塑的。同样的辩证法也存在于人类自身，'人生产了实在，并在生产实在中也生产了自身'（Berger 和 Luckmann1966，204）。因此，'被社会地建构的'世界也是辩证的。它发生在 '人' 与 '人' 之间和 '自然' 与 '人' 之间。在自然和社会意义上，人类与生俱来注定要生活在我们自己建构的世界中。"②

库克拉不同意将社会建构主义看成是实在论的对立面，主张把二者看作是包含多重关系的两种理论体系。

---

① André Kukla, *Social constructivism and the philosophy of science*, Routledge, 2000, pp. 25 – 26.

② Ralph Pettman, *Commonsense constructivism*, *or*, *the making of world affairs*, M. E. Sharpe Inc, 2000, p. 11.

在库克拉看来，尽管社会建构主义有陷入循环论证之嫌，"如果承认这样一个事实，即所有的事实都是被建构的，那么这个元事实本身必须被建构，而且关于元事实被建构的元元事实被必须被建构，如此以至无穷。这个过程表明，强建构主义导致一个无限循环。"① 同时，由于这种循环论证可能陷入非理性主义的陷阱，"对于协商而言，我们需要协商的逻辑，但按照逻辑建构主义，全部逻辑都是被协商的。因此，协商的逻辑本身也应该曾经是被协商的。这只能诉诸一个先在的协商逻辑的发生，如此等等。每一个协商都以逻辑为前提，但这个逻辑又需要另一个协商。……因此逻辑建构主义归结为非理性主义。"② "按照建构主义自己的观点，有关社会地建构事实的正统观点总是正确的。社会地建构的事实依然是事实，大加赞成和强化否定也包含着错误。如果科学事实是被广泛的一致程序所建构，那么与通行观点相矛盾的每个新科学主张就是错的。如果科学事实都是被广泛一致的程序所建构，那么坚持真理的标准就在于肯定现行观点是合法的意识。"③ 这就等于指责社会建构主义是保守主义。但是由于社会建构主义通过强调主体认识客体的社会性，即强调哲学的主体是社会性的，哲学的思想模式是社会性的，哲学的理论结构也是社会性的。而并非要消解理性，恰恰相反，它要通过社会建构来捍卫理性尤其是科学合理性原则。"后现代的理性主义哲学依然追求经济效益的最大化，它依然避免模糊的有意识的文化，简言之，它继续表达一种反浪漫感受的经典态度。……总而言之，反对非理性主义的理性哲学不必担心失业，在世纪之交，依然有哲学追求和发挥天才的广阔空间。"④

---

①　André Kukla, *Social constructivism and the philosophy of science*, Routledge, 2000, p. 68.

②　André Kukla, *Social constructivism and the philosophy of science*, Routledge, 2000, pp. 121 – 122.

③　André Kukla, *Social constructivism and the philosophy of science*, Routledge, 2000, p. 120.

④　André Kukla, *Social constructivism and the philosophy of science*, Routledge, 2000, p. 159.

第十三章　劳丹《进步及其问题》与科学论和反实在论的科学合理性思想

一、版本目录及内容结构

（一）中译本目录

序言

导言

第一编　科学进步的一种模式

  第一章　经验问题的作用

  第二章　概念问题

  第三章　从理论到研究传统

  第四章　进步和革命

第二编　应用

  第五章　科学史和科学哲学

  第六章　思想史

  第七章　合理性和知识社会学

跋：超越真理和实用

（二）拉里·劳丹其人其著

劳丹（Larry Laudan，1941—）美国科学哲学家，1941 年 10 月 16 日出生于得克萨斯州奥斯汀，1962 年毕业于堪萨斯大学物理系，1965 年获普林斯顿大学哲学博士，曾任教于伦敦大学。1972—1983 年任匹兹堡大学科

学史与科学哲学系教授兼主任，1983—1987 年任弗吉尼亚理工学院和州立
大学哲学系教授，STS 中心导师，1987—1997 年任夏威夷大学哲学系教授
兼主任。《科学哲学》，《科学史与科学哲学研究》编委。

　　代表作有：《进步及其问题——关于科学增长的理论》（1977）；《科学
与假说》（1981 年）；《科学与价值——科学的目的及其在科学争论中的作
用》（1984）等。

　　（三）《进步及其问题》一书基本内容结构

　　本书第一部分阐明科学进步和合理学的一种新模型，并且表明，这一
模型如何克服了卡尔·波普尔的"证伪论"、库恩的"科学革命"说等模
型的荒谬之处，而将历史材料的某些意义显现出来。第二部分考察这一模
型对从思想史直到科学史、科学哲学以及知识社会学这种智力探究事业所
产生的结果。

二、在与科学实在论争论中提出科学合理性的新思想

　　综观整个 20 世纪西方科学哲学的研究，可谓精彩纷呈，20 世纪早期，
从彭加勒的《科学与假说》、杜恒的《物理理论的目的和结构》、马赫的
《感觉的分析》，到莱欣巴赫《科学哲学的兴起》等的相继发表，使得经验
主义和工具主义占据重要地位。20 世纪 50 年代中期是逻辑经验主义的全
盛时期。在此之后，语言分析哲学、证伪主义、经验实用主义、历史主义
等等，对于逻辑经验主义进行了猛烈地抨击。维特根斯坦的《哲学研究》，
指出科学哲学家要注意语言用法的复杂、细致结构。蒯因指责分析与综合
命题的区别是没有根据的。汉森、库恩和费耶阿本德等则直接动摇了逻辑
经验主义的根基，指出观察名词与理论名词的区别、发现的范围和辩护的
范围的区别、以及在辩护范围中逻辑标准的普遍有效性等，这些逻辑经验
主义的基础，都是站不住脚的，所以，到了 60 年代，历史主义已取代了逻
辑经验主义的霸主地位。

　　60 年代末期，库恩和费耶阿本德的历史主义又受到各方面的批判，出
现了夏皮尔和萨普为代表的新历史主义学派，他们既反对逻辑经验主义，

又反对库恩和费耶阿本德的科学哲学。

在科学哲学的众多流派中，一个共同的观点，就是公认科学知识是科学哲学的研究对象。但是对于科学知识是什么，他们的看法却大不相同。由此决定了他们对于科学哲学主要研究哪些问题，或者科学哲学是什么，彼此的看法存在很大分歧。逻辑经验主义把科学哲学看作"经验科学知识论"，即认为科学哲学是认识论的主要部分或分支。他们企图用"科学的逻辑"来代替传统认识论，用"形式的说话方式"来代替实质的说话方式。这样"科学的逻辑"就是用形式的说话方式来研究关于经验科学知识的问题。试图建立一套人工语言符号系统，以实现认识论命题的形式演算。他们集中研究科学的逻辑结构。在逻辑经验主义者看来，一个完整的经验科学知识论，应该包括三个问题。其一是知识的基础问题。他们试图建立统一科学，因为他们主张不仅每门科学都有其基础，而且各门科学之间也有共同的基础。其二是理论的结构问题。在构成一门科学的概念和陈述之间的有系统的联系这一理论的结构中，一方面是公理系统的解释问题，另一方面是说明的逻辑。这是理论的结构问题的两个重要方面。其三是理论的确认程度问题。这三个问题逻辑经验主义研究科学的逻辑结构的三个基本问题。由此决定了逻辑经验主义认为，科学哲学就是科学逻辑。

而证伪主义波普尔则把科学哲学叫做"科学发现的逻辑"，即科学哲学研究科学知识的发展，而不是研究科学知识的结构。波普尔主张，"认识论的中心问题历来是而且现在仍然是知识的增长问题。而研究知识增长的最好途径是研究科学知识的增长"。（波普尔：《科学发现的逻辑》，中译本，第15页。）但不能脱离科学发展史而单纯地对现成的科学理论进行逻辑分析。这就为由逻辑经验主义过渡到历史主义提供了思想基础。

波普尔把科学哲学归结为科学方法论，又把科学方法论归结为证伪主义方法论。这种方法论的原则是：必须这样地设计科学方法的其他规则以便它们不致保护科学中任何陈述免于证伪。证伪主义者试图制定科学家在其研究或发现过程中应当遵守的规则，他们认为，只有符合这些规则的科学行为才是合理的。

到了库恩和费耶阿本德的历史主义，则反对证伪主义者试图为科学行为确定不可违犯的规则的规范方法论，因为没有超历史的规则方法。归纳主义和证伪主义都不能给科学发展以合理的说明。而科学的发展往往具有两种形式，即常规科学和反常的或革命的科学，它们都没有普遍适用的方法论原则，方法论原则是随范式而不同的。所以规范的方法论是不可能的。

关于科学方法的研究，贯穿于全部科学哲学的历史发展中。20 世纪的现代归纳逻辑中的主要论争，基本上是数理统计理论中的贝叶斯（Bayesian）派和非贝叶斯（non-Bayesian）派之间的论争。逻辑经验主义应用了概率逻辑的方法，在科学理论的证明方法上有一定的发展。其他流派也十分重视科学方法的研究。

（一）科学实在论的合理性理论

首先，试图在预设主义和相对主义之间另辟蹊径

由于逻辑经验主义特别强调把事实作为自己的出发点。其主要代表之一奥地利哲学家维特根斯坦写道："世界就是所发生的一切东西。世界是事实的总和，而不是物的总和。"[1] "维特根斯坦在事实和事物之间作了严格区分，强调世界是由发生着的事实组成的，事物依赖于事实。这种区分是有意义的，但是，维特根斯坦不把发生中的事实看作客观事物变化过程的反映，而把它说成感觉经验中给予主体的东西，事物反倒从属于这些主观经验了。唯物主义首先把事实解释为外部世界的事件、现象、过程，即客观事实，然后（并非不重要的）再仔细讨论客观事实和科学事实之间的联系和区别。这便是事实问题的认识论本质。"[2] 这说明人与自然的联系和统一，但可惜的是逻辑经验主义者仅仅着重从科学理论的静态结构中探讨了科学认识和科学研究的合理性，他们把科学理论的合理性诉诸于科学命题，科学理论的实证方法和意义标准问题，而缺乏对于科学理论动态发展的研究。

---

① ［奥］维特根斯坦：《逻辑哲学论》，北京：商务印书馆 1962 年版，第 28 页。

② 刘大椿：《科学哲学》，北京：人民出版社，1998 年第 1 版，第 53 页。

历史主义流派则与其相反，着重从科学理论的动态发展中揭示科学的合理性。但是，这两种思路都存在一定的问题。前者（逻辑经验主义）由于把科学方法、推理规则和元科学概念等视作不随科学发展而变化的东西，因而陷入预设主义。后者（历史主义）由于把科学理论的取舍与否以及科学理论的正确与否待诉诸于科学家共同体的心理和社会因素所决定的范式，而没有客观标准，因而陷入相对主义。

鉴于上述缺陷，夏皮尔根据二十世纪五六十年代科学史研究中的新发现，对于科学发展作出了与库恩、费耶阿本德不同的结论，夏皮尔一方面承认科学变化是深刻而普遍的，科学中没有任何不可更改的预设，因而坚决反对逻辑经验主义的预设主义；另一方面他又认为 60 年代革命派走得太远了，竟然怀疑现代科学优于以往的科学、怀疑科学的进步，这种相对主义观点必须予以驳斥。他便对科学史的发现作了新解释：承认关于什么理论或说明是合理的，各个时期有不同的标准，但这些不同标准并不是"不可通约的"，却往往有把它们联系起来的推理链条，通过它便可以说明它们之间的合理发展，科学的合理性标准是同发展着的科学内容一道"合理地演化"的。这样就可以说明现代科学优于以往科学的事实，从而反驳了 60 年代革命派的相对主义结论。他说："在两个不同时期科学信念和标准之间的根本差别，并不自动地排除联系、可比较和进步的可能性。"由于夏皮尔既考虑到科学变化是深刻而普遍的，渗透到一切元科学概念的意义和标准里面，又考虑到科学不断进步的事实，他便能够在预设主义和相对主义之间找到一条不同的途径。

其次，新途径的困难及"根本问题"的提出和解决

这种试图在逻辑经验主义和历史主义中间找一个解决问题的新途径的努力，遇到了不少困难。这些困难中最根本的、最明显的一个即：假定我们把历史主义者的观点贯彻到底，主张在科学中绝对没有任何神圣不可侵犯的东西，关于科学的一切都是原则上可以修改的，那么在可以改变的东西中间便包括决定什么改变是"合理的"标准。但这样一来，怎么能够说合理性标准本身是合理地演变着的，除非有高一级的合理性标准，它们本身是免于修改的，却能够根据它们来判断那些低级的合理性标准的改变是合理的？这样就好像两者必居其一：或者是相对主义、按照它便没有真实的根据来判断科学是进步的，一套科学信念比另一套较好；或者是预设主义的科学观，按照它便有一种能够用作科学合理性和进步的标准的东西，它不受下面的千变万化所影响，而起那些低级科学争端的最高裁判员的作用。

上述困难问题的解决，关键是能否主张科学的合理性标准经历着合理演变，夏皮尔把如何能够主张合理性标准经历了合理变化这个问题当作科学哲学的"根本问题"，在这一问题上，逻辑经验主义者认为科学的合理性标准是恒定不变、普遍有效的，而60年代革命派则认为合理性标准随历史时期或科学传统的不同而变化，但不同的标准是不可通约的。对这两派来说，并不存在"合理变化"的问题，这个问题解决不了，科学哲学势必或者回到主张合理性标准的必然性和普遍性的预设主义立场，或者陷入主张合理性标准的多元性和不可通约性的相对主义立场。

如何解决这一基本问题？夏皮尔认为这个困难是可以克服的，要阐明科学标准的"合理演变"，关键问题在于弄清楚构成科学中的一个"理由"的东西必须具备什么条件，他指出："科学中的一个'理由'是由这样的信念组成，它具有下述特征：a）结果表明它是成功的；b）对于它并没有可以怀疑的明确理由；c）结果表明它对于它作为一个'理由'来应用的那个特殊领域是恰当的。

这些特征当然是当作理想而有效；在实践中我们必须依赖那些并未表明是明白清楚地成功的或者明白清楚地不容置疑的信念。"

现在让我们对于构成一个理由的信念所必定具备的这些特征作以分析：

关于"成功"的概念，夏皮尔指出：在科学中成功是什么，我们通过学习才懂得，在科学史上有关科学目标的各种不同看法和关于构成在"对应经验"中的"成功"的各种不同看法。"成功的标准属于我们的信念，它们能够以许多不同方式发生变化而无需假设一个超验的不变的成功标准。例如在某个时期某一成功标准可能占优势，但我们发现不能达到这个标准，而另一个'较低的'标准却常常很好地得到满足，于是人们便开始较多地注意它。化学革命的情况基本上是样。"（《科学变化的范围和限度》）一个既是成功的，又没有明确的理由可以怀疑的信念便可能构成科学中的一个理由了。但要它实际上成为一个科学的理由，还必须把它应用于某一特殊领域中，因此它还必须被证明为对那个特殊领域是恰当的，并不是不相干的。科学中的恰当的理由必定是同所讨论的特殊题材有关的。一个时代的科学可以看作是对各个不同领域的研究。一个"领域"可以粗略地定义为这样的全部资料（a body of information），它在某些方面是有疑难的，我们有理由相信它的各个项目是在这个意义上互相关联的，即可以预期对它们（关于它们的有疑难的方面）作出：一个统一的说明。这个意义上的领域可以像电磁学、遗传学、或有机化学等学科题材一样地宽，或者像个别研究工作者的特殊兴趣一样地窄，重要的是，科学领域或题材的划分并不是经验所直接地给与的，而是通过艰苦的研究工作获得的，并且将来还可以改变，研究领域能够统一起来，也能分裂开来，但总的说来，科学试图把它所研究的各个项目之间的各种不同的相互关系弄得清楚准确，而一门科学高度发展的标志就是，那些相互关系是极度地明确的。

已有的知识（或信念）在研究领域的形成和它的项目的描述中起了十分重要的作用，一般地说，随着科学的发展，成功的信念对于什么能够是科学上恰当的东西产生抑制作用，有时把科学上恰当的范围放宽了，有时把范围收缩了。科学的和非科学的之间，能够作为一个科学理由的和不能够作为科学理由的东西之间的界限，这样便是科学研究的一个可得特性；它并不是先天的，对科学事业是本质的和可凭它下定义的。在较早的阶段，科学依赖一些后来也许被排除掉的理由，或者不能够依赖那些后来将被断定为恰当的理由。后来排除了它，科学的发展试图把对它的继续发展有价值的一切理由内在化。这个方法在过去结果表明是成功的，如此成功，以致它成为决定什么是科学中的一个"理由"的规范原则。因此，夏皮尔认为，科学中一个恰当的理由必须是同手边的题材有关的，这是构成科学中"理由"的基本原则。

夏皮尔根据科学中的理由所具有的三个特性或"理由内在化"的原则，说明科学自身含有合理发展的前提，不假外求。他说："按照我所提供的说明，我们便能够看到为什么科学无需求助于一个超验的和不可改变的合理性原则以便说明在科学变化内部出现的合理性和进步。因为，比起那些已经表明是成功的和未曾遭受明确怀疑的信念（和方法等等）来，我们能够运用——什么更好的标准呢？……我们的理由或构成其基础的信念和方法可能是错误的，而且有时也被表明是错误的，这一点并不使运用我们可得到的最好知识（因此是最好的理由）的实践归于无效——'最好的'就是说结果已经表明它们自己是成功的，而且未曾遭受过明确的怀疑的。"

夏皮尔便这样地对这个根本问题"合理性标准如何可能经历合理的演变？"作出解答，表明合理性标准的改变是否合理的问题，无需上诉高一级的不可改变的标准来判决，却可以根据我们能够得到的最好理由——同一个研究领域有关的背景知识来作出判断，于是他便在预设主义和相对主义之间开辟了研究科学哲学的另一个途径。

第三，意义与科学发展

各派科学哲学家的科学发展观，常常以他们各自的意义理论为基础。

①逻辑经验主义关于科学史是一个"由积累（和系统化）而发展"的过程的看法建立于科学名词意义不变的原则的基础上，而 60 年代革命派关于科学史是一个理论更替的完全非积累的过程的看法，则以他们所谓意义随理论而改变的论点为基础。对于科学名词和元科学名词的意义有相反的看法，就使他们作出关于科学发展的相反的结论。但是预设主义和相对主义关于什么是"意义"均完全采取传统的意义理论。

②传统的意义理论及其缺陷

A．我们选择某些特征作为给一类事物下定义的特征，作为揭示了我们对这类事物所使用的名词的"意义"。此后那些特征就用作决定任何东西是那一种事物、应当用那个名词来指称的，必要和充分条件或者必要条件或充分条件，就是说用作"标准"。如果任何东西不符合这些标准，我们对它将不使用那个名词。

B．在夏皮尔看来，"传统哲学的根本错误在于它的'意义'概念，这个错误是两方面的，它认为意义是或应当是完全准确（例如：可以用一组必要条件和或充分条件的模式来表示）才能够在科学认识中有价值的，这是个教条；其次，它的另一个教条是：关于意义的考虑同关于自然界的实质性信念的考虑是完全无关。如果我毕竟还要有一个足以阐明知识的事业各方面的意义概念的话，这样一个概念便必须抛弃这两个教条……"

C. 60年代革命派同样地认为科学名词的意义是完全确切的。和逻辑经验主义不同的是：他们认为一切科学名词（包括观察名词和理论名词）的意义都是受构成它们的基础的范式或高层背景理论决定的。夏皮尔指出：很明显，库恩和费耶阿本德的相对主义的根源以及导致相对主义的困难的根源，在于他们对于意义不同等于什么的刻板看法，就是说，等于绝对的不相类似，"不可通约性"。

③克里普克和普特南对于传统意义理论的批判。

新选择：不管同这个事物相结合的描述标准有任何改变，担保我们"谈到相同的事物"的是指称，不是意义。

④夏皮尔赞同克里普克和普特南对于传统的意义理论的批判：和一个实体或种类相结合的那些描述标准是"经验事实"的问题，没有任何描述标准或应用一个名词的条件是可以避免根据进一步的经验而被修改的。但是夏皮尔认为，"意义"要根据可判定性的标准而不是应用的必要和/或充分条件去理解——只要这些标准本身并不被当作"本质的"。

⑤夏皮尔反对科学以本质的发现为目的。因为，如果"本质"概念有任何明确的内容，我们在研究自然界之前就规定：科学必定总是以本质发现为目的，那就是对科学的目的、对我们研究的可能结果，不适当地施加一些不可违反的限制。在夏皮尔看来，在科学中事实上我们并不仅仅找寻"本质"，我们寻求我们能够发现的不管什么东西。我们所追求的是尽可能地成功的和不受明确怀疑的信念。但在实际研究自然界之前，绝不可能预先研究我们将会得到哪种信念。因此，科学的目的不能够在从事科学研究之前就以任何方式受限制。

夏皮尔对于逻辑主义和分析哲学以语言性质的考查来确定科学的目的的观点更加反对。

结论：成为科学特征的"理由内在化"部分地是这样一个过程：要逐

渐达到科学推理完全自主、科学的充分根据即是对经验的研究按照我们所学到的东西来塑造内在化——科学的目标的工作，也包括在那个过程之中。

传统观点认为，要坚持科学实在论观点，我们必须保证我们所提出的科学知识是正确的，我们最终必定发现实体和事物"实在是"什么，发现这个世界的实在的状况。这些保证不可能来自经验，它必须是先天的。或者是关于世界的"形而上学的预设"，或者是科学方法的预设，或者是逻辑推理规则的预设，或者是概念系统的预设。但这些预设与科学史实不相符。

夏皮尔主张，一个令人满意的科学哲学必定要表明我们也许获得知识是可能的，而不保证我们必定获得知识，他说："这个观点所以是科学的实在论解释，仅仅在于它表明我们能够有所发现，提出关于什么东西存在的主张、并且获得知识，这是如何可能的；它并不——也不应当——提供任何这样的保证：我们提出的主张是正确的，或者我们（……）必定得到一致的观点。"

夏皮尔的实在论不同于传统实在论，他对于克里普克和普特南关于实在论的主张，持反对态度，他说："如果一个实在论的说明是由于目前科学的成功而成为必要的，那个说明便是由我们的经验得来的结论，而不是语言哲学中一个先天的或先验的论证的产物。"他从经验出发，并不从"形而上学的预设"出发，便能够得到科学实在论的主张，他的看法确切地说怎么给科学提供"实在论"解释，这个解释使我们在描述科学事业的目标和至少它的某些成就或可能的成就时，有理由使用像"发现"和"知识"这样的语词，可由下述三点来说明：

A. 科学知识和科学成就是可能的，但不是必然的。

B. 概念和理论作"实在论的"处理和作"理想化的"处理之间的区别，并不是为了装饰门面而给科学涂上的一层哲学，不是对科学所作的根本上同科学家的实际思想与工作不相干的推论或解释。相反，这个区别是深深埋藏在前进着的科学之中。

C. 现代大多数的学习理论都同意学习是由不同环境的相互制约出

发的。

夏皮尔的经验论的实在论解决了以下两个主要问题：

A. 既然科学史家和科学哲学家已从历史上和逻辑上证明科学作为求知识的事业是可能错误的，那么，科学，特别是现代科学的成就如何可能？

B. 既然按照任何当前的方法论，我们不能够决定哪些理论是真的，乃至是或然的，并且既然理论在历史上的前后相继在某种程度上是非积累的，科学研究如何可能？具体地说，科学事业如何可能是（1）合理的，（2）进步的，（3）客观的和（4）整个地说可作作实在论的解释？他在对预设主义和相对主义的批判中，以经验为基础回答了这些问题。

夏皮尔根据60年代科学史上的新发现，同其他历史主义一道，竭力抨击逻辑经验主义者的"预设主义"科学观，而主张一切随着科学内容的发展而变化，并没有一成不变的科学方法、推理规则或元科学概念。可是以库恩和耶阿本德为代表的一部分历史主义者却走得太远了，得出它们是不可比较的，并没有优劣之分的结论，从而陷入相对主义的立场：似乎科学理论的选择取舍是没有合理根据的，完全取决于心理的或社会的因素。夏皮尔坚决反对这种相对主义的科学观，也指出在各个时期不同的合理性标准之间存在着合理的发展链条，科学合理性标准是用发展着的科学内容一道"合理地演化"的。因此，现代科学理论优于以往的科学理论。

夏皮尔认为，"科学哲学必须提供关于科学变化的基本原理，科学如何在推理的基础上探索和发迹并改变它的信念，为什么它认为某些信念是知识，以及它如何达到对理性和知识的概观。换句话说，这一任务存在于提供一个对科学和科学变化的一般图景的清晰描述之中——据此，使得对科学基本原理的详尽研究能够得以进行。"① 夏皮尔通过"信息域理论"，对科学理性进行了内在分析，从而完成科学哲学这一神圣的历史使命，捍卫了科学实在论的理性原则。他的"信息域"理论首先表明，科学的进步是一个理性的进化过程。相信科学的合理性标准本身也经历着合理的演

---

① Rom Harre, *Varieties of Realism*, 1996, p. 21.

化。同时，"信息域"表明进步的理性原则体现在科学的发展具有内在化的倾向上，20世纪科学发展的大量事实充分表明了科学信念与科学观察、科学信念与科学方法、科学信念与科学推理、科学信念与科学难题、科学信念与科学目的等等之间，都存在着内在的联系。这正是科学理性的体现。

第四，夏皮尔以后实在论的发展

当代著名科学哲学家劳丹（Larry Laudan）的《Progress and Its Problem: Toward a Theroy of Scientific Growth》发表以后，又激起了一片轰轰反击的声音，从此引起新实在论观点的新发展。

首先，曾任全美科学哲学协会主席的麦克穆林教授在《劳丹的进步及其问题》等文章中，对劳丹的理论进行了系统的抨击。

麦克穆林认为，劳丹视为中心观点的前题"科学主要是解决问题的活动"，无异于主张，这个基本观点会立即推演出一系列新观点，以反对科学史家和科学哲学家历来同意的许多传统观点。这是一种预设主义的错误。劳丹把科学问题分为经验问题和理论问题两种，这并非他的独创，例如，图尔明在《人类的理解力》一书中就按照经验主义的传统，强调"概念问题在科学中的性质"以及各类概念"在科学发展中起过重要的作用"。麦克穆林批评："Laudan 把科学理论领域分为有限假设构成的'命题网'和'研究传统'（Research tradition）构成的'命题网'的思想，科学进步不取决于它是否接近客观真理而只能用比较法来判断以及没有办法知道科学究竟是否日益接近于真理等思想。"

麦克穆林进一步从本体论、认识论和方法论上对 Laudan 的科学进步观进行了批判。他指出 Landan 理论首先不符合历史事实，其次没有考虑"现代自然科学最主要的特征之一，即人类关于物理世界诸规律的经验知识的积累性质"。同时，劳丹不承认现代自然科学的另一重要特征，即"我们对于'不可见的'世界的结构的理论知识的收敛性质"。

麦克穆林对于劳丹的实用主义非实证论的批判，引导科学实在论进入新的历史阶段。

其次，加拿大哲学家邦格（Mario Bunge）于1981年出版的《科学的唯物主义》一书，不仅以独特的研究方法使西方分析哲学思潮有了新的生机，而且使科学哲学中的科学实在论发展到新的阶段。邦格以学问渊博、著作丰富、哲学风格独特著称于世。他的著作几乎涉及科学哲学的各个领域。

在科学的唯物主义（Scientific Materialism）一书中，邦格指出，唯物主义发展到今天，仍然面临下述十大问题：

A. 现代物理学用场和几率波说明世界的非物质化，唯物主义者怎样捍卫自己的阵地？

B. 对新特性的突现，尤其是对有机体和社会的特殊性的实现而言，唯物主义如何用还原论的观点给予解释？

C. 唯物主义如何解释精神是非物质的？

D. 唯物主义如何说明目的与自由，它们显然不是受自然规律限制的？

E. 唯物主义给予文化产品以什么地位，例如，艺术作品和科学理论似乎有自己的领域，服从超物理的规律，或者根本没有规律。

F. 对于意识形态的因果效应，特别是对于技术和政治的这种效应，唯物主义如何解释？

G. 既然概念和命题不具有物理特性，它们又如何能存在于纯物质世界中？

H. 既然数学和科学命题不依赖于认识主体或外在环境，如何能用物质观点给予解释？

I. 唯物主义如何解释价值并非物质实体，也不具有物理特性，但却指导我们的一些行动？

J. 如何解释道德对行为的规范，特别是关于责任的规范是不受自律规律制约的，非享乐主义的根据是什么？

邦格认为，自19世纪以来，唯物主义之所以没有取得进步，直至今日仍然面临上述问题的一个重要原因在于，忽视了现代逻辑和拒绝向其他哲学的学习。从而他认为，应付这些挑战的基本方法是用现代逻辑、数学和科学的见解对唯物主义实行检验、澄清和扩充并使之系统化。"新的本体论之所以黎为科学的唯物主义，就在于它从科学中得到启发，并且不断受到科学进展的检验和修正。"

　　同时，邦格认为，哲学研究不应当是文学性的，而应该是系统的、精确的、科学的。否则，哲学就会被分析和争论所摧毁。"科学的唯物主义"的标志，在与科学发展相一致，它有助于发展科学的研究，而不是妨碍它。要把一般人认为哲学依附于意识形态的关系颠倒过来。哲学与科学是对真理的自由追求，意识形态只有与哲学相一致，才是正确和有效的。"不应当因为唯物主义与某些意识形态相一致或相抵触而对它表示接受或拒斥"。

　　在《科学的唯物主义》中，邦格通过存在（being）、生成（becoming）、精神、文化和概念五部分，阐述了其科学实在论的观点。特别是在第二部分中，他专辟一章批判辩证法。他认为辩证法的本体论存在的主要缺陷如下：一是辩证法的原则含糊和不确切。二是辩证法不能包括形式逻辑，这就难以将它之中的一些正确的观点和其他普遍的本体论假说联系起来以构成一种与科学协调的，首尾一致的假说——演绎体系。三是由于辩证法的模棱两可，很难把它与事实相对照以检验它的真理性。这就助长了肤浅性，使人满足于进行辩证法的一般解释，而不去深究事物发展的模式和内在机制。四是辩证法由于拒绝批评而成了一种教条，从而使人们疏远了包括批评和经验在内的科学方法。

　　《科学的唯物主义》的第三部分讨论了精神的物质性。邦格认为，迄今为止的唯物主义对精神性质的看法是肤浅的和不精确的，没有充分利用现代生理——心理学的成果。他把感觉、知觉、行为、动机、记忆、意图、思维、决定、创造、直觉等等一切精神状态、事件和过程都归之为中枢神经系统的状态、事件和过程。

　　邦格继承了当代西方分析哲学的传统，十分重视逻辑分析和语义学分析，但他突破了以往分析哲学家只对科学理论进行静态的逻辑和语义分析的局限，而是将逻辑分析与对科学作社会、心理和历史的考察结合起来，并且捍卫了科学实在论的立场。

　　第三，当代美国科学哲学家普特南（Hilary Putnam）在《"确认度"与归纳逻辑》一书中提出收敛实在论。收敛实在论认为，理论既反映客观

真理，但又不能一步登天，而要随着人类理性的发展而逐步向客观真理
"收敛"。

除此之外，奎因（Quine）还提出了整体实在论。他更强调科学理论
与客观实在的对应关系的复杂性，这种对应是科学理论的整体与客观实在
的对应，而不是"元素"与客观实在的对应关系。

（二）拉里·劳丹的反实在论的科学合理性理论

拉里·劳丹的代表著作《进步及其问题》（美国伯克利，加利福尼亚
大学出版社，1977 年出版）掀起了反实在论的高潮。他主张，"如果说问
题是科学思维的焦点，那么理论便是科学思维的最终结果。理论的重要
性，它们在认识上的重要性在于并仅仅在于它们为问题提供了合适的解
答"①。因而，一种科学理论是否合理，一种科学是否进步，关键看它"能
否为重要问题提供可以接受的解答"②。这也是评价理论的标准，"在评价
理论的优劣时，我们应该问：它们是否为重大问题提供了合适的解答？而
不是问：它们是否'为真'"③。劳丹认为，"待解决的问题与合适理论之间
的矛盾"是"科学发展的基本动力"④，所以，对于科学问题的讨论就是他
在科学合理性研究上的逻辑起点。

首先，劳丹将科学中的问题可以分为"经验问题"和"概念问题"两
大类。"关于自然界的任何能使我们觉得奇怪而要求解释的事物，都构成
经验问题。"⑤，例如，"我们观察到，重物非常有规律的下落到地面上。重

---

① ［美］拉里·劳丹：《进步及其问题》，刘新民译，北京：华夏出版社 1999 年第 2 版，第
15 页。

② ［美］拉里·劳丹：《进步及其问题》，刘新民译，北京：华夏出版社 1999 年第 2 版，第
15 页。

③ ［美］拉里·劳丹：《进步及其问题》，刘新民译，北京：华夏出版社 1999 年第 2 版，第
16 页。

④ ［美］拉里·劳丹：《进步及其问题》，刘新民译，北京：华夏出版社 1999 年第 2 版，第
16 页。

⑤ ［美］拉里·劳丹：《进步及其问题》，刘新民译，北京：华夏出版社 1999 年第 2 版，第
17 页。

物怎样下落？为什么这样下落？这就提出一个经验问题"。① "经验问题"并不是来自纯"中性的"观察，有一定的主观色彩。"一切种类的问题（包括经验问题）都发生在一定的背景之中，"

"都要受到我们关于自然秩序的理论前提的影响。在某一理论背景中提出的问题在另一背景中就未必成为问题。因此，什么东西可以被看作经验问题，部分地依赖于我们的理论。"，"但它们仍是关于自然界的问题，从而可以当作'经验问题'来处理"②。

问题与事实，解决问题与解释事实，其间有很大区别，不能混淆。"自然界有许多事实只因是未知的而不构成经验问题。例如太阳主要由氢组成，据推测这是一个事实；但要等到这一事实被发现（或发明）之后，它才成为一个问题。总之，一项事实只在被当作问题对待时才成为问题；另一方面，事实终归是事实，而不管人们是否认识到。只有已知的事实才可能成为问题。"③ "但是，即使是已知事实，也未必成为经验问题"④。

劳丹将"经验问题"分为三类："未解决问题——任何理论都未能予以充分解决的经验问题"（它可以鼓励研究、推动发展）；"已解决问题——由一个理论所充分解决的问题"；"反常问题——某一理论虽然未能解决，但却已为此理论的一个或多个相竞争理论解决的经验问题"。⑤ 认为"科学进步的重要标志之一是将反常问题和未解决问题转变成为已解决问题。要对任何理论作出评价，我们必须看它已解决了多少问题，它面对着多少问题。此问题若以更深化的形式提出，便能成为科学理论比较评价的

---

① ［美］拉里·劳丹：《进步及其问题》，刘新民译，北京：华夏出版社1999年第2版，第16—17页。

② ［美］拉里·劳丹：《进步及其问题》，刘新民译，北京：华夏出版社1999年第2版，第17页。

③ ［美］拉里·劳丹：《进步及其问题》，刘新民译，北京：华夏出版社1999年第2版，第18—19页。

④ ［美］拉里·劳丹：《进步及其问题》，刘新民译，北京：华夏出版社1999年第2版，第19页。

⑤ ［美］拉里·劳丹：《进步及其问题》，刘新民译，北京：华夏出版社1999年第2版，第19—20页。

主要工具。"① 解决问题与理论相互联系的基本特征，决定了解决问题不同于解释事实：

A. 解释事实要求某个理论必须推导出关于被解释事实的精确陈述，而解决问题只要求某理论能够推导出有关问题的近似陈述。"对于解决问题来说，在理论结果与实验结果之间并不要求精确的一致，而只要求近似的一致，因此，经验问题获得了解决这种说法就不会有什么问题。"②

B. 解释事实要求起解释作用的理论必须是真的或有高概率的真值，而"解决问题与理论的真假无关"。"某一问题是否为某个理论解决，与该理论的真假或几率问题无关，这种看法之所以看上去是异端邪说，只是人们习惯于把对真正理解的追求看作是科学的中心目标之一。"③ "一般地说，任何理论 T，只要 T 在其结论是关于某个经验问题的陈述的推理过程中起到（重大）作用，就可以被看作是解决了这个经验问题。"④

C. 对事实的解释有恒定性，可是问题解决却有非恒定性，对同一问题的解决方案，在不同时期可能不同。"科学最丰富最健康的方面之一是，它对什么算作问题解答所提出的标准随时间而变化。被一代科学家当作完全合适解答所接受的解答，常常被下一代科学家看作是完全不能接受的。……在一个时代，其准确性和明晰性都完全合适的解答，在另一个时代就成了完全不合适的了。"⑤

劳丹认为，科学史上往往重大的进步不是来自经验问题，而是概念问题的重大突破。他的科学进步观的独创之处在于阐述概念问题的实质、历

---

① ［美］拉里·劳丹：《进步及其问题》，刘新民译，北京：华夏出版社 1999 年第 2 版，第 20 页。

② ［美］拉里·劳丹：《进步及其问题》，刘新民译，北京：华夏出版社 1999 年第 2 版，第 25—26 页。

③ ［美］拉里·劳丹：《进步及其问题》，刘新民译，北京：华夏出版社 1999 年第 2 版，第 26 页。

④ ［美］拉里·劳丹：《进步及其问题》，刘新民译，北京：华夏出版社 1999 年第 2 版，第 27 页。

⑤ ［美］拉里·劳丹：《进步及其问题》，刘新民译，北京：华夏出版社 1999 年第 2 版，第 27 页。

史发展及其理论评价和科学进步所起的重大作用。

A．劳丹把概念问题分为两种：其一是内部概念问题。这种问题往往是由于理论内部逻辑不一致或者理论内部机制混乱造成的。其二是外部概念问题。这种问题往往是由于下述原因造成。第一种是同一领域的两个理论之间的矛盾。第二种是一个理论与某个科学共同体所共同接受的方法之间的冲突。第三种是理论与当时流行的世界观之间的不一致。

B．概念问题是从科学理论的分析和比较中产生的，较经验问题的层次高，在科学进步中的地位和作用更重要，科学的重大进步往往是科学概念的重大澄清引起的。

劳丹的科学进步模式认为，首先解决经验的或概念的问题是衡量科学进步的基本因素。其次，科学的目标是尽可能多地解决经验问题，同时尽可能缩小反常问题和概念问题的范围。

A．"研究传统"是理解和评价科学进步的基本单元。劳丹认为，问题要靠理论来解决，但解决问题不仅要涉及到单个的理论，而且还要涉及到与这个理论有关的本体论和方法论，涉及到与此有关的整个理论谱系。这就是"研究传统"，它比库恩的"范式"和拉卡托斯"科学研究纲领"更合理。

劳丹认为，"研究传统"具有下述特征：

一是每个研究传统都由许多特殊理论构成，并为这些理论所说明。

二是每个研究传统都表现出一些形而上学和方法论的信念。这些信念作为一个整体，使研究传统特殊化，并使之区别于其他研究传统。

三是研究传统一般都有长期发展的历史，经历了许多不同的发展形式。

"研究传统"包括两方面的内容，其一是有关某个研究领域的实体或过程的信念。其二是一组认识论或方法论的准则，即关于怎么对这些领域进行研究，怎样检验理论、收集资料等的准则。因此"研究传统"是"有关该研究领域哪些可以做，哪些不可以做的一套本体论和方法论的信念"。

"研究纲领"在构建科学理论的过程中能起到关键的启发作用，能为科学理论的建构提供重要的思路、指导方针和方法论工具，甚至部分地规定了具体理论所要研究的问题的范围及各种问题的重要程度等。但是，研究传统并不直接回答具体问题。它与理论之间并非——对应。"有许多彼此不一致的具体理论都声称属于同一研究传统，而许多彼此不同的研究传统在原则上又可以为某一给定的理论提供基本前提。"

劳丹认为，研究传统的进化从而引起科学进步的方式有自然进化和科学革命两种，其中自然进化是在科学家发现有更好的解决问题的新理论时，放弃旧理论，从而达到修改研究传统中一些特定的具体理论实现的。任何研究传统的历史都是一些理论相继更迭的漫长系列。劳丹的研究传统的革命性进化方式，与库恩所理解的科学革命不同，"当一个不被重视或不为人所知的研究传统发展到这样的一个阶段，以致于信奉其他研究传统的科学家们不得不把它当成竞争对手时，科学革命就发生了。"这种革命往往是很少几个科学家首先发动的。可能在很长一段时间内得不到大多科学家的支持。科学革命表现了科学进步的间断性和连续性之间的矛盾，但是"解决问题"就可以解决这一矛盾。

劳丹作为历史主义流派的重要代表人物，他以反实在论的立场把历史主义发展到一个新的阶段。他的《进步及其问题》引起了哲学界广泛的争论。他从科学史案例的研究提炼中形成和证明"研究传统"的观点。并且对科学中所遇到的各种矛盾进行详细的分类研究，强调概念问题在科学发现和理论评价中的重要性，弥补了经验主义的不足。与历史主义的其他代表人物相比，劳丹的"研究传统"更具有灵活性和解释力。一方面他强调"研究传统"以及理论之间竞争的经常性和重要性，另一方面则强调"概念问题"特别是科学家的本体论信念和方法论在科学实践中的作用。

但是，劳丹与夏佩尔（Shapere）的对立阵营中，明显地表现出劳丹反实在论的实用主义倾向。劳丹明确否认科学进步的目的是真理或接近真理，他用提高理论解决问题的效力作为科学追求的目的。

反实在论领域还有一些别的代表人物和观点，如曾任英国科学哲学学会会长的 John Watrins 在《科学和科学主义》等论文中就对经验主义、实证论者进行了批判。

总的来说，20 世纪 70 年代实在论与反实在论对立的阵营以夏佩尔和劳丹为代表的。80 年代以来，新实在论则重新占据主流地位。

三、科学实在论与反实在论对立的实质

科学实在论与反实在论对立的根本问题是科学理论与客观世界的关系问题。对于这一问题的诸多方面所展开的争论，集中表现了以下几个实质问题。

第一，科学认识过程究竟是追求对物理世界及其关系的不断趋真的概括描述呢，还是主体相信度不断合理的逻辑建构过程？对此，形而上学的实在论者主张，科学的目的是给实在提供一种真的概括和描述。内在实在论者则认为，科学的目的是解释自然界发生的东西，而不是描述自然。他们提出了真理是一种极限的理想的主张。但无论如何，实在论者都主张科学认识过程是一个求真的过程。

反实在论者（无论是建构论的反实在论还是经验论的反实在论者）都主张，科学活动是一种主体的建构活动，而不是发现活动；科学的目的是提供给我们经验上合适的理论。这一对立的实质是割裂了科学认识过程中主体与客体相统一的现实关系。前者强调客体的质料作用，忽视了主体的形式作用和关系项的多值性。后者则崇尚主体的逻辑合理性的建构作用和经验的证实性意义，忽视了客体自身特性的制约。

第二，关于科学概念与物理世界的对应关系问题，科学实在论者主张，一切科学概念都具有其物理的指称，（连同数学和逻辑学也不例外）都是关于一定物理客体的存在或属性的概括描述。对此，反实在论者提出两点非难，其一是可观察现象与不可观察现象的区分问题。他们认为，经验上可直观的那些物理现象，与经验上不可直观的物理现象的概念表象，是有原则区别的。据此，他们提出了把科学语言（概念）区分为观察术语和理论术语两大类的观点。并且强调理论术语与物理现象之间没有直接的指称与被指称关系。如果一定要寻找其关系，那么充其量的通过摹状词而间接对应的。其二是对同一物理现象为什么可以用不同的科学概念表征或描述的问题。这一问题通常称作科学概念的不可通约性。对于这两点非

难，实在论者的反驳是：一、理论术语和观察术语的区别、可观察现象与不可观察现象的区分，是建立在任意划分的基础上的，没有确定的客观标准；用语言分析方法说明科学概念意义和判断科学概念的取舍是不科学的。三、人们总能找到一种科学的方法选择一个更为科学的概念。因此，科学概念的不可通约性问题是不能成立的。这种对立的实质在于把认识的表象的似然性与真理性、科学概念的确定含义与其发展趋势和过程的历史必然性相割裂。

第三，关于科学理论的实在性问题，实在论者主张科学理论通过对应原理和辅助假设与物理世界相联系；科学理论的真理性来源于物理世界的规律性。反实在论者认为，科学理论只是一种主体的逻辑重建体系；科学命题以及整个科学命题系统的意义，并不在于其描述或解释了物理世界的客观因果联系等，而依赖于证实它们的方法；规律仅仅是主体的规范。因此，反实在论者进一步把科学命题区分为分析命题和综合命题两种形式。他们建立了关于科学命题有意义性的标准。在贝叶斯传统中，把命题的意义，视作合理信念的概率函数。维也纳学派的卡尔纳普，把命题的意义看作是证据集对于假设的确证概率。对于反实在论者提出的证据不可区分性论题、理论术语的不可通约性问题，实在论者分别以判决性实验、理论术语的连续性等予以反驳。这一对立的关键在于不理解科学理论的静态结构与动态生成过程的统一性；片面孤立地分析单个命题的意义，忽视了科学理论系统的统一整体意义；拘泥于认识自身的圈子内跳着循环式的三步舞，只研究认识过程自律性，不了解认识的正确与否本质上是一个实践的问题。

同时，实在论与反实在论在科学理论的价值判断、评价原则等方面也存在着对立。

在实在论与反实在论对立的实质问题上，还有一个古老的命题，即认识论能否与本体论相分离的问题。相信为真与确实为真之间有没有一定的相关性？对此，既不能用本体论的还原法去研究，也不能一味地在认知的复杂现象中原地兜圈子。要切实地解决"由于相信而为真"与"由于真而相信"的关系问题。

第十三章　劳丹《进步及其问题》与科学论和反实在论的科学合理性思想

综观现代西方科学哲学诸流派在解决科学合理性问题上角度、方法及思路，一方面可谓各具特色，另一方面也贯穿着西方近代以来理性至上原则的共同话语倾向。无论是逻辑经验主义通过实证原则和意义理论对于科学概念、科学命题、科学理论体系的合理性的静态分析，还是历史主义流派通过"范式"、"科学研究纲领"、"研究传统"等的变革对于科学进步的动态过程的合理性的揭示，以及新实在论通过构成一个科学问题的条件的分析来探索科学的合理性标准如何经历者合理性的演变等等。他们共同的出发点和共同的目标追求都是要捍卫科学的理性原则，但其结果都多少有点不尽人意。究其原因，不能简单地归结为科学越来越具有非理性色彩，还应看到我们用纯粹理性去规范科学这一实践领域的经验世界的东西，必然在思维前提和方法论上埋下矛盾的种子。因为理性和经验本身就有矛盾。犹如康德所说："理性在其思辨的运用中引领我们经过经验的领域，并且由于这个领域对于理性来说永远也找不到完全的满足，而把我们从那里引领到思辨的理念，但这些理念最终又把我们带回到经验上来，因而把它们的意图以一种虽然有利、但却根本不符合我们的期望的方式实现出来了。"[1] 因为"理性的道德原则虽然能产生自由的行动，但不能产生自然律"[2]，科学所揭示的自然律究竟是否符合理性原则，理性自身也不好枉作要求了。这就不可避免地造成现代西方科学哲学的悲剧：越是想揭示科学的合理性，科学就越与理性离心离德。

然而无论如何，现代西方科学哲学秉承西方近代理性主义传统，探索科学合理性的思想方法，无论是对于科学事业自身的健康发展，还是对于哲学思维内在的丰富，都产生了巨大的积极作用，值得充分的肯定。尤其是这种思维精神对于中国传统思维方式的创造性转化，对于中国社会现当代大兴自然科学之新学，移植西学新思维，其意义就更大。

---

① 转引自杨祖陶 邓晓芒：《康德三大批判精粹》，北京：人民出版社2001年第1版，第251页。

② 转引自杨祖陶 邓晓芒：《康德三大批判精粹》，北京：人民出版社2001年第1版，第253页。

第十四章　罗尔斯《正义论》的新自由主义
公平正义观

一、版本目录及内容结构

《正义论》是美国哈佛大学教授约翰·罗尔斯（John Bordley Rawls）1971 年出版的一部政治哲学和道德哲学重要著作。

（一）2001 年中国社会科学出版社何怀宏、何包钢、廖申白中译本。（国内现有上海译文等多个中译本）

目　录

前言

第一编　理论

　第一章　正义即公平

　第二章　正义的原则

　第三章　原始状态

第二编　体制

　第四章　平等自由权

　第五章　分配份额

　第六章　责任和义务

第三编　目的

　第七章　好即合理

　第八章　正义感

　第九章　正义的善

（二）基本内容结构

首先阐明正义的主题就是社会的基本结构，或者说得更准确些，就是主要的社会体制分配基本权利与义务和确定社会合作所产生的利益的分配方式。而功利主义和直觉主义的正义观都没有有效解决这一问题，所以必须予以清算。罗尔斯确信功利主义的正义观存在着几个弊端：（一）它没有揭示自由和权利的要求与社会福利的增长欲望之间的原则区别，它没有肯定正义的优先原则，正义否认使一些人享受较大利益而剥夺另一些人的自由是正当的，政治交易和社会利益不能成为妨碍基本权利的理由；（二）它假定一个人类社团的调节原则只是个人选择原则的扩大是不足取的，这里没有把人们将一致赞同的原则视为正义的基础，其原则内容无法成为调节全体人的宏观标准；（三）它是一种目的论的理论，用最大量地增加善来解释正当的理论，而真正的正义原则是事先设定的，不能从结果来看正义与否；（四）它认为任何欲望的满足本身都具有价值，而没有区别这些欲望的性质，不问这些满足的来源和性质以及它们对幸福会产生什么影响，如怎样看待人们在相互歧视或者损害别人的自由以提高自己的尊严中得到快乐的行为（第 6 节）。这里直接表现为对功利主义的批评，也间接地批评了西方社会存在的各种不公正现象，如分配不平等，欲望至上，种族歧视，贫困问题等。

其次，为了克服功利主义的弊端，综合契约论的精神，在社会基本结构上追求公平正义，就必须设定正义的一系列基本前提、条件、原则。为此，罗尔斯提出并细致论证了正义的环境、正当观念的形式限制、无知之幕、机会均等原则、差异原则等。

第三，在上述条件、原则的基础上，社会基本结构、制度安排何以确保公平正义的实现。

重点章节：第一章第 1—4 节介绍了关于正义理论的基本的直觉概念。第二章第 11—17 节两个正义原则，第三章全章对原始状态予以说明，第四章第 33—35 节通论平等自由权，第 39—40 节诠释关于自由权优先的含义。

二、新自由主义的公平正义观

《正义论》被西方学术界誉为 20 世纪政治哲学、法哲学、道德哲学和社会哲学的"最伟大的成就"和"划时代的理论",还被推崇为与洛克《政府论》和密尔《论自由》相并列的"自由民主传统的经典著作"。事实上,这部巨著的问世,之所以打破了西方政治哲学沉闷的气氛,可能正在于其触动了资本主义自由市场理论及其几百年来社会基本结构的思想灵魂——自然人性论基础上的功利主义正义观。试图从正义理念的基础和根本出发,全面检讨作为社会基本良知的正义的前提、条件、原则和机制,整合和恢复契约论的思想资源,全面构建以公平和善为基础的社会体制。从而确保强个人权利对于福利总量的优先性、正义对于功利的优先性。

罗尔斯认为,正义是社会制度的首要价值。正义包括社会正义和个人正义,而罗尔斯所论述的正义主要是指社会正义,即社会制度的正义。在他那里,"正义的主要问题是社会的基本结构,或更准确地说,是社会主要制度分配基本权利和义务,决定由社会合作产生的利益之划分的方式。"因此,他的正义论也被称为分配正义论。

罗尔斯对社会正义问题的处理是以洛克、卢梭和康德的社会契约论为基础的。他从传统的"社会契约"思想引伸出"原始契约"这一概念。"原始契约"是指那些自由的和有理性的人,为了增进他们自己的利益,站在"原始的平等地位"上所规定的他们联合的基本条款时的可能接受的原则。在这里,"原始的平等地位"不是实际的历史状态,而只是指一种"纯粹假设的状况"。这种"原始的平等地位"的最重要特点是任何人都不知道他在社会中的地位,他的阶级立场或社会身份,也没有任何人知道自己在分配天赋和才能中命运如何,甚至不知道幸福的概念以及特殊的心理倾向。他把这种状况称为是"无知之幕",而正义原则正是在这种"无知之幕"的后面选择出来的。他认为,如果人们在明确自己的地位、立场和身份的情况下选择联合的基本条款,他们就必定会作出有利于各自的地位、立场和身份的选择,从而就无法达成符合正义要求的联合。而在"无知之幕"的掩盖下,人们就会按"最大最小值"的规则来选择制度安排。

所谓"最大最小值"规则，就是指使选择方案的最坏结果优于其他任何可选方案的最坏结果。这显然是不同于追求最好结果之理想主义的现实主义规则。罗尔斯认为，在这样的条件下，人们可能形成的正义观念，便是"作为公平的正义"。

罗尔斯把正义理解为"作为公平的正义"，其基本含义有二：其一是前提的公平，即这种正义原则是在一种公平的原初状态中被一致同意的；其二是目标的公平，即这种正义原则所指向的是一种公平的契约，所产生的是一个公平的结果。罗尔斯正义观念的基本内核是指社会的每一个公民所享有的自由权利的平等性和不可侵犯性。他指出："每个人都拥有一种基于正义的不可侵犯性，这种不可侵犯性即使以社会整体利益之名也不能逾越。因此，正义否认为了一些人分享更大利益而剥夺另一些人的自由是正当的，不承认许多人享受的较大利益能绰绰有余地补偿强加于少数人的牺牲。所以，在一个正义的社会里，平等的公民自由是确定不移的，由正义所保障的权利决不受制于政治的交易或社会利益的权衡。"在这里可以明显地看出他的正义理论的反功利主义倾向。

具体来说，这种作为公平的正义包括两个基本的正义原则：

第一个原则：每个人对与其他人所拥有的最广泛的基本自由体系相容的类似自由体系都应有一种平等的权利。

第二个原则：社会的和经济的不平等应这样安排，使它们(1)被合理地期望适合于每一个人的利益；并且(2)依系于地位和职务向所有人开放。"

上述两个正义原则，第一个可称为"平等自由原则"，第二个中的第一方面可称为"差别原则"，第二方面可称为"公平机会原则"。第一个原则即"平等自由原则"主要涉及确定与保障公民的平等自由的方面，公民的基本自由包括政治上的自由以及言论和集会自由；良心的自由和思想的自由；个人的自由和保障个人财产的权利；依法不受任意逮捕和剥夺财产的自由。第二个原则涉及指定与建立社会及经济不平等的方面，大致适用于收入和财富的分配，也适用于权力地位和职务等的分配。其中"差别原则"是要求所有的社会价值（包括自由和机会、收入和财富、自尊的基础）都要尽可能平等地分配，除非对其中一种价值或所有价值的一种不平等分配合乎每一个人的利益，特别是合乎最不利者的最大利益。而"公平机会原则"是指上述不平等分配在必须合乎每个人利益的同时，还必须以权力地位和领导性职务向所有人开放为前提。

在这两个正义原则中，罗尔斯根据其社会政策的重要性排列了优先性次序：第一个原则优先于第二个原则，而在第二个原则中，公平机会原则又优先于差别原则。在这里，第一个优先规则强调了，自由只能为了自由的缘故而被限制，无论是为了所有人的还是最不利者的更大的物质利益，都不可侵犯基本自由权的神圣优先性。第二个优先规则表明，机会公平除受自由优先性的限制外，不受机会公平本身之外的原则的限制。这条规则也体现了正义对效率和福利的优先性。

罗尔斯的两个正义原则的要义是平等地分配各种基本权利和义务，同时尽量平等地分配社会合作所产生的利益和负担，坚持各种职务和地位平等地向所有人开放，只允许那种能给最少受惠者带来补偿利益的不平等分配，任何个人或团体除非以一种有利于最少受惠者的方式谋利，否则就不能获得一种比他人更好的生活。

第十五章　麦金泰尔《德性之后》的
现代美德伦理建构

一、版本目录及内容结构

（一）《德性之后》（*After Virtue*）是阿拉斯代尔·查莫斯·麦金泰尔（Alasdair Chalmers MacIntyre）1981 年出版的一部重要论著。

（二）**中国社会科学出版社中译本目录**

第一章　一个令人忧虑的联想

第二章　当代道德分歧的性质和情感主义的主张

第三章　情感主义：社会内容和社会背景条件

第四章　先前的文化和启蒙运动对道德合理性的论证

第五章　论证道德合理性的启蒙运动为什么失败

第六章　启蒙运动论证失败的某些后果

第七章　"事实"、阐释与专门知识

第八章　社会科学中普遍概括的特征及其预言力量的缺乏

第九章　尼采还是亚里士多德

第十章　英雄社会中的德性

第十一章　雅典的德性

第十二章　亚里士多德的德性论

第十三章　中世纪的状况

第十四章　德性的性质

（三）《德性之后》的理论宗旨

作为当代重要的政治哲学家和道德哲学家，麦金泰尔以严谨认真地学术态度和方法，论证了自启蒙理性以降的西方现代规范伦理，及其建立在个人主义原则基础上的社会正义理论，认为，当代西方社会的道德危机，来源于一种严重的道德无序状态，道德的立场与原则，变成了纯主观的选择和情感的表达，其思想根源在于只重视理性的制度规范，而忽视了道德自觉，甚至抛弃亚里士多德哲学中的目的论和德性论思想资源。唯其如此，他明确主张回归亚里士多德的美德伦理。

（四）麦金泰尔其人其著

阿拉斯代尔·查莫斯·麦金泰尔（Alasdair Chalmers MacIntyre，1929年1月12日—）出生于苏格兰格拉斯哥，哲学家，在道德哲学、政治哲学、哲学史和神学等领域都作出了杰出的贡献。他目前是圣母大学研究哲学的奥布赖恩高级教授（O'Brien Senior Research Professor）。

麦金泰尔曾在玛丽皇后学院接受教育，后来在曼彻斯特大学和牛津大学取得了文学硕士学位。1951年他来到曼彻斯特大学任教，也由此开始了他的学术生涯。1969年来到美国之前，他曾先后在英国的利兹大学、埃塞克斯大学、牛津大学教书。在美国，他也四处漂泊，在许多大学都留下了他的足迹。以下是他曾担任的职位：布兰迪斯大学历史思想教授（1969年或1970年），波士顿大学哲学教授、文学院院长（1972年），威尔斯利学院亨利·卢斯教授（Henry Luce Professor）（1980年），范德堡大学琼斯教授（W. Alton Jones Professor）（1982年），圣母大学哲学教授（1985年），范德堡大学哲学教授（1985年），耶鲁大学惠特尼人文中心（Whitney Humanities Center）访问学者（1988年），圣母大学麦克马洪—汉克哲学教授

（McMahon-Hank Professor）（1989 年），杜克大学哲学教授（1995 年——1997 年），他同时还是普林斯顿大学访问学者、美国哲学学会的前主席。

从 2000 年到现在，他一直是美国印第安纳州圣母大学哲学系的奥布赖恩高级教授（Rev. John A. O'Brien Senior Research Professor）以及伦理学和文化中心的终身高级研究学者。同时他也是杜克大学名誉教授。2005 年 4 月他被选为美国哲学会成员。

其主要论著有：

《马克思主义的解释》（Marxism：An Interpretation）（1953 年），《哲学神学新随笔》（New Essays in Philosophical Theology）（1955 年），《论无意识》（1958 年），《基督教信仰的困境》（Difficulties in Christian Belief）（1959 年），《休谟的伦理学》（Hume's Ethical Writings）（1965 年），《伦理学简史》（A short history of ethics：a history of moral philosophy from the Homeric age to the twentieth century）（1966 年），《世俗化与道德变迁》（Secularization and Moral Change）（1967 年），《无神论的宗教意义》（The Religious Significance of Atheism）（1969 年），《赫伯特·马尔库塞：展示与争论》（Herbert Marcuse：An Exposition and a Polemic）（1970 年），《对时代自我形象的批判》（Against the Self-Images of the Age：Essays on Ideology and Philosophy）（1971 年），《德性之后》（After Virtue）（1981 年），《谁之正义？何种合理性？》（Whose Justice? Which Rationality?）（1988 年），《三种对立的道德探索观点》（Three Rival Versions of Moral Enquiry）（1990 年），《马克思主义和基督教》（Marxism and Christianity）（1995 年），《麦金泰尔读本》（The MacIntyre Reader）（1998 年），《依赖的理性动物：人类为何需要道德》（Dependent Rational Animals：Why Human Beings Need the Virtues）（1999 年），《埃迪特·施泰因：哲学的序言》1913 年到 1922 年（Edith Stein：A Philosophical Prologue，1913—1922）（2005 年），《哲学的目的：选集第一卷》（The Tasks of Philosophy：Selected Essays，Volume 1）（2006 年），《伦理学和政治学》（Ethics and Politics：Selected Essays，Volume 2）（2006 年），《阿拉斯代尔·麦金泰尔的早期马克思主义文集》1953 年到 1974 年（Alasdair MacIntyre's Early Marxist Writings：Essays and Articles 1953—1974）

（2008 年），《上帝、哲学、大学：天主教哲学传统简史》（*God*，*philoso-phy*，*universities*：*A Selective History of the Catholic Philosophical Tradition*）（2009 年），《生活的伦理学》（*Living Ethics*）（2009 年）等。

二、剖析现代性道德危机的成因

麦金泰尔认为，启蒙运动推翻和颠覆了上帝的外在神圣权威，将人的精神家园从遥不可及的天国拉回到人所栖息的尘世，同时将道德规范的合理证明转向人的内在本性的基础之上，试图让个人为自身提供道德原则，并赋予这些道德原则以普遍有效性。虽然启蒙思想家们在思维路向与论证方式上不尽相同，但是他们都试图将人的行为的应然性根基建立在尘世中人的天然本性之上，以人性对抗神性，根据人性为现代道德的合理性基础提供一种辩护与证明。从而使道德规则的普遍权威性根据，由外在的神之终极律法转向人的内在本性之上，在道德规则与人性之间建立某种坚实可信的联系。那么，究竟什么样的人性特征才是道德法则的合理性与权威性的基础？启蒙思想家们在这一关键问题的认同与证明上各执一词，各抒己见，从而使导致现代道德陷入多元论与相对主义的无止境的矛盾与纷争之中。

（一）现代性道德危机的复杂呈现

"现代性"是一个比现代化要复杂的问题，它伴随着启蒙运动和工业革命而诞生。现代性的最基本特征从意识层面上讲是"理性主义、个体主义、进步的观念"；从社会结构层面讲是市场经济与民主政治。利奥塔把现代性定义为一种思想方式。哈贝马斯则认为"现代性首先是一种挑战。从实证的观点看，这一时代深深打上了个人自由的烙印，这主要表现在三个方面：作为科学的自由，作为自我决定的自由，还有作为自我实现的自由。"[①] 民主、科学、自由是现代性的基本特征。然而 20 世纪中后期的西方学者们越来越对这种现代性产生质疑，认为现代性给人们带来的不是进

---

① ［德］哈贝马斯：《现代性的地平线 - 哈贝马斯访谈录》，李安东、段怀清译，上海：上海人民出版社 1997 年版，第 122 页。

步而是混乱、不是自由而是专制。现代性价值谱系的内在失衡与断裂表现在道德领域就是启蒙以来"道德谋划的失败"。现代性直接发源于启蒙运动，启蒙的任务就是为现代道德提供一种证明，麦金泰尔认为现代道德哲学主要提供了三种类型的证明，他们分别由克尔凯郭尔、康德和休谟所提供，但是这些证明都失败了，所以当代西方道德哲学出现了深刻的道德危机。

首先是道德语言无序化状态

西方道德哲学领域的主要特征是相对主义的普遍流行。从以尼采和萨特为代表的欧陆传统哲学到以摩尔和史蒂文森为代表的英美分析哲学，无不宣扬道德相对主义。而相对主义意味着没有评判的标准，导致道德争论没有结论，道德哲学处于混乱之中。麦金泰尔把这种现象称为"道德语言的无序"。麦金泰尔在《德性之后》的开篇便展开这样一个令人忧虑的联想。实验室被焚毁，自然科学家被处以私刑，书籍和仪器被毁坏，各类学校和大学的科学教育被废除。当人们开始意识到这种愚昧倾向时，开始寻求复兴之路。但是人们已经忘记了科学是什么，具有的只是以往科学的残障断片。那些合乎一定准则的言行和使他们言行具有意义的背景条件都已丧失。科学词汇的使用具有武断性和任意性。通过描绘麦金泰尔指出"在这个世界，自然科学的语言、或至少是这种语言的某些部分还在继续使用，但却处于一种严重的无序状态里。"麦金泰尔勾画这样一个虚构的想象世界的意义在于，其认为"我们所处的现实世界的道德语言，同我们所描绘的想象世界的自然科学语言一样，处于一种严重的无序状态。"[①]

在麦金泰尔看来，我们正处于德性衰退的黑暗时期，这一时期的主要表现就是我们所继承的是历史上的道德残片。这是由于，任何道德观念、道德概念都有它的历史，是与其社会结构内在关联的。有什么样的社会基本结构、社会制度及其社会背景文化，也就产生相应的伦理道德观念。并且，从古希腊以来的传统社会到现代社会的到来之前，都有着相似的社会

---

① ［美］麦金太尔：《德性之后》，龚群、戴杨毅等译，北京：中国社会科学出版社 1995 年版，第 4 页。

结构，这些社会结构是使得亚里士多德的德性伦理学成为一千多年的西方伦理传统的关键所在。然而，进入近代以来，由于社会结构以及政治经济文化的变迁，西方的伦理观念、价值观念发生了历史性的变化，随着近代个人主义、功利主义以及义务论伦理学的出现，西方社会的德性传统也发生了变化，抛弃了以亚里士多德为代表的德性伦理观，取而代之的是多样性的、与之相匹敌的伦理道德观念和价值观念。

　　道德语言的无序状态突出表现在道德哲学方面，其特点是它的"无终止性"，"当代道德言词最突出的特征是如此多地用来表达分歧，而表达分歧的争论的最显著特征是其无终止性。我在这里不仅是说这些争论没完没了—虽然它们确实是如此，而且是说它们显然无法找到终点。似乎在我们的文化中没有任何确保道德上一致的合理方法。"① 麦金泰尔列举了"战争"、"堕胎"和"正义"这三个例证来说明这个问题。这些争论和分歧有以下三个特征：第一，在道德争论中，相互对立的论证所使用的道德概念具有不可通约性。关于战争的观点各自有其理由，但他们之间是冲突、不相容的。采取任何观点，都意味着是任意的和非理性的决定。第二，尽管这些争论是不相容的，但这些争论都非人格化的合理论证，主张存在评判道德的非人格化的客观标准。第三，这些相互对立的道德论证中所使用的不可通约的各种概念具有广阔多样的历史起源。麦金泰尔指出，这些争论的各方谁也说服不了谁，没有任何可以令对方信服的理由，因为争论的各方都站在与对方无法沟通的理论立场上。某人之所以采取这种立场，并不是因为有某种令人信服的理由，而仅仅是某种非理性的决定所使然。因而，这种相互都据有对方无从接受的论点的辩论，结果成了仅仅是断言和反断言的争吵。在这里，绝对的道德权威不存在了，有的仅是个人的偏爱和好恶。每个人可以自由选择那种他想成为的人以及他所喜欢的生活方式。这种自我可以是任何东西，可以扮演任何角色，采纳任何观点。因为他本身什么都不是，自我不过是角色之衣借以悬挂的"衣架"。这种社会

---

① ［美］麦金太尔：《德性之后》，龚群、戴杨毅等译，中国社会科学出版社1995年版，第9页。

现实导致了道德的解体和道德相对主义。它既使我们在理论上和实践上丧失了对道德的明辨力，又使我们无从有客观的标准来判断和识别善恶。麦金泰尔认为这种危机不仅给我们带来灾难性的后果，而且将会累及我们的后代和整个人类文明。

其次是情感主义的盛行

情感主义典型地表现了当代道德语言的无序状态。情感主义是逻辑经验主义的元伦理学流派的一个派别，在元伦理流派中的其他派别以及元伦理学以外的其他伦理学派别如功利主义、存在主义、意志主义等却都与情感主义有着极为密切的内在联系或一致性。情感主义的主张是当代西方道德文化的实质所造。"情感主义已变的具体体现于我们的文化之中了"。[1]麦金泰尔将情感主义定义为这样一种学说："所有的评价性判断，尤其是所有的道德判断，就其在本性上，他们是道德的或是评价性的而言，都不过是爱好、态度或情感的表述。"[2] 其基本特点就是反自然主义、非认知主义、主观主义和反规范性，从而使我们的道德文化丧失了客观的标准和绝对的权威性。情感主义的基本论点是，道德言辞和道德判断的运用主要是个人情感和个人好恶的表达。麦金泰尔认为，情感主义的基本论点投射到当代道德文化中，不难发现它是我们时代的道德文化的实质所在。"任何一种道德哲学都要以某种社会学为前提，情感主义也不例外。"[3] 因为，每一种道德哲学都对行为者及其理由、动机、意向与行为的关系做出概念性的分析，而这种做法通常预设着这样的要求：这些概念体现在或至少能够体现在现实的社会世界中。但从摩尔以后，狭隘的道德哲学概念占据了统治地位，伦理学成了语词的分析，道德哲学家便忽视了展开这一任务。他们忽视了这东西，是否真的就不存在？情感主义本身所体现的最关键的社

---

[1] ［美］麦金太尔：《德性之后》，龚群、戴杨毅等译，中国社会科学出版社 1995 年版，第 29 页。

[2] ［美］麦金太尔：《德性之后》，龚群、戴杨毅等译，中国社会科学出版社 1995 年版，第 16 页。

[3] ［美］麦金太尔：《德性之后》，龚群、戴杨毅等译，中国社会科学出版社 1995 年版，第 31 页。

会内容是什么？"是这样一个事实，即消除了操纵的和非操纵的社会关系之间的任何真正区别。对这一问题的认识可以通过把康德的伦理观点和情感主义相对照。"① 对康德来说，由道德所达到的人际关系之间的区别，就在于每个人把他当作达到自己目的的手段和每个人把他人当作目的的关系之间的区别。康德是诉诸于非个人的有效性标准，即每个理性主体都是自己的法官。而对情感主义来说一切价值、评价都只是个人主观好恶的表达，不存在统一标准。因为评价的主张最终并无任何要旨或用途，它只是我自己情感或态度的表达，是被人情感或态度所改变的，以自己的情感、态度去影响别人，因此别人是手段而不是目的。

情感主义将道德判断建立在个人的偏好、态度和情感上面，从而不可避免的导致道德的相对性。情感主义把他人当作达到目的的手段，抹杀了人之手段与目的的区别。认为一切价值、评价都只具有态度和偏好的意义，并没有统一的理性标准可以参照，而对立的价值之间的冲突是不可能用通常的理性来解决的，人只能以选择来解决它，因而造成了道德领域的相对主义。"情感主义论断的核心部分是：宣称客观的和非个人的道德标准存在任何主张，都没有也不可能得到任何正当合理的论证，因此，也就没有这样一类标准。"② 既然客观的、非个人的标准不可能存在，原则的权威性仅仅是因为这是只我所采用的，在道德文化中没有绝对的合理权威，所谓的道德权威都是主观的、相对的，道德判断只是个人主观好恶的表达。这也是当代道德理论陷入纷争而无法得到解决的根本原因。

其三是规则代替了德性

麦金泰尔认为，当代道德危机是道德权威的危机，人们无从找到合理的权威。20 世纪 70 年代以前的西方社会，一方面亚里士多德为代表的德性伦理不断被边缘化，人们的道德生活中失去了任何可以依从的客观的道

---

① ［美］麦金太尔：《德性之后》，龚群、戴杨毅等译，中国社会科学出版社 1995 年版，第 31 页。

② ［美］麦金太尔：《德性之后》，龚群、戴杨毅等译，中国社会科学出版社 1995 年版，第 25 页。

德标准，道德行为和道德评价完全变成纯粹个人的主观的东西，从而导致相对主义的盛行，形成西方现实道德生活无序和混乱的局面；另一方面，在理论界，强调分析伦理概念、判断和语义的元伦理学之风越演越烈，并成为在西方世界占主导地位的伦理学理论，由于这种理论只重视对伦理学语言的逻辑分析，拒绝任何实质性的道德内容而失去了对现实道德生活的解释能力，使得伦理学理论变成了远离现实生活的纯粹的语言游戏。伦理学研究的分析哲学取向由于对现实问题的回避反而加剧了现实生活的道德危机。20世纪70年代罗尔斯《正义论》的问世，把伦理学从纯粹逻辑语言的分析路线扭转到现代性的规范伦理学的轨道上来，使西方伦理学从元伦理学向规范伦理复归。

规范伦理的主要问题是规则的问题，其研究中心是"我应该做什么"。罗尔斯首先确立了两个正义原则，即自由的平等原则和差别与机会公平平等原则；其次依照这两个正义原则确定社会的基本结构及制度，由此在体现正义原则的社会制度条件下培养个人的正义道德感即德性。据此而言，正义对于德性的优先性，是对决定根本制度的原则的选择。也就是说，要把正义作为制度选择的首要伦理原则，这个原则比任何其他社会道德价值和个人道德价值都更为重要。因此，德性的正当性取决于规则和原则的正当性，且后者先于前者。并且，规则成了道德生活的基本概念。人们在道德活动中最重要的问题就是遵守道德规则，道德哲学的主要任务是制定道德规则。个人作为道德存在，只要不违反道德原则他就尽了其作为道德存在的本分。作为一门学科，道德哲学只要能建立一组道德规则，也就完成了它的任务。"至于个人的道德修养及德性的培养，则最后只被缩减到一种性向，这种性向就是对道德规则的服从。"[①] 因此，在现代道德世界里，德性就是一种服从规则的德性。

罗尔斯的这种"规则的道德观"遭到了麦金泰尔等人的强烈的批评。麦金泰尔认为正义首先是一种德性，正义规则的运用首先需要拥有正义品质的人。作为正义规则的道德规则无论多么周全，如果人们不具有良好的

---

① 石元康：《从中国文化到现代性典范转移》，北京：三联书店2000年版，第108页。

德性或道德品质，就不可能对人的行为发生任何作用，更不用说成为人的行为规范。麦金泰尔认为"在德性与规则之间，有一种非常关键的联系，因为只有对于拥有德性的人才能知道怎样运用规则。"① 因而，伦理学绝不是一门纯粹制定规则或标准的学问，它的首要任务是告诉人们如何认识自己的生活目标，并为实现一种善的生活而培养自我的内在品质和美德。因此，重塑德性论理是缓解启蒙运动以来道德危机的最好选择。麦金泰尔将目光转向亚里士多德的德性传统，在麦金泰尔看来现代道德问题与困境始于启蒙谋划的失败。

（二）启蒙谋划的失败是造成现代性道德危机的元凶

麦金泰尔认为，现代道德危机产生于社会道德理想与个人道德信念的分离，表现在道德领域就是启蒙以来"道德谋划的失败"。

现代性直接发源于启蒙运动，西方文化的现代精神是在启蒙运动中产生，代表西方价值的当代道德是启蒙运动的产物。其本质是一种证明的道德。其最关心的是告诉人们为什么要遵守这些道德规范。启蒙运动的任务是是为现代道德提供一种证明，一种辩护，一种依据人性的形而上的论证。如果现代道德哲学是一种关于道德的证明，那么他们提出了那些证明？麦金泰尔认为现代道德哲学主要提出了三种类型的证明，他们分别是由克尔凯郭尔、康德和休谟提供的。

克尔凯郭尔在《非此即彼》中，向人们推荐了"美学生活方式"和"伦理生活方式"这两种相互矛盾、非此即彼的生活方式。美学生活方式的基本特征是将沉溺于当下的直接体验并从中获得巨大的满足，其典型是迷醉于个人激情中的罗曼蒂克情人。伦理生活方式更为重视家庭生活中的义务和责任，其典型范式是传统婚姻中的夫妻，这两种生活是相互矛盾的，非此即彼的，但没有任何合理的理由和任何道德权威使我们支持其中的一方，而放弃其中的另一方，如果没有道德权威，没有合理的充足理由，那么我们到底过什么样的生活归根结底取决一种"根本选择"

---

① ［美］麦金太尔：《德性之后》，龚群、戴杨毅等译，中国社会科学出版社1995年版，第192页。

（radical choice）。而这种根本选择是一种没有理由的选择。克尔凯郭尔认为没有任何东西能够决定人们是过一种罗曼蒂克情人的美学生活，还是过一种传统的伦理生活。克尔凯郭尔认为，理性不是权威，也不是道德的基础，更不能提供合理的证明，所以人们的伦理行为只是没有理由的选择。理由和权威的连接在克尔凯郭尔这里就被破坏了。尽管克尔凯郭尔无休止地攻击黑格尔，但他在道德哲学上真正与之对立的是康德。

康德的道德哲学最典型地表达了现代西方道德哲学的证明性质。麦金泰尔认为，康德道德哲学的核心是两个伪命题：第一，如果道德哲学规则是合理的，那么他们就是普遍必然的，即对所有理性存在物都是相同的，恰像算数规则那样；第二，如果道德规则对所有人都具有约束力或赋予他们义务，那么有理性存在物遵循这种约束或义务的偶然能力必然是不重要的，重要的是履行它们的意志。因此，对道德进行理性证明的任务就是对其进行理性检验的任务，这种理性检验将区分出哪些道德准则真正表达了道德律，那些则没有真正表达。道德哲学的问题是给予这些道德"准则"以合理的（理性的）证明。这种道德证明对于康德就是一种道德检验：道德法则应该在任何情况下为所有的人所遵循。这就要求道德法则必须具有普遍性和必然性。所以，道德法则只能是形式的，而不能是关于内容或涉及目的的。对于道德内容（如"幸福"），人们的观点总是不一致的，因此人们所追求的善或目的，也是因人而异的。但理性是普遍必然的，从而只有通过理性检验的道德法则才是普遍必然的。

如果将克尔凯郭尔的"根本选择"理解为康德的"实践理性"的替代物，那么康德的"实践理性"则是休谟的"激情"的替代物。也就是说，康德的失败为克尔凯郭尔提供了出发点，而休谟的失败为康德提供了出发点。休谟把道德判断理解为情感的表达，主张推动人们行动的道德力量是"激情"而非"理性"。同所有近代道德思想家一样，休谟承认道德判断和道德行为应该符合普遍的法则，如"正义"。但是，如果当我们遵守这些道德法则（如正义）会不利于我们的利益的时候，那么我们为什么还要遵守它们而不是违背它们呢？与康德的实践理性的绝对命令相反，休谟在这里提出了"同情"的观念，认为任何利他主义行为都出自于人的情感。对于休谟，任何道德判断和道德行为（无论是利己主义的还是利他主义的）都发自人的"激情"，而与理性无关。

自启蒙运动以来，西方理论学术界空前繁荣，其理论建树的成就是不可磨灭的。然而，其在为人类留下丰富的理论遗产的同时，他们也留下了失败的记录。也就是说，启蒙运动对道德合理性的论证是一种失败，这一失败不仅意味着当代道德语言的无序状态和深刻的道德危机是启蒙谋划失败的直接后果，同时也意味着克尔凯郭尔、康德和休谟为西方启蒙道德提供的证明和辩护都是无效的，启蒙运动的为什么会失败？究其根源，因为这一体系内存在着深刻的不一致性，主要有以下几个方面：

第一，"他们所共有的道德规则、戒律的概念和他们共同的人性概念（尽管他们之间有较大差别）之间，存在着一种根深蒂固的不一致。"① 他们对何种人性因素作为道德根据所持的观点各不相同。休谟的思维方式是：或者"理性"，或者"激情"是道德的根据，但是道德（特别是利他主义的行为）根本不可能出自于"理性"，从而道德只能以"激情"为根据。康德的思路同休谟一样但其结论与休谟完全相反，他认为偶然的"激情"不足以作为道德的根据，从而道德只能依据于普遍必然的"理性"。康德对"激情"的否定也是对康德的道德证明的否定。克尔凯郭尔则是对休谟和康德的共同否定。克尔凯郭尔从休谟和康德的对立中认识到了启蒙运动关于道德证明这一任务的失败，他接受了休谟和康德道德哲学中的相反论证，将"理性"与"激情"排除于道德证明之外。同时，他又否定了这两种道德哲学中的正面论证，主张道德没有根据，没有标准，道德只能是一个人的"选择"，不可能有一种合理的证明。

休谟、康德和克尔凯戈尔对道德的证明是相互对立和相互矛盾的，但他们之间也存在着某些一致性。麦金泰尔认为，这些一致性对于我们理解启蒙为什么失败提供了关键的线索。第一，对于构成实际道德的那些"箴言"（precepts）的内容和性质，即关于什么东西是"道德的"或"不道德

---

① ［美］麦金太尔：《德性之后》，龚群、戴杨毅等译，中国社会科学出版社1995年版，第67页。

的"，休谟、康德、克尔凯郭尔以及其他启蒙思想家之间存在着令人吃惊的一致性。其原因在于，他们的道德观念都来自于基督教。第二，对于这种合理的道德证明应该是什么样的，他们之间也存在着高度的一致性。启蒙思想家都主张道德证明应该诉诸于人性，认为道德证明的前提是人性的特征，道德法则必须被证明为是一种具有这样人性的存在着被期望能够加以接受的法则。启蒙的任务就是用"第二"去证明"第一"，即用哲学家们发现的人性特征来证明他们一致认同的道德内容。麦金泰尔认为，启蒙思想家们的这些形式的证明都注定要失败，"因为他们有着共同的道德法则和道德箴言的观念与他们的人性观念之间，存在着不可避免的矛盾。"这种矛盾可以从两个层面来理解。首先，启蒙思想家对"道德内容是什么"这个问题的见解是一致的，而且也都同意关于它们的证明应诉助于人性特征，但是对于"什么样的人性特征为道德提供了根据"这一问题，他们的观点就开始矛盾了。休谟主张这种人性特质是"激情"，康德认为是"理性"，而克尔凯戈尔相信是人的选择能力。其次，从深层来看，道德观念与人性观念之间的关系是历史的产物，双方各有自己的历史渊源。

　　第二，麦金泰尔认为近代以来，世俗世界拒绝了新教和天主教神学目的论，哲学和科学抛弃了亚里士多德的伦理学目的论。在亚里士多德《尼各马科伦理学》中，西方道德体系的已基本形成。亚里士多德的伦理学体系由偶然形成的人性、伦理戒律、认识到自身目的后可能形成的人性三种因素构成。而这种目的论体系中，存在着一种"自然而然的人"与"一旦认识到自身基本本性后可能成为的人"之间的重要对照。而伦理学则是一门使人们懂得如何从前一种状态转化到后一种状态的科学。在麦金泰尔看来伦理训诫的任务就在于使自然而然的人转变为认识到自身基本本性而成为可能成为的人，这三个因素紧密联系在一起，维系西方道德哲学的体系。但从启蒙谋划开始，世俗世界拒绝了神学目的论，抛弃了亚里士多德的目的论伦理学。由于剥除了传统伦理学框架中的"目的"观念，从而导致了启蒙谋划的失败。启蒙之后，古典伦理学中的必要因素"能实现其本性的人"或"目的"被消除了。现代伦理学只剩下两个因素：作为道德命令的箴言和"自然而然的人性"。这种状态在现代伦理学中造成了严重的后果。一方面，在传统的亚里士多德伦理学中，作为道德命令的箴言的"目的"是为了改正、调整、教育人的自然本性，但是，这个"目的"被抽取后边没有了任何道德标准，没有任何充足的理由和权威强迫人们接受这些道德箴言，而"自然而然的人"也必然会反抗这些道德教训。另一方面，如果"目的"被排除于伦理学之外，那么伦理学的任务只能在人性中为道德信仰寻找合理的根据，恰如休谟、康德、克尔凯戈尔所做的。麦金泰尔认为，"目的"观念是伦理戒律和人性之间的联接点，当伦理学与人性的联系被切断之后，西方道德就丧失了标准，导致一切为道德提供合理证明的谋划的失败。这是因为"他们确实要为自己根据人性问题上的独特见解得到的道德信念寻找合理基础的同时，又承继了一套道德禁令和与这种禁令显然不一致的人性概念，这种禁令和人性概念从产生之时起就预先注定不相符合。这种不一致并没有因他们修改自己对于人性的信念而消失。他们从曾经的不一致的思想和行为的体系中继承了一些不相一致的残障断片。"① 所以，复兴亚里士多德的美德传统就显的十分必要。因为每个人都生活在一定的共同体之中，孤立的原子式的自我是不可能存在的，而且也从来没有存在过。一个人的道德立场和价值观念只有放到他所在的共同体之中才成为可理解的和有根基的。

（三）寻觅走出现代性道德危机的途径

麦金泰尔认为，启蒙谋划失败的原因是因为它拒斥了亚里士多德的传统，"这一失败本身不过是摒弃亚里士多德的传统的一个历史后果"。② 麦金泰尔认为，现代德行观念最重要的变化是从"多元德性"变为"一元德性"。启蒙以来对道德普遍性与客观性的合理论证都失败了，这也意味着，从"一元德性"到"多元德性"的现代转换的失败。在古代和中世纪当德性和实践、人类生活紧密相关时，实践与人类生活的多样性决定了德性的

---

① ［美］麦金太尔：《德性之后》，龚群、戴杨毅等译，中国社会科学出版社1995年版，第71页。

② ［美］麦金太尔：《德性之后》，龚群、戴杨毅等译，中国社会科学出版社1995年版，第148页。

多样性。而现代社会破坏了古代和中世纪这种多元化的生活方式，使社会生活变的单一化。这种社会生活的单一化在道德上表现为德性概念的一元化。而在亚里士多德以前及亚里士多德时代，德性与实践和人类生活是密切相关的，从而决定了这个时代的德性是多元的。而当代社会的道德只剩下一种德性，那就是对道德规则的服从，德性被定义为道德服从道德法则的倾向。因此，麦金泰尔认为"现在德性确实不像在亚里士多德的体系中那样具备一种与规则或法律相区别相对照的作用与功能，而不过是对道德规则的服从所必要的气质而已。"[1] 这里麦金泰尔区分了古代伦理与现代伦理，他认为古代伦理是目的论的，强调的是体现肯定的、主动的、积极的德性的道德行为，而道德法则作为对德性的补充体现了否定的、禁止的和被动的方面。现代伦理学以道德法则为核心。如康德的义务论和功利主义强调对道德法则的服从。所不同的是，康德将理性的形式法则理解为法则的根据，而功利主义则理解为幸福的最大原则。这样德性观念中原来包含的肯定的、主动的、积极的内容消失了，道德行为就成了单纯地服从法则的问题，德性也蜕变为对道德法则的服从。道德服从什么法则？狄德罗主张服从"自然法"；康德主张服从理性的"先验法则"；休谟则主张服从"心理法则"。古代伦理学的多元德性代表了多元的善，这些多元的善由一个终极目的统一起来。这个终极目的构成了一种客观的标准，依据这个标准，人们来评价什么是德性和善。现代伦理学是一种合理证明的伦理学，当它否定了亚里士多德的目的论之后，仍然需要一种标准。这种统一的标准或来自自然的统一性，或来自与先天实践理性的统一性，或来自人心里的统一性，但所有的努力都失败了。

　　在麦金泰尔看来，第一个明确认识到这种失败的人是尼采。在《德性之后》的第九章，麦金泰尔提出这样一个问题：尼采还是亚里士多德？"尼采意味着一种可以无视道德，主张意识激进的道德虚无主义，亚里士

---

[1] ［美］麦金太尔：《德性之后》，龚群、戴杨毅等译，中国社会科学出版社1995年版，第293页。

多德意味着一种可以包括全面人生德性、幸福和生活方式的美德伦理学。"① 在尼采看来，现代伦理学的所有一切都是虚构出来的，它们对客观性的求助实际上只不过表达了道德主体的意志，起作用的不是法则而是人的意志。尼采提出，问题不在于为善和道德法则提供合理的证明，而在于创造出新的善和道德法则。在麦金泰尔看来，他没有能够完成对道德合理性论证的筹划。因此，现代道德哲学失败后，人们面临着两种选择：亚里士多德或尼采。"如果说尼采的道德是后现代的，那么亚里士多德的道德则可以说是前现代的。"② 麦金泰尔的回答则是：回到前现代，回到以亚里士多德的德性为核心的伦理体系之中。

为什尼采的选择是不可取的？其原因在于，尼采虽然清楚的洞察了启蒙谋划的失败，拒斥现代的各种规范伦理，但是他对这一传统的批判是不成功的。在麦金泰尔看来，尼采的道德思想体现在"超人"身上，这种"超人"离群索居，不与他人交往，也没有实践活动。这样"超人"善不存在于任何人类生活中和人类关系之中，而仅仅存在于对自己的超越之中。这种"超人"必然导致道德上的"唯我论"。现代道德的本质是个人主义的。在麦金泰尔看来尼采是反现代的，但他并不反对个人主义。"尼采的立场并不是逃脱自由个人主义者的现代概念体系的模式，也不是自由个人主义的现代概念体系的替代品，而是一个在这个体系内部展开的更有代表性的要素。"由于尼采，后现代与现代形成鲜明的对立。因此，在麦金泰尔看来，自由个人主义与某种形式的亚里士多德传统之间的对立仍是当代道德哲学最根本的对立。

总之，麦金泰尔认为，启蒙运动及其后的思想家都尝试为道德提供合理性证明，但他们都失败了。其深层原因在于对亚里士多德传统的摒弃。自由的个人主义强调用外在的规则去规范人的行为，却未告诉人们为什么要服从这些规则。因此，麦金泰尔指出，如果我们认真反省了启蒙运动对道德合理性论证失败的原因，我们就会知道解决现代道德危机的合理途径

---

① 参见何怀宏：《在康德与卢梭之间》，《读书》2004 年第 12 期，第 150 页。

② 姚大志：《现代之后 - 20 世纪晚期西方哲学》，北京：东方出版社 2000 年版，第 176 页。

是回到亚里士多德传统中去。

三、重建当代德性伦理

通过对启蒙谋划失败的批判，麦金泰尔指出走出现代性道德困境，就必须向亚里士多德的德性传统回归。并在此基础上构建当代的德性伦理学。于是麦金泰尔对德性的传统进行历史追述。

（一）汲取传统德性伦理的合理思想

麦金泰尔不仅提出了一个理论内涵宏大，又深刻触及当代道德生活各方面危机的理论，而且提出了他的有关德性的传统理论。麦金泰尔认为，当代西方道德衰退的根本原因是由于历史的变迁而拒斥了以亚里士多德为中心的德性传统。因此，要清楚地认识当代道德危机的性质，就必须汲取德性传统中的合理思想。麦金泰尔追述了以荷马为代表的英雄社会的德性、雅典的德性、亚里士多德德性论和中世纪的德性，指出中世纪的伦理学体系是以亚里士多德的《尼各马科伦理学》为教本的体系，而亚里士多德的德性论则是他那个历史时代的德性的理论表现。因而在西方的长久的历史发展中，存在着一个以亚里士多德主义为中心的德性传统。

首先是英雄社会的德性

麦金泰尔认为理解英雄社会的德性是雅典社会及其后社会的德性的一个必不可少的部分。所谓英雄社会，是指古希腊和中世纪欧洲各国基督教传入前后的英雄传说或传奇所反映的社会。英雄社会的结构是以亲属关系和家庭关系为核心纽带。麦金泰尔认为，荷马、冰岛和爱尔兰的英雄的社会，是一个得到明确界定并有着高度确定性的角色和地位系统的社会。这些社会虽在时间跨度上很大，但却有着类似的社会结构。在这个系统，每个人都有既定的角色和地位，并被赋予一系列的义务和特权。一个人通过认识他在这个系统中的角色来认识他是谁，并通过这种认识也认识到他应当做什么，每一其他角色和地位的占有者应把什么归于他。这不仅意味着每一社会地位都有一套规定了的责任、义务和权利，而且人们对于需要什么行为来履行这些责任、义务和权利，什么行为不符合这种要求，有一个清楚的认识，而德性就表现的他的角色所要求的行为中。因此，"判断一个人也就是判断他的行为。判断一个人的德性和恶的依据，在于他在具体环境中所做的具体行为；因为德性就是维持一个充当某种角色的自由人的那些品质，德性就表现在他的角色所要求的行为中。"① 同时，麦金泰尔认为英雄社会的德性与英雄社会的社会结构密切相关，从而使得德性在社会结构中占有关键的位置。如勇敢，勇敢之所以重要，是因为它不仅是个人的品质，而且是维持一个家庭和一个共同体所必须的品质。如果把英雄社会的德性从这个社会结构关联中抽取出来，就不能对德性进行恰当的论述。因此，麦金泰尔认为"在英雄社会中，道德和社会结构事实上是同一回事。这里有一套社会连接物。与社会结构性质不同的道德是不存在的。"② 因而，英雄社会中的自我与当代情感主义的自我形成鲜明对比。当代道德哲学家把人的自我看成是脱离社会背景和特定立场的"个人"，而在英雄社会谁要脱离特定的社会结构，那就要使自己从这个社会消失。

麦金泰尔认为我们可以从上述"英雄社会"的道德中得出两条教义："其一，所有道德总在某种程度上与社会性的当地情况和特殊性相关联，当代的道德力图摆脱全部特殊性而成为一种普遍性道德的愿望，只不过是一种幻想；其二，德性不是别的，只是传统的一部分，我们通过传统来继承德性，我们通过一系列的前辈来理解这些德性，而英雄社会就是前辈们所处之地。"③

其次是雅典城邦的德性

麦金泰尔认为，不论英雄社会是否存在过，"但是，英雄时代的文学却是类似雅典这样的后来社会的道德经典的主要部分，而且正是由于这些

---

① ［美］麦金太尔：《德性之后》，龚群、戴杨毅等译，中国社会科学出版社 1995 年版，第 154 页。

② ［美］麦金太尔：《德性之后》，龚群、戴杨毅等译，中国社会科学出版社 1995 年版，第 155 页。

③ ［美］麦金太尔：《德性之后》，龚群、戴杨毅等译，中国社会科学出版社 1995 年版，第 160 页。

经典与现实活动相联系的困难，才产生了这些后来社会的关键的道德特征。"① 在公元前 5 世纪的雅典时期，存在着从英雄社会承继而来的德性和雅典现实的城邦生活所产生的德性的冲突和对立。在雅典社会生活中，这是两种不相容的有关荣誉和行为的观念。家庭和家庭关系仍是社会结构的基本方面，贵族式的家庭既在诗的形式中，也在生活中保留着大量的荷马韵味，但血缘关系的社会结构已是更大社会结构城邦国家的一部分。因而，道德权威的重心已从家庭和家族转换到了城邦，德性的概念也随之发生了变化。虽然许多荷马的德性仍被认为是德性，但荷马的价值标准不再能界定道德的领域。而从上述的说明中我们可以看出，雅典社会的道德观念存在着新旧并存的紧张和冲突。

　　这种冲突和分歧还因为希腊社会本身的多样性而进一步扩大。公元前 5 世纪的希腊人有一套被普遍接受的德性概念。如友谊、勇敢、自制、智慧、正义等德性概念。但是，在各个德性的要求是什么，为什么把这些看作是德性等问题上存在广泛的分歧。如有智者的、柏拉图的、亚里士多德、索福克勒斯的观点。因此，这就致使那些不经常思考依照一般常识和自己所受教育而行动的人，常常陷入前后不一致的矛盾中。麦金泰尔指出，尽管希腊的道德词汇和道德概念本身有着内在的不一致，但是希腊人（我们常说的希腊人实际上是雅典人）关于德性的观点有一个共同之处，即承认德性与城邦的不可分离性。德性的实践是在城邦这个环境中进行的，而且是依据城邦，德性才可以得到界定。"因而，一般雅典人认为，德性在城邦的社会背景中有其位置。每个希腊人都认为，做一个好人至少是与做一个好公民紧密相连的。"② 与德性的内在不相容性和多样性相一致的是智者的论点。在每个城邦中，德性是他们认为在城邦中是德性的东西，没有一般的正义，只有不同城邦中被不同城邦所理解的不同的正义。

---

　　① ［美］麦金太尔：《德性之后》，龚群、戴杨毅等译，中国社会科学出版社 1995 年版，第 165 页。

　　② ［美］麦金太尔：《德性之后》，龚群、戴杨毅等译，中国社会科学出版社 1995 年版，第 171 页。

与智者论点相反，柏拉图认为，"各个德性不仅不是不相容的，而且单个德性的存在需要德行的全体存在"①，无论在城邦之内还是在个人那里，德性都不能与德性处于冲突之中，在政治与人格领域，冲突与德性是互不相容与相互排斥的。在他看来，"存在着一个宇宙秩序，这一秩序规定着人类生活的总的和谐系统中的每一德性的位置。道德领域的真理就在于道德判断与这个系统秩序的一致。"②

核心是亚里士多德的德性论

麦金泰尔认为，亚里士多德的德性论决定性地建构了为英雄史诗所示意的作为一个道德思想传统的古典传统，按照麦金泰尔的理解，亚里士多德的德性论有以下三个方面：

第一，人性与德性的关系。在亚里士多德的伦理学体系中，存在着"偶然成为的人"与"一旦认识到自己基本本性后可能成为的人"之间的对照。亚里士多德认为，善是人类本性意义上的目的，是人作为一个种类所持有的追求目标，善对人类最终意味着幸福，或者说拥有善就会使人类获得幸福。因此，亚里士多德认为善是人类所过的全部生活的最好生活，在这种生活中，德性的践行是其必要的部分。德性在人认识到自身的目的后向人自身目的的追求过程中，起了关键的作用，从而使人从偶然形成的人性向认识到目的后可能形成的人性的转化。

第二，共同体与德性。亚里士多德在《政治学》的开篇指出，城邦共同体是所有共同体中最具权威的共同体。"我们看到，所有城邦都是某种共同体，所有共同体都是为着某种善而建立的（因为人的行为都是为着他们所认为的善），很显然，既然所有共同体都在追求某种善，所有共同体中最高的并且包含了一切其他共同体的共同体，所追求的就是一定是最高

---

① ［美］麦金太尔：《德性之后》，龚群、戴杨毅等译，中国社会科学出版社 1995 年版，第 178 页。

② ［美］麦金太尔：《德性之后》，龚群、戴杨毅等译，中国社会科学出版社 1995 年版，第 179—180 页。

的善，那就是所谓的城邦或政治共同体。"①这段话亚里士多德不但归纳了城邦的概念，还指出了城邦的基本性质及追求目标，即个人共同体。同时也隐含着德性与共同体的关系。他认为在任何一个时代建立一个社会共同体，所要涉及的是：要实现共同计划，要为参与共同体的所有成员带来共同享有的利益。共同体的成员有两种不同类型的实践价值观：一是把有助于实现他们的共同利益的行为实践看作是德性行为，二是把有损于共同利益的行为看作是恶，这种损害毁坏了共同体中的连接纽带，使得至少在某些时候和某些方面，不能从事相关的活动，不能获得善。而在一个大范围内对犯罪行为的严重程度的一致看法，总是部分地构成这样一个共同体的要素，如同对各种德性的性质和意义的一致看法也是其构成要素一样。

麦金泰尔又指出，在亚里士多德的德性论中，"德性与法律还有一个非常关键的联系，因为只有那些具有正义德性的人才有可能知道怎样运用法律。要做到公正就是要把每人应得的给予他；在一个共同体内，正义德性的兴盛的社会先决条件是双重的：对功过有一些理性的标准；对这些标准是什么有社会确定的一致看法。"②不过合乎功过的赏罚的分配大部分是为规则支配的，在城邦范围内公职的分配和对犯罪行为的惩罚都是依照城市的法律来具体确定的。但是，在一定程度上法律具有普遍性，而特殊案件总在发生，在特殊案件的情形中，并不清楚法律应该怎样运用以及正义的要求是什么。因此，就会出现没有现成的公式可套的情况，这就需要"依据正确的理性"。

第三，理智德性。"智慧是一种理智德性；没有这种理智德性，品格中的任何德性就难以践行。"③亚里士多德的德目表中的核心德性是理智德性。德性实践是一种采取正确行动的选择的行为，是以正确合理的判断为

① ［古希腊］亚里士多德：《亚里士多德选集政治学卷》，颜一编，北京：中国人民大学出版社1999年版，第3页。

② ［美］麦金太尔：《德性之后》，龚群、戴杨毅等译，中国社会科学出版社1995年版，第192页。

③ ［美］麦金太尔：《德性之后》，龚群、戴杨毅等译，中国社会科学出版社1995年版，第194页。

基础的；德性实践需要一种对时间、地点、方式是否恰当的判断力，以及在适当的时间、地点、方式下做正当的事的能力。因此，核心的德性是智慧。智慧是一种理智德性，没有这种理智德性，品格中的任何德性都难以践行，实践理智需要善的知识，理智德性是通过教育获得的。因此，亚里士多德既强调了善，又强调了道德的作用，亚里士多德认为，智慧本身需要在他的拥有者里有某种善，除非他是善的，否则就不可能有实践理智。

其四是中世纪的德性思想

麦金泰尔认为，"亚里士多德之后，这个传统一般是用《尼各马可伦理学》和《政治学》为其主要教本，但这绝不意味着照搬亚里士多德。因为，这是一个始终处于与亚里士多德对话关系中的传统，而不是任何简单赞同关系中的传统。"①

中世纪之所以是一个始终与亚里士多德对话的历史时期，这是因为：首先，中世纪的社会秩序不可能拒斥英雄的德目表。"中世纪社会是通过多样性途径完成从英雄社会到它自身的转变的"②。因而，英雄社会的德性观又是中世纪德性的起点。当 12 世纪的神学家和哲学家明确提出异教与基督教的德性关系的时候，神学家们与之斗争的异教信仰部分地就在他们自身和他们的社会之内。麦金泰尔指出，中世纪的文化虽是基督教的《圣经》文化占支配地位，但古典传统在不同程度上影响了整个中世纪。整个中世纪的德性观不仅是基督教与异教相斗争的过程，也是基督教与异教相融洽的过程。12 世纪的著作家以德性的方式提出了这样的问题：如何使用正义、审慎、节制、勇敢这四主德的实践与神学的德性—信仰、希望和慈爱相符。其次，中世纪的社会结构是亚里士多德的德性得以践行的社会结构。麦金泰尔指出，中世纪社会像许多其他前现代社会一样，个人是通过他的角色来识别的，这种角色把个人与各种社会共同体紧密相联，因而把

---

① ［美］麦金太尔：《德性之后》，龚群、戴杨毅等译，中国社会科学出版社 1995 年版，第 207 页。

② ［美］麦金太尔：《德性之后》，龚群、戴杨毅等译，中国社会科学出版社 1995 年版，第 208 页。

个人与共同体分离开来，个人就没有了实质的意义。同时，在《圣经》文化中，对于基督教徒而言，不论我属于尘世中的什么样的共同体中，我也有一个角色。因此，中世纪的道德争议，是在一个概念背景一致、有着共同的德性标准的历史条件下的争议。这个背景框架是中世纪的亚里士多德信徒所力图表述的。再次，中世纪社会中亚里士多德的德性，是在基督教的律法道德占中心位置的历史条件下被践行的，中世纪需要这样一种社会秩序，神的律法能够实施并且在修道院外的世俗社会中站住脚，德性的问题就不可回避。神学家们认为亚里士多德的学说并不能代表一种相匹敌的道德，而是创造和维持世俗社会秩序的有用学说。他们认为，德性的实践通向人的超自然的和天堂的归宿，而在这个意义上，中世纪的德性既有亚里士多德的又有神学的。如在基督教的"宽恕"中体现的"慈爱"（又译为"慈悲"）的德性，是不为亚里士多德时代的希腊人所知的。因此，麦金泰尔认为，中世纪的德性既有基督教神学的特色，又有亚里士多德主义的特色。并且认为，中世纪运用、修正和扩展了亚里士多德观点的多样性，真正推进了这一德性传统。

（二）何以重构现代德性伦理

在对亚里士多德的德性传统的认知的前提下，麦金泰尔提出了他的德性论。麦金泰尔首先对德性的概念进行了考察。

首先揭示德性概念历史逻辑沿革的进程

通过对西方德性传统的历史追述，麦金泰尔揭示了西方传统思想内部，不同的德性观念。并将西方历史上的各种道德思想归纳为三种具有代表性的德性观，即荷马、亚里士多德和富兰克林。

在荷马的德性观中，德性概念是从属于社会角色的概念。这种人类品质能够使人严格地去做他们的社会角色所要求的事情。其基本的角色是武士首领的角色，荷马列出了武士首领所有的德性，而关键的德性是使人在战斗中和在竞赛中获胜的德性。因而，只有我们理解了荷马社会中关键性的社会角色和每个社会角色的要求，否则我们弄不清荷马列出的德性。担负某种角色的人应当做什么的概念先于德性的概念，并且只有通过前者，后者才有意义。在亚里士多德的德性观中，德性的概念从属于内涵着人的行为目的好或善的生活的概念。对于亚里士多德来说，德性不同于荷马时代那样从属于承担某种社会角色的人，而是人作为人类的目的决定了什么样的人类品质是德性。亚里士多德把德性的获得和践行看作是达到目的的手段，德性的践行是好或善的生活的一部分。《新约》的德性观在内容上与亚里士多德的很不同，但与在逻辑和概念结构上却有着相似性。认为德性是一种品质，它的践行引导人们目的的实现。人的善是一种超自然的善，德性的目的是人与未来上帝的王国的合一。正如荷马的德性观中社会角色的概念先于德性的概念一样，《新约》中人的好的生活的概念也先于德性的概念。富兰克林的德性概念，从属于功利概念。富兰克林的德性观不断强调功利是个人行为的标准，认为德性的价值在于它的有用性。

对德性概念的整合，我们之少面对着三种不同的德性概念："德性是一种使人负起他所承担的社会角色的品质（荷马）；亚德性是一种能够使人接近实现人的目的的品质，不论这目的是自然的，还是超自然的（亚里士多德、《新约》、阿奎那）；德性是一种获得尘世的和天堂的成功方面的功用性品质（富兰克林）。"[1] 这些不同的德性观表明，没有任何德性概念是普遍适用的。但我们能否在多样的德性观中，理出一个统一的核心的德性观呢？麦金泰尔主张采取一种历史主义的态度来完成这一任务。

麦金泰尔认为，德性观念的逻辑发展存在着三个阶段，每个阶段都有自己的概念背景。"我对德性的论述有三个阶段：第一，把德性看作是获得实践的内在利益的必需的品质；第二，把德性看作有益于一整体生活的善的品质；第三，把德性与对人而言的善的追求相联系；这个善的概念只有在一种继续存在的社会传统的范围内才可以得到解释和拥有。"[2] 在麦金泰尔构建的这个德性观中，第一阶段要求有一种有关于"实践"的背景解

―――――――――――

① ［美］麦金太尔：《德性之后》，龚群、戴杨毅等译，中国社会科学出版社1995年版，第234页。

② ［美］麦金太尔：《德性之后》，龚群、戴杨毅等译，中国社会科学出版社1995年版，第343页。

说，第二阶段是以个人生活的叙述秩序的背景的解说，而第三阶段则要求对是什么东西构成了一个道德传统的背景论述。这三个阶段前一是较后阶段的前提条件，后一阶段是对前一阶段的变正和解释，为后一阶段提供实质性的要素。

其次赋予德性实践的特质

德性概念首先与实践相关，要阐明德性就必须先要阐明实践。麦金泰尔赋予"实践"这一概念不同于学术界通常使用的涵义。他认为"实践"是"通过任何一种连贯的、复杂的、有着社会稳定性的人类协作活动方式，在力图达到那些卓越的标准——这些标准既适合于某种特定的生活方式，也对这种生活方式具有部分决定性的过程中，这种活动方式的内在利益就可获得，其结果是，与这种活动和追求不可分离的，为实现卓越的人的力量，以及人的目的和利益观念都系统地扩展了。"[1] 麦金泰尔举例对什么是实践进行论证，凭技艺踢出一个球不是实践，但球赛是；砌砖不是实践，但建筑是；画萝卜不是实践；但农民种萝卜是。这说明实践是一种与社会角色相应的活动，德性正是在实践的类型中展现了它所构成德性的根据。

麦金泰尔虽然承认他绝不是把德性的践行限定在实践的背景条件下，但他正是依据实践确立了德性的意义和功能。而对此问题，亚里士多德依据的是某种被他称为善的整体生活的观念。现实生活中利益的多元化，实践又如何界定德性呢？麦金泰尔认为实践能给人们带来"利益"，比如，一个卓越的棋手通过下棋实践能够获得财富、名声、权利、快乐等。麦金泰尔将人们在实践中所获得的利益，分为内在利益和外在利益。所谓"外在利益"是指在一定的社会条件下，人们人们通过任何一种形式的实践可获得的某种个人的财产或占有物。其特征有两个：其一，某个人得到的更多，就意味着其他人得到更少，如金钱、权利、名声等；其二，人们可以通过其他方式得到它们，因而它们对于实践活动的关系是外在的和偶然

---

[1] ［美］麦金太尔：《德性之后》，龚群、戴杨毅等译，中国社会科学出版社 1995 年版，第237 页。

的。外在利益本质上是竞争的对象，在竞争中，既有胜利者，也有失败者。"内在利益"是实践活动本身所具有的价值，除了这种实践活动，任何其他类型的活动是不可能获得的。因而，这种利益是依据参加那种特定实践所取得的经验来进行识别和判断的。其特性是：他们内在于某些特定的实践之中，是在追求特定实践活动本身的卓越的过程中获得的；他们的实现有益于参加实践的整个群体，而不仅仅是对个人有好处。麦金泰尔列举中世纪优秀的肖像画画家的例子来说明这个问题。这些画家一方面可以得到外在的名声、地位、权势，另一方面，在绘画中至少可以获得两种内在利益：产品的卓越及在追求卓越的过程中，艺术家所发现的生活的意义。基于对实践的把握和对实践的内在利益的规定，麦金泰尔初步概括了德性的定义"德性是一种获得性人类品质，这种品质的拥有和践行，是我们获得实践的内在利益，缺乏这种德性，就无从获得这些利益。"①

在麦金泰尔的这个定义中，德性既被视为一种人类品质，又被看做是能使我们获得利益，这显然是把荷马时代的德性观念与功利主义的德性观念结合了起来。尽管德性包含有功利的内容（利益），但其在本质上是一种关于人们之间关系的规定。德性的践行不仅对实践者有好处，而且对共同体有好处。通过实践概念的初步界定麦金泰尔阐明了德性在人类生活中的位置，他把德性与实践的关系看成内在不可分割的关系。在他看来，没有德性实践就不可能维持下去，有着内在利益的任何实践和实践的卓越标准就必须把德性作为必要成分包括进去。在这个意义上，美德和实践是内在统一的。对内在利益的追求过程才是德性的展现过程。而当今社会中的功利主义竞相追求的目标是外在于实践的善。这种追求失去了最根本的实践动力，把人类各种实践所蕴含的各种独特价值简单地当作同一种公式化的东西：快乐或幸福，造成了社会追逐名利、扭曲劳动实践真义的负面影响。由于麦金泰尔用内在于实践的"利益"来解释德性，而不是将其看作人际关系的准则。因而，一方面德性观念是任意的和偶然的，另一方面各

---

① ［美］麦金太尔：《德性之后》，龚群、戴杨毅等译，中国社会科学出版社1995年版，第241页。

种德性之间也可能互相冲突。例如，一个朋友犯了罪，"忠诚"这种德性将其指向一个方向，而"正义"这种德性则将将其指向另一个方向。所以麦金泰尔认识到"除非有一个目的（goals）一个借助构成整体生活的善（good），即把个人的生活看成是一个统一体的善，而超越实践有限利益的目的，否则就将是这两种情况：某种破坏性的专横将侵犯道德生活；我们将不能适当地说明某些道德的背景条件。"① 这将我们引入道德探索的第二个阶段。

第三认为德性贯穿于个人生活整体

麦金泰尔认为，德性不仅与各种实践密不可分，而且体现在一个人的生活整体中。在麦金泰尔看来每个人的生活都是一个整体，一个统一体，而"现代把每个人的生活分割成多种片断，每个片断都有它自己的准则和行为模式。"② 人们的工作和休息相分离，私人生活和公共生活相分离，团体和个人相分离，人的童年和老年都被扭曲而从人的生活的其余部分分离出去，成了两个不同的领域，个人和他扮演的角色明显地分离。作为生活整体的德性已没有存在的余地。而在这方面，麦金泰尔认为，亚里士多德的内在目的德性似乎可以为我们摆脱困境提供借鉴。亚里士多德的目的论是作为人类生活的整体来考虑的，每一个特定的德性与之相比都是作为人类生活的整体来考虑的，每一个特定的德性与之相比都是部分的和不完的，都是放整体中它所适合的角度来得到背景说明的。麦金泰尔认为他"以实践为依据的对德性的初步论述获得了亚里士多德主义的传统关于德性所教导的东西。但所获又远不是这个传统的全部。"③ 目的论超越了实践的有限之善，构成整个人类生活之善，这样使人类生活就被设想为一个统一体。

---

① ［美］麦金太尔：《德性之后》，龚群、戴杨毅等译，中国社会科学出版社 1995 年版，第 256 页。

② ［美］麦金太尔：《德性之后》，龚群、戴杨毅等译，中国社会科学出版社 1995 年版，第 257 页。

③ ［美］麦金太尔：《德性之后》，龚群、戴杨毅等译，中国社会科学出版社 1995 年版，第 256 页。

麦金泰尔认为，"这种整体性体现了一个单一生活的叙述整体"。^① 叙述具有两个重要的特点：一是不可预测，二是目的性。所谓不可预测，不仅是指别人的叙述、行为我无法左右，就连我自己的行为也要受到别人的影响。目的性是指我们的生活，不论是个体的还是群体的，都带有一种"特定的可能共享的未来"的观念而活动和创造着。因此，麦金泰尔给德性下了第二个定义："德性必定被理解为这样的品质：将不仅维持实践，使我们获得实践的内在利益，而且也将使我们能够克服我们所遭遇的伤害、危险、诱惑和涣散，从而在对相关类型的善的追求中支撑我们，并且还将把不断增长的自我认识和对善的认识充实我们。"^② 在第一阶段麦金泰尔将德性置于与实践相关的情形中，而第二阶段其将德性置于与人的生活相关的情形中，主张人的生活都是一个统一体，进而探讨德性的第三个阶段。

第四主张维护传统以践行德性

康德道德哲学的基本任务是企图为道德建立起客观性和普遍性。对此麦金泰尔认为，康德根本没有达到他的目的。尽管如此，麦金泰尔意识到，在道德相对主义横行的今天，只能用客观性和普遍性来对抗现代情感主义的相对主义。因而，他就必须为自己的德性观念树立起客观性和普遍性。而第一阶段和第二阶段的观念具有特殊性、偶然性和任意性。解决道德道德相对主义和自由主义弊病的正确途径是把个人看作共同体的一个成员，只有在共同体中，才能发现共同的善。据此麦金泰尔进行第三阶段的探讨。

麦金泰尔认为，亚里士多德主义的道德传统是依靠亚里士多德的德性的践行来维持的，即相关的德性的践行使相关传统得以维持。但传统又不能简单的等同于德性的践行。因为，我们从来都不是作为追寻善或运用德

---

① ［美］麦金太尔：《德性之后》，龚群、戴杨毅等译，中国社会科学出版社 1995 年版，第 276 页。

② ［美］麦金太尔：《德性之后》，龚群、戴杨毅等译，中国社会科学出版社 1995 年版，第 277 页。

性，个体是与他人共同生活在一个统一体中，而这个统一体又随环境的变化而变化，只有将个体的行为置于特定历史背景下才可正确理解德性的概念。而现代自由个人主义在自己的概念框架内，除了把传统观念看作是一个对手的观念外不能发现它的任何用处。在他们看来，我只是我选择要成为的样子，这样自我的存在就具有偶然性。与之相反，从自我历史叙述的观点来看，我的生活经历总是体现在我所处的统一的社团的经历之中，因而我的立场、观点边具有了根据和可理解性。我是特定历史的一部分，我是传统的承担者。实践总是历史的，总是在更大、更长的传统中才能展现出来，因此富有生命力的传统包括了冲突的继续，一个活着的传统是一种历史性的延展了的、社会性具体化的论证，并且是有关构成传统的利益的一种论证，在这个传统内对利益的追求，延伸几代人甚至许多代人。那么是什么维持着和强化着这些传统，又是什么削弱和摧毁了它们？麦金泰尔的答案是：相关的德性的践行或缺乏相关德性的践行。据此，麦金泰尔提出对德性认识第三个阶段的结论："如果要获得实践的多种内在利益的话，德性就要维持那些必须需的关系，而德性不仅在维持那些必须的关系中，也不仅在维持个人生活的方式中—在这种方式中，个人以他的整体生活的善（利益）作为他的善（利益）来寻求—有它的意义和作用，而且在维持那些把自然的历史关联条件提供给实践和个人的传统中有它的意义和作用"。① 德性是构建传统的要素，道德不是抽象的、超历史的，道德就存在于维持着的传统中，而传统的维持就是德性的维持。只有相关德性的践行，才可使传统得到维持和强化。麦金泰尔认为，现代社会缺乏任何亚里士多德的德性实践，必然败坏了传统。麦金泰尔最后指出，"《德性之后》的中心论点是，亚里士多德的道德传统是我们具有美德传统的一个最好例证，他的追随者们完全有资格在一个很大程度上对的认识和伦理的资源保

---

① ［美］麦金太尔：《德性之后》，龚群、戴杨毅等译，中国社会科学出版社1995年版，第281页。

有信心。"①

通过对"实践"、"个人生活整体"和"传统"三个方面的探讨，我们可以看出麦金泰尔德性观具有三次涵义或三个维度：第一，德性维持着人们在实践中所发生的关系，使人们获得内在于实践的利益；第二，德性维持个人生活的形式，在这种个人生活形式中，支撑我们的是对善的追求；第三，德性维持传统，而传统是实践和个人生活之间历史关联的必要因素。通过这三个方面，麦金泰尔为我们建构了一个完整的德性理论图式。

（三）重构现代德性伦理的理路

麦金泰尔认为现代西方社会处于深刻的危机之中，而危机的产生则是由于启蒙谋划的失败，在对启蒙谋划失败的原因分析的基础之上，提出了以向亚里士多德为代表的传统的回归的思路：即以传统叙述的方式进行道德探究、重建共同体、重构目的论。

一是以传统叙述的方式进行道德探究

对于如何获得对道德的理解以消除当代道德争论的严重分歧，麦金泰尔的回答是"现代道德言论和道德实践只能被理解为来自过去年代的一系列残障断片，对现代道德理论家来说，他们已产生了不可解决的问题，这些问题在没有很好的理解以前，仍然是不可解决的。"② 也就是说，只有通过对历史和传统的连续性解释方式，道德才能得以理解，现代道德争论才能得到合理的解释。麦金泰尔把这种方式称为"传统的叙述"或"历史的叙述"。他认为"当代哲学家在著述和讲授两个方面以一种固执的非历史的态度对待道德哲学。"③ 把柏拉图、休谟和密尔看作是同时代的人，又把

---

① ［美］麦金太尔：《德性之后》，龚群、戴杨毅等译，中国社会科学出版社 1995 年版，第349 页。

② ［美］麦金太尔：《德性之后》，龚群、戴杨毅等译，中国社会科学出版社 1995 年版，第139 页。

③ ［美］麦金太尔：《德性之后》，龚群、戴杨毅等译，中国社会科学出版社 1995 年版，第15 页。

他们看作我们的同时代人。把康德从普鲁士的历史中剥离出来，休谟不再是苏格兰人，"这致使将这些著述家从他们思想和和生活的文化和社会环境里分离出来，所以，他们的思想史虚假地相对独立于文化的其他部分。"① 麦金泰尔的传统或历史"叙述"不仅是为了寻求现代道德论证的多元化历史起源，而且是具有选择性的传统"重述"。因此，在《德性之后》中，他明确提出"必须写一部德性概念的简史"② 这部简史决不只是为弥补道德理论的缺陷，而是对道德传统做出一种合理性选择。麦金泰尔认为，如果我们认真反省了现代道德论证的失败，那么历史性道德传统的选择不会是康德，不会是功利主义，不会是情感主义，不会是元伦理和规范伦理，而是亚里士多德。这种以亚里士多德为代表的"古典传统"构成麦金泰尔全部学术思想的中心主题。

如果说，麦金泰尔对启蒙谋划的批判性反省是他对西方规范伦理，尤其是对罗尔斯的新自由主义规则伦理的批判性为前提，那么他对以亚里士多德为核心的"古典传统"的叙述，则是他选择并确证德性伦理的历史依据和文化基础。在《谁之正义？何种合理性？》中，麦金泰尔指出："启蒙运动使我们在绝大多数情况下盲目无知的、需要我们现在重新发现的，是一种传统，或一种概念。按照这种传统或概念，合理证明的标准本身是从一种历史中突显出来的，也是该历史的一部分。在这一历史中，它们是通过这样一种方式而被证明是正确的：即在同一传统的历史中，他们以此方式而超越了他们的前辈，弥补了他们前辈的缺陷。"③ 这段话体现了麦金泰尔对正义探究的思路，即在历史传统中探究正义的合理性问题，在历史传统的探究过程中，超越前辈的缺陷是其合理性探究的标准。因此，麦金泰尔主张通过传统之间的学习来消解分歧，同时麦金泰尔主张传统之间的不

① 〔美〕麦金太尔：《德性之后》，龚群、戴杨毅等译，中国社会科学出版社 1995 年版，第 15 页。

② 〔美〕麦金太尔：《德性之后》，龚群、戴杨毅等译，中国社会科学出版社 1995 年版，第 150 页。

③ 〔美〕麦金太尔：《谁之正义？何种合理性？》，万俊人等译，北京：当代中国出版社，1996 年版，第 9—10 页。

可通约性，因而同传统的语言之间存在着不可翻译的问题。而哈贝马斯反对这一观点，认为只有承认不同文化之间的通约性，不同的传统之间才能进行交流。

二是重建各种形式的共同体

麦金泰尔把现代性的自我称为情感主义的自我。在他看来，这种自我缺乏任何确定性的评判标准，而且能从自己所卷入的任何情景中退出来，从个人可能具有的任何和所有特性中退出来，并且能够从某种与全部社会具体情况完全分离的纯粹普遍的和抽象的观点出发，对这种情景或特性进行评价。在麦金泰尔看来，现代社会的这种抽象的、幻想般的特性的自我，剥夺掉了其曾有过的性质，也不再具有其曾经享有的那种社会身份，那曾经据以进行判断和行动的目的已不再被他信任。现代社会已经不是其成员的共同体，而在传统社会，个人与社会的关系则是一个共同体与其成员的关系。麦金泰尔说："在之前的许多传统社会中，人们通过各种不同社会群体的成员身份来辨认自己和他人。我可以同时是哥哥、堂兄和祖父，还可以是家庭成员，还是部落成员，这些并不是偶然属于人们的特性，不是为了发现'真实的自我'而剥除的东西。它们是我的实质的一部分，它们至少部分地，有时甚至是个人都继承了某种独特的位置，没有这种位置，他就什么也不是，或至多是个陌生人或被放逐者。但是，认识到自己是这样一种社会的人并不是要占据一种静止固定的社会位置，而是要发现自己已被置于朝着一既定目标前进。从而，一个彻底的或完成了的生命就是一个成就，死亡不过是可以把某人判断为幸福或不幸的那个点。所以，古希腊格言道：'幸福与否，盖棺定论'"① 麦金泰尔认为，在从传统向现代社会转换的过程中，现代社会的自我在争取自身领域的主权的同时。丧失了由社会身份和既定目标提供的传统规定。在麦金泰尔看来，这是现代社会较之传统社会的重大缺陷所在。麦金泰尔心目中理想的共同体有两种，一种是亚里士多德伦理学意义上的共同体，一种是基督教修士的

① ［美］麦金太尔：《德性之后》，龚群、戴杨毅等译，中国社会科学出版社 1995 年版，第44 页。

共同体。

亚里士多德的伦理学是德性论的伦理学，善是其伦理学中的一个核心概念。在亚里士多德那里善等同于幸福，亚里士多德意义上的"幸福"，是指人的良好生活或在良好生活中的良好行为状态。亚里士多德的德性论以城邦的社会关系为蓝本，而城邦是通过实现其目的而获得完善的人类共同体。在亚里士多德看来，做一个人和做一个城邦公民是同一的，人是生活在城邦这个共同体中的，德性是共同体得以建立的内在条件，德性只有在城邦中才能得到充分的体现。个人的善和共同体的善不可分开来看。在这个共同体中，人们对共同善的追求使人们获得相应的利益或善。共同体的成员通过自己的活动来增进共同体的利益，在这些活动中，德性起着关键性的作用。德性是一种获得性的品质，它有助于共同体成员的共同体利益。如果缺乏这类德性，则会对共同体的连接起破坏性的作用。"违法行为破坏了那些使得对共同体利益的共同追求成为可能的各种连系；有缺陷的品质也会使人易于犯罪，同时，也使他不能对获得共同利益作出什么贡献。而没有共同体利益，共同体的公共生活就没有意义。"① 这就是麦金泰尔所概括的亚里士多德意义上的共同体。

基督教修士的共同体。在麦金泰尔那里，还有一种基督教的情结。麦金泰尔认为，当代社会已经进入道德的衰退时期，或者说，我们正处在道德黑暗时期，要拯救当代社会的道德，只有重建古代式的共同体，换句话说，只有古代式的共同体才可保留住德性，如果德性传统能够在一个黑暗时代的恐怖中继存下来，那么我们才不会完全失去希望的基础。而这种古代式的共同体，就是类似于基督教教士团体的共同体。麦金泰尔认为，这种在历史的转折点上，"他们为自己确立的目标是——人们常常没有充分意识到他们干什么——某些新形式的共同体的建设，在这种共同体里道德生活将得以维持，以使道德和文明能在即将来临的野蛮黑暗时代继存下

---

① ［美］麦金太尔：《德性之后》，龚群、戴杨毅等译，中国社会科学出版社 1995 年版，第191—192 页。

去。"进而麦金泰尔指出如果我们关于我们的道德状况的论点是正确的，"那么我们也应该推断出这一结论：近来我们也进入了那个转折时刻。这个阶段的问题是地方形式的共同体的建构，在这种共同体中，文明知识分子和道德生活能够渡过已经降临的新的黑暗时代而维持下来。"① 麦金泰尔所说的"地方性共同体"正是圣·本尼迪克特那样的教士团体。他说，我们现在正在等待的就是圣·本尼迪克特那样的人。

三是重构道德目的论

麦金泰尔认为，启蒙运动失败虽然使道德行为者摆脱了等级制度和目的论把自身构想为道德权威的统治者，但他们所竭力论证的道德规则，有着深刻的不相容性，缺乏社会历史情境的解释，是自然化的或"未经教化的人性"，因而不能正确认识自身的真实目的。亚里士多德的"偶然成为的人"、"认识到自身基本本性后可能成为的人"、及使前者变为后者的伦理观念这三个因素，共同构成维护西方道德的体系。麦金泰尔认为，从古希腊罗马到近代之前，西方伦理学体系没有本质的变化。从近代开始，哲学和科学摒弃了亚里士多德的伦理学目的论，"认识到自身基本本性后可能成为的人"这一基本因素在古典伦理学的结构中被消解了，正是由于对这一"目的"的消解，便没有了任何道德标准。康德求助于"理性"，休谟求助于"激情"，克尔凯郭尔求助于人的"选择"能力。康德在他的"第二批判"中虽然意识到了"目的论的架构"对于道德解释的必要性，并为建立这一目的论架构做出巨大的努力，但面对休谟的如何处理人性的目的论事实与人的道德行为两者之间的联系这一命题时，康德并没有给予一种合理性的逻辑论证。因而，"没有一个至上的整体生活和目的概念，某些个别的德性概念必定是部分的、不完全的。"② 一切企图为道德提供合

---

① ［美］麦金太尔：《德性之后》，龚群、戴扬毅等译，中国社会科学出版社1995年版，第330页。

② ［美］麦金太尔：《德性之后》，龚群、戴扬毅等译，中国社会科学出版社1995年版，第255页。

理证明的谋划必然失败。所以，麦金泰尔指出"除非有一个目的一个借助构成整体生活的善，即把一个人的生活看成是一个统一体的善，而超越了实践的有限利益的目的，否则就是这两种情形：某种破坏性的专横将侵犯道德生活；我们将不能够适当地说明某些道德的背景条件。这两种问题由于第三种问题而更为严重：至少有一种为传统所认识的德性它除了依据个人生活的整体，根本得不到说明——这就是完善的或坚贞的德性。"[1]

（四）回归亚里士多德德性伦理何以可能？

麦金泰尔在对亚里士多德主义德性传统的认知的条件下，构建了自己的德性理论。麦金泰尔认为其理论至少在三个方面显然是亚里士多德主义的。第一，麦金泰尔认为就其理论的完整性而言，是对那些恰是亚里士多德的理论要求的中肯阐发的区分和概念的中肯的阐发，如意愿、理智之德和品格之德的区分，两种德性与天赋能力和情感的关系，实践理性的结构等。第二，麦金泰尔认为其理论容纳了亚里士多德关于愉快和快乐的论点，并批判了功利主义的论点，认为功利主义不能容纳对实践而言的内在利益与外在利益的区分。第三，麦金泰尔强调："我的德性论是亚里士多德主义的，我以一种实质上是亚里士多德主义的方式，把评价和解释连接起来，从一种亚里士多德主义的立场去识别某种行为是表明了或是没表明一种德性或多种德性，这绝不仅是评价；而且，这是迈向解释为什么履行这些行为而不履行另一些行为的第一步。"[2] 但是，跨越历史的长河，我们能否回到亚里士多德的德性传统？

在麦金泰尔看来，德性作为一种获得性的人类品质，它具有利己和利他性。它对于共同体秩序的维护和保障每个人的生活的有益性具有重要作用。随着社会的发展，西方社会长久以来所提倡的自由、平等、博爱的思

---

① ［美］麦金太尔：《德性之后》，龚群、戴杨毅等译，中国社会科学出版社 1995 年版，第256 页。

② ［美］麦金太尔：《德性之后》，龚群、戴杨毅等译，中国社会科学出版社 1995 年版，第251 页。

想渐渐衰退，而麦金泰尔的重拾西方道德源头的智慧、自制、勇敢、正义等美好品德的传统，有可能使人们重新拥有并接受这些价值标准。此外，人之所以为人且区别于动物的本质在于，人不仅是物质的存在，还是精神的存在，追求精神的满足。"上帝死了"之后，随着外在神圣权威的颠覆，曾经的精神支柱坍塌了，人们的精神处于漂泊之中，人们必须寻找新的精神支柱。由于亚里士多德德性论内蕴着对至善的追求和肯定，为人们生活提供了一种整体观照，这使人类在追逐物质之外的领域，得以眷顾自己的心灵，从而获得精神的自由、内心的恬静以及灵魂的安宁。复归亚里士多德的德性伦理传统，使得现代人似乎可以给疲惫、焦虑、漂泊的灵魂一个停靠的港湾，使其得以慰藉，重拾悄然消逝的安全感。因此，麦金泰尔认为这就是复归亚里士多德德性传统的根本原因和强大动力。

第十六章 阿伦特《极权主义的起源》的公共性政治自由思想

一、版本目录及内容结构

（一）《极权主义的起源》是汉娜·阿伦特（Hannah Arendt）1951 年出版的一部政治哲学的力作。

（二）2008 年三联书店林骧华中译本目录

《极权主义的起源》译者序

初版序

第一部 《反犹主义》序言

第二部 《帝国主义》序言

第三部 《极权主义》序言

第一部 反犹主义

　第一章：蹂躏常识的反犹主义

　第二章：犹太人、民族国家与反犹主义的产生

　　一　暧昧的解放和犹太国家银行家

　　二　早期反犹主义

　　三　第一个反犹主义政党

　　四　左派反犹主义

　　五　安全的黄金时代

　第三章：犹太人与社会

（三）内容结构

全书分为三个部分：反犹主义、帝国主义、极权主义。作者从 19 世纪中欧与东欧历史中的反犹主义入手，追索其中的极权主义因素，然后审视欧洲的殖民帝国主义。在研究极权主义运动和政府的机构、组织和运作时，她集中分析了极权主义统治的两种形式——纳粹时期的德国和斯大林时期的苏联。在结论一章中，她出色地分析了人类的孤立和孤独是产生极权统治的先决条件。

（四）汉娜·阿伦特其人其著

汉娜·阿伦特（Hannah Arendt）1906 年出身于德国汉诺威一个犹太人家庭，在马堡和弗莱堡大学读哲学、神学和古希腊语；后转至海德堡大学雅斯贝尔斯的门下，获哲学博士学位。1933 年先是流亡巴黎，1941 年到了美国，1951 年成为美国公民。同年，《极权主义的起源》一书出版，为她奠定了作为一个政治理论家的国际声望。流亡之前，阿伦特以一个犹太人的身份协助犹太组织工作，为此曾被纳粹政府关押过。去美国之后，她为流亡者杂志《建设》撰写评论等；做过肯舍出版社的编辑；1952 年担任过"犹太文化重建委员会"的负责人。自 1954 年开始，阿伦特在美国加利福尼亚大学、普林斯顿大学、哥伦比亚大学、社会研究新学院、纽约布鲁克林学院开办讲座；后担任过芝加哥大学教授、社会研究新学院教授。随着《人的状况》、《在过去与未来之间》、《论革命》等著作的出版，使她成为二十世纪政治思想史上的瞩目人物，声誉日隆。1975 年 12 月阿伦特因心脏病突发去世。

二、论述自由是政治存在的理由

自由就是要在政治领域中被体现，因为这是人们日常生活的领域。直至今日，无论我们知不知道，当我们谈及自由难题的时候，政治问题以及人是一个天生被赋予了行动能力的存在者的事实，都总是我们的心中浮现出来；自由是必须存在在政治和行动中。如果我们的生活没有自由，那么将是多么可怕的一件事。人是否自由这个问题就是属于一个政治领域中的话题。自由其实严格意义上的政治领域中的众多问题和现象之一。而且自由实际上是人们在政治组织内共同生活的理由，只不过在少数情况下变成了政治行动的直接目标，如在危机或革命的年代。在政治生活中是不可能不存在自由的。

阿伦特政治哲学的基础是行动、公共领域和自由。她认为自由就是政治存在的理由。如果没有自由，政治生活是完全没有意义的。对于政治来说，自由问题是关键性的。阿伦特在提出自己的政治思想时，常会出现古希腊的城邦。有时说的是实际上的城邦，有时又会是规范意义上的城邦。古希腊的城邦生活为阿伦特的政治思想提供了想象基础，在谈论政治与自由的关系时，阿伦特同样不时地以城邦经验为参考。她说，如果在城邦的意义上来理解政治，那么政治的目的或者说存在的理由，就需要建立和维持在一个空间，以便获得自由。在这一领域中，自由是一种世界性的现实。阿伦特认为，真正的自由实实在在地与人们所组织的世界相关，它是可感的，而非抽象的，隐蔽的。

这种自由必定与政治相连，二者实不可分。阿伦特认为自由必定是一个政治概念，是一种政治现象。在此意义上，自由就是政治自由或公共自由，我们也可以说是政治生活即自由生活，政治行动即自由的行动，公民即自由人。自由的彰显离不开公共空间，政治世界的存在。而政治也是为人的自由之实现而存在的。真正自由的实现就是阿伦特政治概念首要的、中心的诉求。

在阿伦特看来，政治、行动与自由是三位一体的。"政治存在的理由是自由，而它的经验领域是行动"。① 阿伦特认为自由意味着行动，人的自由是在他们的行动发生的同时而出现的，不在行动之前或之后，自由的状态和行动其实是一回事。自由表示着开创一种新的局面，落实到实际生活中，则指个人以公民的身份进入公共领域以言行展示自我风采。在阿伦特看来，"自由是一种在世界中的实在，表现为可以被听见的词语，可以被看见的行动，以及在其最终融入人类历史的伟大的故事整体之前被人们谈论、记忆和编成故事的事件"，② 因自由是发生在政治活动中的行动。自由每天发生的生活的一个事实领域就是政治领域。当说到自由问题时，不由的想到了政治这一问题和人是一种被赋予了行动能力的生物这一事实，人类生活的所有的能力和潜能之中，只有行动和政治是这样的事物。因为自由本身就是人们共同生活在政治组织中的理由。没有自由，我们所说的政治生活将是没有意义的。因此，阿伦特所说的自由一定是一种政治参与的自由，是公民间的政治活动。自由的存在应以他人在场为前提，以一个公共空间为前提。自由和行动都是一个世界性的概念。自由不是出现在私人领域中的自由，市民生活的社会也不存在自由，它一定是在政治世界中的。如果在政治上得不到公共的空间，自由是没办法保证的。为了更好的理解阿伦特的自由思想，她分析了自由与自由意志、自由与解放、自由与人权的关系。

---

① 贺照田：《西方现代的曲折和展开》，长春：吉林人民出版社 2002 年版，第 352 页。
② 贺照田：《西方现代的曲折和展开》，长春：吉林人民出版社 2002 年版，第 360 页。

（一）自由与自由意志

阿伦特认为，必须在区分了自由和意志自由的关系之后，才能理解自由的真正内涵。这个时候就要从哲学的根源上来说。自由这个问题最早出现在哲学传统的时候，并且成为人们讨论的话题的时候，是在作为基督教徒的保罗和奥古斯丁那里开始研究的。哲学家们认为先要从政治中脱离出来，才能过一种自认为是很高尚，并且很自由的生活。这种生活就是柏拉图说是的沉思的生活，即认为在自己的思考中才是一种自由的体现。那么基督教的自由就是这样一种以救赎为目的的自由。于是在奥古斯丁以后，哲学家们便把意志自由认为是基督教思想家中所说的自由。认为一个东西具有两种不同的说法，即是自由和自由意志。但其实这样的理解是不对的。意志就是一种手段，这种手段就是为了保证自己不会失去自由，虽然自己有可能是在一种被别人奴役的情况下。这种自由是一种内在的经验。自由就是体现在不受外界任何人或事的干扰的内在的经验中。因此在斯多噶学派中，人们都为了追求一种"内在的宁静"。基督教中，认为是用一种坚定的意志来服从上帝的戒律。现代一部分思想家都是通过这样的一种个人自我反省的观念来思考自由活动的。可是阿伦特认为，把意志自由当成一种自我解放的方式是行不通的。认为意志力是不自由的，因为它就是一种力量，是一种控制的能力。如果把自由和意志联系起来，这样会导致自由走向了一个必然性的领域。

奥古斯丁把自由理解为自由意志，行动只是意志活动的结果。但是阿伦特不这样认为，她承认行动的自由，认为意志本身常处于要做和不要做的分裂状态中，且仅发生于人的内心深处，没有自由可言。但是说人是自由的，但阿伦特并不认为人是生而自由的，她认为人在自然状态中，在进入文明之前是不自由的。由此，尽管人具有自由的潜力，但其实现是离不开公共的世界，人是生而不自由的，但却为自由而生的。政治共同体的存在，正是为了公民实现自由。但是阿伦特又说这样的政治共同体只有在古代才存在，近代以来随着现代国家的建立，这种自由已经没有了，只有在革命时，人们才隐约可以感觉到古典式的政治自由的经验，而革命的价值，重要的一点就在于它带来了人们实践自由的经验。通过行动建立新生活的经验。可以看出，阿伦特把自由与政治紧紧相连。她把自由看作是一枚硬币的两面，彼此相互关联的。

（二）自由与解放

阿伦特认为，自由是以解放为先导的。政治自由需要从必然性束缚中解放出来。在这个意义上，自由与必然相对。只有在必然被掌握后，政治美好生活才可能开始。阿伦特这里所说的必然指生活的必然性。她以古希腊自由经验为基础说明自由。要成为自由的，人必须首先将自己从生活中解放出来。但这种自由的身份却不会因为解放的行动而自然而然地到来。除了单纯的解放外，自由还需要处于统一状态的其他人的相互陪伴，需要一个公共空间方便和其他人相遇。也就是说，需要个组织起来的政治性的世界，每个自由人都可以通过词语或行动使自己加入到这个世界中。在阿伦特看来，生命、财产和自由只是市民的自由，而不是公共自由。市民自由是解放后的成果，而政治自由是不仅仅需要解放。她认为政治自由才是真正的自由。

阿伦特认为个人自由以自由的政治共同体的存在为前提。自由政体在阿伦特那里具有作为个人自由的先决条件的地位。而共同体的自由，是指在外部不受他人、他国支配，具有独立性，内部不存在人与人的支配关系。自由政体是一种身份平等的公民所组成的联合体。这种平等是在古典的意义上所使用的概念，阿伦特指出，平等不像现代那样与其正义相连，平等就是自由的本质，自由就是指人从不平等的政治中走出，到一个没有统治者和被统治者的领域中走动。这正如亚里士多德所说的平等就是在政治生活中全体公民人人平等。在这种共同体中，无一人受他人奴役。对于共同体的强调，阿伦特的自由思想的古典性凸显了出来。而近代自由主义是指在一定的范围内活动的自由。

（三）自由与主权

阿伦特所理解的政治意义上的自由，而此时自由的根本含义就是使言行得以在公共世界中展示的可能性。因此，自由必定是言论和行动的自

由，而非意志和内心的自由。她认为内在的自由、良心自由以及意志自由
只是那些在古代晚期在公共世界中无位置的哲学家所发现的一种自我安慰
式的理解。自由概念由政治向哲学的转向，标志着政治生活的衰败。政治
自由失去了，便由此产生内心的自由。奥古斯丁之后，就观念而言，即使
在现实世界中身为一名奴隶，也可能是一个自由人，因此这时自由与政治
无关。在此意义上，以内心为中心教义的基督教，不过是奴隶的意识形
态。阿伦特认为，自由概念的哲学转向，成为自由意志，其后果则是个人
主权概念的出现。把自由等同于主权，在个人它体现为表达个人意志的个
人主权，在国家则体现为代表公共意志的国家主权。她认为，个人主权是
反政治的，它是一个绝对的个人化的概念，根本上拒斥他人的存在。意志
自由、个人主权之落实于现实，排斥与他人的沟通交流，必然导致压迫，
即对他人的支配。在国家层面上，主权的概念也是极其危险的。她认为现
代国家包含着的一个主权概念是一种压迫性的力量，是一种反政治的组
织。阿伦特认为我们是不是一个人，而是多样的人生活在地球上，在这种
情况下，自由和主权是如此不同以至于它们不能同时存在。无论是个人还
是有组织的团体，只要人们希望做主，就必须屈服于意志的压迫；如果人
们希望获得自由，他们就必须同意放弃主权。可以看出阿伦特的无主权的
自由观与她无支配的政治概念是一致的。

阿伦特认为真正的政治生活是指自由平等的人们之间所展开的沟通行
动的生活，这种政治生活因与人类生存的基本状况相合，实际是真正的人
类文明生活之高级形态。

三、宣扬广泛参与的公共性政治自由思想

为了确保政治自由的实现，阿伦特明确区分了社会生活的公共领域
和私人领域，以及与之相关的公共性和私人性。主张公共领域的公共性
广泛参与是政治自由实现的基本途径。由此构成其政治自由思想的本质
特点。

（一）公共性

公共性与私人性相对而言，它以私人领域与公共领域的合理划分为前

提。公共性就是一种复数性、公开性。公共性包含着"复数性"。所谓复数性，即多个个体同时存在。承认复数性就要承认差异性，因为没有两个完全相同的个体在同一时间共同存在。也正是复数性表征着差异性，人们才希望通过行动在公共领域的范畴中彰显自身的独特性，进而与他人相区分。在公共领域中，复数的人通过不同的视角去理解和审视事物，然而这个被经验和感知的对象同样也可以被他人所感知，即公众所针对的是共同对象，并借此进行交流。简言之，即便个体与个体之间的差异是绝对的，但是这种差异性中也包含同一性，因此才可以说具备了公共性。虽然共同性与公共性相通，并以此为表征，但阿伦特却认为，世界是由所有人类共同拥有的，区别于人们日常生活中划分出来的私人领地，也就是说，公共性可以理解成为世界本身。在这三个维度中，公开性和复数性属于公共物的特性，而共同性是公共空间所独有的属性。在阿伦特看来，公共领域其实质是政治领域，是一个实现自由的公共空间。在这个领域中，所有必然性的行为都被拒之门外，人们不再为了生命的延续必须进行劳动，人与人享有平等的地位，拥有平等的权力。这样的人即公共人，既不存在受他人支配，也不存在支配他人的情形。公共性的特性就是在公共领域内的活动。另外，阿伦特使用"世界"本身来定义"公共性"。她认为世界并不包括为了本真的孤独而隐藏期望的这种可能。相反，就在这个世界所出现的事物而言，没有什么能够单独存在，说某物存在意味着它被觉察和被感知，"复数性是人世间的法则"，"人是复数的"暗示着多种含义："它意味着由于新的创造和新的观点的打断，人类事务处于不断波动的状态；它意味着个体的独一无二，并且遭受着对必然死亡的无尽痛苦；但是最重要的是它意味着，由于人类的复数性存在，使得他们能够聚集在一起并在他们中间形成一个空间。在那个空间里，他们能从不同的视角看到共同的世界，因此能够讨论共同事务。"①

在阿伦特看来，公开是公共性的一种特性，在公共的领域中可以在所

---

① [英]玛格丽特·卡诺凡：《阿伦特政治思想再释》，北京：人民出版社2012年版，第120页。

有人的面前展现自己的任何东西。这种公开应该是毫无遮藏的，让事物的原本面貌展现出来。其实公共一词本来就表现在世界当中。公共领域本身就不是地球上自然生长的东西。世界将人们区分开来，同时又联系在一起，就是为了防止人们之间发生竞争。人就是社会领域中的主体，可以随意的加入到公共事务中。可以从两个角度去了解公共性的多样性：从个人的角度看，公共性就是在公共的面前展现自己，使自己的独立性得以体现。从大众的角度看，公共性就是人与人之间的相互沟通，在展现自己的同时也关注到他人。世代的延续性也是公共性的另外一个特证。公共性是指在公共领域中，我们不仅与同代人能够共同的生活在存在的世界中，也可以和前辈或后代共同生活在这个存在的世界中。即使时代变迁公共性也会永存下去。

（二）言语的交谈

语言在公共领域中是很关键的，并且公共领域的存在中不能没有语言的存在。亚里士多德看来，人和动物的区别在就在于人可以用语言区表达自己的内心的声音。在她看来，语言和展现自己的关系是密切相连的。没有语言的行动不能称上是行动。行动者就是体现在行动实践者与他人交流的时候。想要与他人彼此了解就应该在公共领域中尽可能的去表现自己，用语言交流说出自己的想法和目的。而在公共的生活中，如果要展现自我的风采，就必须用语言和他人交流。在这里每个人像在一部剧里即是剧中的人又是观众。我们不仅仅是身在世界之中，是通过出生和死亡、进入和离开来显现的显现者们。人们是从一个虚无的世界到达了一个现实的地方，并且人们的到来就是为了处理那些显现在我们生活中的事务以显示自己的存在。就如同一个演员在舞台上的表演想要得到观众的认可一样。这在舞台上整体的表演就可以看作是语言的交流，演员就是把自己的所想尽可能的展现出来，而台下的观众就是在公共空间中在倾听他人的意见。因此，可以说公共领域的意义就在与语言的表达中体现。言语本身就是具有一个沟通、交流的能力。在公共领域中，一切事情都可以用言语来解决，是不允许暴力的存在的。如果人们生活在一个完全没有言语的空间里，就不能说是有公共生活的存在的。

阿伦特通过分析柏拉图的在城邦中的公民的生活经验，来论述了自己的行动理论。她认为一种"真正的政治生活"的经验已经淹没在政治哲学的传统中。公共的生活价值就是人们在一起自由的言论和自由的行动下体现的。这是一种不存在统治与被统治的关系的社会，人们拥有真正的政治自由。可以对在这个领域中出现的公共的问题，进行自由的言论，发表自己的意见和看法，充分展示自己，并且倾听他人的意见。

真正说来，自由不是作为一个问题，而是作为一个日常生活的事实而为人所晓的领域，是政治领域。到了今天我们说到自由的时候，人们是作为一个具有行动能力的存在者参加到政治活动中。如果不是涉及到人的自由的问题，我们几乎不能碰触任何政治话题。自由其实严格意义上的政治领域中的众多问题和现象之一。而且自由实际上是人们在政治组织内共同生活的理由，只不过在少数情况下变成了政治行动的直接目标，如在危机或革命的年代。没有自由，政治生活本身就是没有意义的。

（三）自由思想的活动场所——公共领域

汉娜·阿伦特认为劳动、工作和行动是人存在着的三个基本条件。基于这三种类型，阿伦特也提到了与之相随应的三种领域，即私人领域、社会领域和公共领域。构成人们在社会当中的基本条件的就是人类的这些活动。首先提到劳动，阿伦特认为，劳动在本质上是和每个人的生理的过程相对的，每个人从出生到死亡都会离不开劳动的约束。劳动是一种创造物质和精神财富的活动，也是针对于人类自身的一种活动。而工作，就不像劳动是生命的本身一样，也不是一种自然的世界。而是在一个人创造的世界内去超越和突破个人的生命。但是至于行动，则是一项个人的活动，完全没有必要借助额外的力量，从某种意义上讲是一种集体活动。因此从政治方面可以说人的所有条件与集体性有关。换句话来说，劳动可以是每个人独自进行，是人类自己的一种生命的延续，劳动的最终目的就是维持生命；工作是一种人的生命的超前和创新，让生命得以延续，时间得以长存；公共的领域为行动提供了空间，对回忆历史创造了条件。所以说，这三者在社会上有自己独立的范围和活动领域，即私人领域就是劳动的活动空间，工作的活动范围在社会的领域中，最后行动就是在公共领域中。劳动、工作、行动这三者都在其自身的比较特殊的空间内活动，进行常规的运行和具有存在的价值。

通过把人们集中在一起而形成的公众的领域称之为公共领域。一些社会上的存在自主权的私人的领域和存在在国家之间的权力，在一种称之为公共领域的控制下，转换成了政治的具有合理性的权力。在阿伦特看来，大家集体都在的情况下才能组成一个公众的空间，即就是公共领域，这个领域必须是集体存在的一个状态。此领域形成的条件是要人们一起讨论和付出共同的行动。人们在一起谈论社会上发生的问题，一起用行动去解决发生的事情，互相的交谈、传达，相互平等的交流、商量。在公共领域下国家的政治体系变得更完整，更民主，条例也变得更加理性，合理。其中，公共领域最特色的特征就是具有的公共性。对于公共性，阿伦特认为它是居于生命之前处于重要的地位。她不断的提出平等和自由是属于公共的，在私人的范围下谈论这些是没有意义的。

1. 劳动—私人领域

阿伦特认为劳动是一个完全的私人领域。因为在她看来，劳动这种活动之间虽然存在不同，但其目的无非就是通过"保存—维持—提高—恢复失去的能量"这样一个周而复始的循环来维持生命。除此之外，别无其他任何目的。这个私人领域应当具有专职的性质。

阿伦特通过观察古希腊的经济社会活动，对私人领域和公共领域进行了清晰的划界。私人领域在她看来，是以家庭和家庭为核心的生活。在这个私人领域中，奴隶和妇女从事生产用来维持生命存实的生活必需品的劳动。但是，他们没有公民权，没有自由，没有进入公共领域的资格。此外，在这个私人领域中，强制和暴力还被看作是一种必然的存在，因为施暴是自我获得必需品，从而保持自由的唯一手段。因此，从这个意义上讲，阿伦特认为私人领域本质上应当还是一个具有专制性的领域。此外，这个领域还应具有封闭性、排他性和隐私性等特征。因为，所谓的私人领域没有他人在场，没有他人出现，因而他就不是一个完整的人。无论他做了什么，都不会对他人产生任何影响和任何意义。他在这个领域也应当是隐蔽的，对他至关重要的人或事对他人也应当没有丝毫意义的。

2. 工作—社会领域

阿伦特认为，随着现代社会的发展，在"私人领域"与"公共领域"的范围之外，还存在着一个新的范畴，即社会领域。在这一领域中，人类的行为除过以劳动的形式体现外，还以工作的形式体现。工作具有与劳动截然不同的性质：首先，工作具有目的性，人们工作并非为了生产满足维持生命存续的必需品。工作是为了满足其他需求而进行的行为。比如，为了实现自我价值的精神需求，或者使生存品质变的更高的物质需求等等。其次，工作具有非自然性和创造性。相对于劳动的自然本性而言，工作是拥有某种技能的人民用技能改造自然的一种生产活动。工作所制造的产品是一种非自然性的存在。它是一种从无到有的创造性的活动；再次，工作所对应的社会领域是联络"私人领域"与"公共领域"的桥梁。工作是由无数个单个的生命所承担和进行的。工作其实本身是一种私人活动，但是它所创造出来的东西却是公共的，是人类共同活动的一个共同世界，它是联结私人领域和公共领域的一个桥梁。然而，工作所创造出来的东西却是公共的。工作的产品构成了一个世界。在这个世界中，一切东西都具有某种独特的同一性，不再具有私人性质，而是被打上了"公共物品"的标签。

3. 行动—公共领域

"公共领域"一词是由阿伦特首先提出来的，常被翻译为"公共空间"或"公众领域"。阿伦特虽然很看重公众领域，但在她的众多论述中，却并没有对"公共领域"进行一个非常明晰的概念界定。"公共领域"是一个很难给予一个普适性概念界定的范畴。

阿伦特视角中的公共领域与行动相适应，是人们为了区别与他人而展现自我，并能够体现个体不可替代性的唯一的一个地方。这种"展现"的行动，可以是人能够接触的、能够看见的、能够听见的。因而具有最广泛的公共性。对于公共领域，阿伦特同时还提出了独特的平等观和自由观。

首先，公共领域是自由的，她认为，人虽然要受生死等条件的制约，但人有绝对的自由去超越这些制约的。而这种自由只存在于公共领域，是一种政治自由。公共领域从原则上是向全体公民开发，是一个"有他人存在"的场所。在这里，人们可以表达意见，沟通交流，探讨公共事务，参与以及寻求解决相关问题。这里所有的行动都是非强制的，而只有在这个公开平等的公共领域中人的经验才可以得到分享。人们的行为才可能经受公开评价及发展，人的价值也才能得以体现。

同样，阿伦特认为的平等，也是指政治平等。公民在从事政治活动时，既是相互存在差异的，又是相互平等的。在公民的政治领域中是不允许不平的的存在的。公民只有在自由独立的参与公共领域时，才能获得平等。而只有在承认公民平等的公共领域中，才有可能提出公民权利的问题。真正的自由和平等，只存在于公共领域中的政治活动中。那么在政治活动中人们谈论的主题是什么呢？接下来进行详细的分析。

（四）自由思想在公共领域中的表现形式——行动

阿伦特的行动理论是其政治理论中最为重要的部分之一，甚至可以说是"最具原创性的部分"。事实上，在 20 世纪政治理论家中，可以毫不夸张地说，没有谁比汉娜·阿伦特更重视行动在政治生活中的地位。阿伦特的"行动"是一个中性的概念，行动的评价标准是伟大，伟大存在于行动本身，而不论其后果。行动往往与语言相连，但并不必定相联，危急时刻的行动往往已不容言语的陈述。而言语可能是一种主要的政治对话中的行动，但并非所有的言语都是行动，如私人谈话、社会闲聊、辱骂攻讦等言谈就不属于行动。行动体现着人类做出新的创举的可能性，也是人类可能的希望所在。在行动的基础上，人与人之间产生出权力，即交往权力，行动是人的自由本质实现的途径，它具有不可预期性、不可逆转性、无疆界性，由此也具有危险性。行动在孤独的状态下是不可能的，言行需要周围其他人的参与。

行动意味着对既有局面的打破，新的开始也包含着旧的终结，而行为则不然。阿伦特所作的这一区分是她力图在现代社会的语境下对行动作出的进一步阐释。现代社会的兴起，社会功能化的趋势，使个人往往以社会中的一个角色出现，他所发出的不是行动，而是行为。这种行为是可以预期的，它的本质不是自由，而是社会功能在个人身上的体现。阿伦特推崇行动，彰显的是人的自发性、创造性、自主性。阿伦特所说的行动包括两个不同的方面，一是英雄式的个人风采的展示，一是与他人的对话沟通。前者重点在行，后者重点在言。而政治就是使伟大的言行得以展示并成为共同体集体记忆的一种活动。因行动发自个人，但却在众人面前展示，所以行动需要言语表明自己的身份，以便对行动的意义进行解释说明，在这个意义上行动同时是互动，它也是与他人的一种沟通交往。

（五）公共领域存在的保障——权力

作为行动的自由，为表现其形态而必须需要空间。这个空间必然以可能的形式存在与众多人聚集的地方。但是，只有人们一起谈话或活动的时候，这个空间才作为必然的现实状态而存在。阿伦特所说的权力，就是让这种谈论和行动的公共空间得以存在的东西。只有谈论和行动是用于建立关系和创造新的现实的地方，权力才能实现。

权力总是一种潜在的力量。权力并不是单个人进行活动，它对应着与其他人共同进行活动这种人的能力。权力不是个人所有的，且只有当这个集团作为集团继续存在的时候，它才能够继续存在。它与力量、暴力都不同。权力在本质上是众多人的属性，其他两个是单个人的属性。在权力的产生中，唯一不可缺少的物质要素，是人们的共同生活，只有在人们如此密切地生活在一起，以致行动的潜能始终在场的地方，权力才与他们同在。因而城市的建立的确是权力最重要的物质前提，作为城市国家，它始终未所有西方政治组织提供了典范。在行动转瞬即逝后还能把人们结合在一起的东西。同时又通过持续的共同生活而保持活力的东西，就是权力。任何人处于任何原因，把自己孤立起来和放弃了这种共处，就是放弃了权力和选择无能，无论他的体力有多大，他的理性有多管用。因此权力和行动一样是无限的。人的权力就相对于人的复数性。

只有谈论和行动是用于建立关系和创造新的现实的地方，权力才能实现。权力就是一种潜在的存在，并且使公共领域存在的表象空间得以存在。权力只有人们集合在一起就出现了。如果人们散开后，权力就消失了。宪法是能够保障公共领域的公共生活的前提条件，为权力提供了基础。人们如果要去抵抗暴力等问题，就必须在公共领域中通过人与人的谈论、沟通等方法，来实现民主制度。

权力维护了公共领域和显现空间，它本身也是人造物的活力源泉，因为人造物如果不是作为言说和行动的背景，不是与人类事务，人际关系网和它们产生的故事有关，就缺少终极的存在理由。

（六）公共领域中内讨论的议题

自由始终是政治革命和政治生活的追求的目标。不是以政治以外的如贫困问题的解决作为追求目标。在《论革命》中，她指出，法国大革命的问题就在于试图将社会问题以政治的方式去解决。阿伦特认为，这种做法不仅危险而且极为有害；相反，美国虽然存在社会歧视、奴隶制等严重的社会问题，但建国者们坚持追求政治原则，故而成功地为美国人民的自由奠定了宪政基础。若按此逻辑，则阿伦特所说的政治之议题，实际是指政治生活的开展、维系相关的问题。例如宪法、权利、自由、政治制度等等。当阿伦特对工人阶级的革命议事会进行赞扬时，她十分清楚地指出她并不是赞扬他们为自己的经济状况改善而斗争这一行为，而是赞扬他们为经济利益之外的政治权益而斗争的行动。按此一思路，则政治之议题，政治本身讨论的论题是哪些政策需要用来保存、维系政治共同体，即被设计用以通过自由的协商、讨论、辩论而履行其职能的一种形式的政府。或是在紧急情况下，关于使旨在构建自发的对话、讨论制度化的政府形式。政治的议题是严格限制在政治领域之中的。阿伦特并非在领域的层面上区分政治议题与非政治议题，实际上她对政治讨论议题的性质有自己的理解。这样所有的经济问题、人们的福利问题、公交问题，任何触及社会领域的问题，都被排除在政治范围之外，就不免产生疑惑。阿伦特对此的回答是她已问过自己这个问题，公共对话及公众感兴趣的议题在每个特定的时期是不断变换的，但总有一些问题"值得在公共场合谈论"，而如何决定哪些问题值得公开讨论，阿伦特回答说："有些事情是可以由明确的措施来加以解决的，这些事情能实在地通过行政管理予以处理，因而不需受制于公共辩论。公共辩论只讨论这样一些事情——如果我们从否定的角度来说——是一些我们不能确凿地予以处理的事情。另一方面，凡是能实在地予以解决的事情，也就是在恩格斯所说的行政管理领域内的事情，都是总体而论的社会事务。这些事务付诸讨论在我看来是装模作样、多此一举。"显然，阿伦特区分政治议题的标准与她对政治与非政治的区别是一脉相承的。政治既是人的自由之体现，其议题乃是不确定之事，乃是依据常识并无定论之事。

阿伦特所谓"值得讨论"，实有两层含义，一是需要讨论：如关涉众人之大事，往往牵扯过多，未有定论，如此就需充分的协商，以比较各自不同的观点立场，集思广益。如果是技术性、操作性的问题，属于必然性的领域，自身有内在的规律，那么解决方案就当由专家去制定，它不是政治讨论合适的议题。第二个方面指"有重大价值"，具有公共相关性。阿伦特指出"存在许多事情不能容忍他人指摘，不宜到光明的公共舞台上去展示，只有被认为是相关的、值得被看见被闻听之事，才能被容忍，因此，不相关之事，自动地变成了私人事务。"① 阿伦特的意思是，日常琐事等只涉及私人领域，只从私人利益着眼，是不用讨论的。她说："有些事情应该展示出来，而有些事情应当被隐藏。"② 如此，政治的议题必是事关整个共同体之存续，事关公民的权利、自由、幸福之事。同时兼备此二条标准，便符合阿伦特的意思了。并且，还需指出的是，阿伦特承认许多事务具有两面性，即它既有值得讨论的一面，又有受客观必然性所制约的一面。例如教育的问题，便既有需要讨论的一面，如受教育的权利、教育的宗旨与方向，都是无定论的政治问题，而教育如何发展，它所涉投资、管理、学校课程设计等，属于专家作决定的领域，这些事务的实际落实也就

---

① ［美］汉娜·阿伦特：《人的条件》，竺乾威译，上海：上海人民出版社 2009 年版，第 55 页。

② ［美］汉娜·阿伦特：《人的条件》，竺乾威译，上海：上海人民出版社 2009 年版，第 70 页。

与政治较远。可见，认为阿伦特的政治议题不涉及社会经济事务是对阿伦特的误解。再回到阿伦特对法国革命的批评，我们当如此理解方切合阿伦特之意：贫困问题不能与政治革命、共和国的建立相混淆。因为阿伦特认为革命是政治性的，不是社会性的，贫困问题本身是个社会经济问题，唯其所涉及的财产权、生命权等在政治范围内予以讨论，而社会福利分配的公正与否，个人所得财富份额的多寡、公民生活条件的优劣，更多地是社会经济领域内的问题，只应在其内部加以解决。

主要参考文献

1. ［古希腊］亚里士多德：《形而上学》，苗力田译，北京：中国人民大学出版社 2003 年版。

2. ［英］罗素：《西方的智慧》，崔权醴译，北京：文艺出版社 1997 年版。

3. ［英］罗素：《西方哲学史》，何兆武李约瑟等译，北京：商务印书馆 1976 年版。

4. ［德］黑格尔：《哲学史讲演录》，贺麟王太庆译，北京：商务印书馆 1959 年版。

5. ［英］艾耶尔：《二十世纪哲学》，李步楼译，上海：上海译文出版社 1987 年版。

6. ［德］施太格缪勒：《当代哲学主流》，王炳文、燕宏远等译，北京：商务印书馆 1986 年版。

7. ［德］尼采：《希腊悲剧时代的哲学》，周国平译，商务印书馆 1994 年版。

8. ［德］尼采：《权力意志》，张念东凌素心译，北京：商务印书馆 1991 年版。

9. ［德］胡塞尔：《欧洲科学的危机与超验现象学》，张庆熊译，上海：上海译文出版社 1987 年版。

10. 倪梁康：《自识与反思》，北京：商务印书馆 2002 年版。

11. ［德］海德格尔：《存在与时间》，陈嘉映王庆节译，北京：三联书店 1999 年版。

12. ［法］萨特：《存在与虚无》，杜小真译，北京：三联书店 2007 年修订版。

13. ［瑞士］皮亚杰：《发生认识论原理》，王宪钿等译，胡世襄等校，北京：商务印书馆，1981 年版。

14. 洪谦主编：《逻辑经验主义》上卷，北京：商务印书馆 1982 年版。

15. ［奥］鲁道夫 o 哈勒：《新实证主义——维也纳学圈哲学史导论》，韩林合译，北京：商务印书馆 1998 年版。

16. ［美］爱因斯坦：《爱因斯坦文选》，许良英等译，北京：商务印书馆 1977 年第 1 版。

17. ［奥］马赫：《感觉的分析》，洪谦等译，北京：商务印书馆 1986 年第 2 版。

18. 洪谦主编：《西方现代资产阶级哲学论著选辑》，北京：商务印书馆 1964 年。

19. ［德］赖欣巴哈：《科学哲学的兴起》，伯尼译，北京：商务印书馆 1983 年版。

20. ［德］恩格斯：《自然辩证法》，北京：人民出版社 1984 年版。

21. ［苏］什托夫：《科学认识的方法论问题》，张碧晖等译，北京：知识出版社 1981 年版。

22. ［奥］维特根斯坦：《逻辑哲学论》，贺绍甲译，北京：商务印书馆 1996 年版。

23. ［英］麦基编：《思想家》，周穗明、翁寒松译，北京：三联书店 1987 年版。

24. ［德美］卡尔纳普：《卡尔纳普思想自述》，陈晓山、涂敏译，上海：上海译文出版社 1985 年版。

25. ［德］弗雷格：《弗雷格哲学论著选集》，王路编译，北京：商务印书馆 1994 年版。

26. ［英］波普尔：《科学发现的逻辑》，查汝强、邱仁宗译，北京：科学出版社 1986 年第 1 版。

27. ［奥］维特根斯坦：《哲学研究》，李步楼译，商务印书馆 1996 年第 1 版。

28. ［英］波普尔：《猜想与反驳》，傅季重、纪树立等译，上海：上海译文出版社，1986 年版。

29. ［美］科尔：《科学的制造：在自然界与社会之间》，林建成、王毅译，上海：上海人民出版社，2001 年版。

30. ［美］拉里·劳丹：《进步及其问题》，刘新民译，北京：华夏出版社 1999 年第 2 版。

31. 杨祖陶、邓晓芒：《康德三大批判精粹》，北京：人民出版社 2001 年第 1 版。

32. ［德］哈贝马斯：《现代性的地平线－哈贝马斯访谈录》，李安东、段怀清译，上海：上海人民出版社 1997 年版。

33. ［美］麦金太尔：《德性之后》，龚群、戴杨毅等译，北京：中国社会科学出版社 1995 年版。

34. 姚大志：《现代之后－20 世纪晚期西方哲学》，北京：东方出版社 2000 年版。

35. ［美］麦金太尔：《谁之正义？何种合理性?》，万俊人等译，北京当代中国出版社 1996 年版。

36. 贺照田：《西方现代的曲折和展开》，长春：吉林人民出版社 2002 年版，第 352 页。

37. ［英］玛格丽特·卡诺凡：《阿伦特政治思想再释》，北京：人民出版社 2012 年版。

38. ［美］汉娜·阿伦特：《人的条件》，竺乾威译，上海：上海人民出版社 2009 年版。

39. ［美］罗尔斯：《正义论》，何怀宏等译，北京：中国社会科学出版社 2001 年版。

41. ［美］罗尔斯：《正义新论》，姚大志译，上海：上海三联书店，2002 年版。

42. ［美］阿伦特：《极权主义的起源》，林骧华译，三联书店 2008 年版。

43. ［德］胡塞尔：《胡塞尔全集》Ⅲ／1，8。

44. ［德］尼采：《超越善恶》W.考夫曼英译，纽约兰登书屋 1989 年版。

45. ［法］列维－斯特劳斯：《结构人类学》，1958 年法文版。

46. ［美］皮尔斯：《皮尔士文集》，Idiana University Press.

47. ［法］列维－斯特劳斯：《热带闲愁》，纽约 1968 英文版年。

48. A. J. Ayer: *Language, Truth and Logic*, London: Victor Gollancz Ltd, 1949.

49. Andrè Kukla, *social constructivism and the philosophy of science*, Routledge 2000.

50. E. Husserl, *Die Krisis der europaischen Wissenschaften und die transzendentale Phanomenologie. Eine Einfuhrung in die phanomenologische Philosophie*, hrsg. von W. Biemel, 1954.

51. F. Brentano, *Psychologie vom empirischen Standpunkt*, Bd. I, Hamburg 1955.

52. W. V. Quine, "Two Dogmas of Empiricism," in Quine, *From a Logical Point of View*. Cambridge, Mass. : Harvard University Press, 1953.

53. W. V. Quine: *The Ways of Paradox and Other Essays*, Columbia University Press, 1976.

54. Rudolf Carnap, *Logische Syntax der Sprache*, ZweiteAuflage, Springer Verlag, Wien, New York, 1968.

55. Bertrand Russell, *My philosophical Development*, George Allen & Unwin, London, 1959.

56. Richard Rorty, *The Linguistic Turn*, The University of Chicaco Press, 1967, First Phoenix Edition 1970.

57. A. N. Whitehead / B. Russell, *Principia Mathematica*, Bd. I, Cambridge, 1910.

58. Gottlob Frege, *Kleine Schriften*, Darmstadt: Wissenschaftliche Buchgesellschaft, 1967.

59. K. Popper, *Unended Quest: An Intellectual Autobiography*, Glasgow: Fontana, 1976.

60. K. Popper, *The Logic of Scientific Discovery*, London: Hutchinso, 1959.

61. T. Nickles, *Scientific Discovery, Logic, and Rationality*, Dordrecht: Kluwer, 1980.

62. Pettman, Commonsense constructivism, or, the making of world affairs, Sharpe. Inc, 2000.

63. Robert. Audi. The Cambridge dictionary of philosophy. Cambridge university

press, 1999.

64. K. Meijers. The empirical turn in the philosophy of technology, Elsevier Science Ltd, 2000.

65. D. Bloor, "Anti-Latour", in *Studies in the History and Philosophy of Science*, V. 30, 1999.

66. B. Latour, One more Turn after the Social Turn, in M. Biagioli ed: The Science Studies Reader, Routledge Inc, 1999.

67. D. Bloor, *Knowledge and Social Imagery*, The Second Edition, Chicago, University of Chicago Press, 1991.

68. Rom Harre, *Varieties of Realism*, 1996.

后　记

　　本书作为《哲学基本原典导读丛书》的其中一部,在历史分期上与《西方哲学原典导读》相衔接,即力争精选 19 世纪 40 年代以来西方哲学代表性的经典论著予以导读。然而,众所周知,近现代西方哲学由于在对象、思路、方法及视域等的重大变革,使得流派分化繁复多样,著作论述更是汗牛充栋,这就必然造成导读在著作遴选甄别的巨大困难。但是,无论如何,一是大的流派和划时代的人物的论著不可或缺;二是在地缘上欧陆和英美不可偏废;三是学科内部各学科领域之间尽量平衡;四是各个重要历史时期上都有体现;五是在体例基本统一、篇幅有限的前提下,能够做到详略得当,重点突出。唯其如此,以时间逻辑结合思维逻辑的原则,选择了 16 部现当代西方哲学的基本原典。分别从版本目录及内容结构、原文节选、核心思想及特点分析等方面,既忠实于文本,又贯穿于前后左右的思维逻辑关系,进行基本原典的系统导读,有利于进入原典作者的思想深处,发掘这些划时代的论著的智慧。

　　本书在大的流派和论著选读上明显的是没有法兰克福学派代表人物的论著,对此我们将会在本套丛书中专门选择编辑《西方马克思主义原典导读》。

　　本书参考和引用了国内外大量的文献资料,在此表示衷心致谢。同时由于水平能力有限,书中错误和不足一定很多,敬请诸君不吝指教。感谢中央编译出版社对于我校哲学学科的大力支持。

2015 年 8 月

张周志